国家出版基金项目
NATIONAL PUBLICATION FOUNDATION

| 李顿调查团档案文献集 |

主编　张　生

关内团体与民众呈文

编者　孙洪军　郭昭昭　郝宝平

南京大学出版社

本书由

国家社会科学基金"抗日战争研究"专项工程
"国外有关中国抗日战争史料整理与研究之一:李顿调查团档案翻译与研究"(16KZD017)

教育部人文社会科学重点研究基地"南京大学中华民国史研究中心"
重大项目"战时中国社会"(19JJD770006)

南京大学人文基金

江苏省优势学科基金第三期

资助

编译委员会

常国栋　南京大学历史学院博士研究生
苏　凯　南京大学历史学院博士研究生
马　瑞　南京大学历史学院博士研究生
菅先锋　南京大学历史学院博士研究生
吴佳佳　南京大学历史学院博士研究生
张圣东　日本明治大学文学研究科博士研究生
张一闻　日本明治大学文学研究科博士研究生
叶　磊　中山大学历史学系博士研究生
史鑫鑫　南京大学历史学院硕士研究生
李剑星　南京大学历史学院硕士研究生
马海天　南京大学历史学院硕士研究生
张雅婷　南京大学历史学院硕士研究生
杨师琪　南京大学历史学院硕士研究生
潘　健　南京大学历史学院硕士研究生
唐　杨　南京师范大学马克思主义学院硕士研究生
郝宝平　江苏科技大学马克思主义学院硕士研究生
陈梦玲　江苏科技大学马克思主义学院硕士研究生
张　任　江南大学马克思主义学院硕士研究生
黎纹丹　西南大学外国语学院硕士研究生
朱心怡　西南大学外国语学院硕士研究生
杨　溢　西南大学外国语学院硕士研究生
孙学良　西南大学外国语学院硕士研究生
孙　莹　西南大学外国语学院硕士研究生
费　凡　浙江师范大学人文学院硕士研究生
竺丽妮　浙江师范大学外国语学院硕士研究生
戴瑶瑶　浙江师范大学外国语学院硕士研究生
杨　越　西安电子科技大学
曹文博　浙江工业大学外国语学院
余松琦　西南大学含宏学院

序　言

中国历史的奥秘,深藏于大兴安岭两侧的广袤原野。

明治维新以来,日本企图步老牌帝国主义后尘,争夺所谓"生存空间";俄国自彼得大帝新政,不断东进,寻找阳光地带和不冻港。日俄竞争于中国东北,流血漂杵;日本逐步占得上风,九一八事变发生,中国面临亡国灭种的新危机。

日本侵华之际,世界已进入全球化的新时代,民族国家成为国际社会的主体,以国际条约体系规范各国的行为,以政治和外交手段解决彼此的分歧,是国际社会付出重大代价以后得出的共识。而法西斯、军国主义国家如德、意、日,昧于世界大势,穷兵黩武,以求一逞。以故意制造的借口,发动侵华战争,霸占中国东北百余万平方公里土地、数千万人民,是日本昭显于世的侵略事实。

国际联盟(League of Nations)应中国方面之吁请,派出国联调查团处理此事。1932 年 1 月 21 日,国联调查团正式成立。调查团团长由英国人李顿爵士(The Rt. Hon. The Earl of Lytton)担任,故亦称李顿调查团(Lytton Commission)。除李顿外,美国代表为麦考益将军(Gen. McCoy),法国代表为亨利·克劳德将军(Gen. Claudel),德国代表为希尼博士(Dr. Schnee),意大利代表为马柯迪伯爵(H. E. Count Aldrovandi)。为显示在中日间不做左右袒,国联理事会还决定顾维钧作为顾问代表中国参加工作,吉田伊三郎代表日方。代表团秘书长为国联秘书处哈斯(Mr. Robert Haas)。代表团另有翻译、辅助人员。1932 年 9 月 4 日,代表团完成报告书,签署于中国北平。报告书确认:第一,九一八事变之责任,完全在于日本,而不在中国;第二,伪满洲国政权非由真正及自然之独立运动所产生;第三,申明东三省为中国领土。日本为此恼羞成怒,退出国联,自

1

绝于国际社会。

《李顿调查团档案文献集》就是反映李顿调查团组建、调查过程、调查结论、各方反应和影响的中、日等国相关资料的汇编,对于研究九一八事变和李顿调查团,具有重要的参考价值。

如何看待李顿调查团来东亚调查的来龙去脉?笔者认为应有三个维度的观照:

其一,在中国发现历史。

美国历史学家柯文提出的这一范式,相比"冲击—反应"模式,即从外部冲击观察中国历史的旧范式,自有其意义。近代以来,由条约体系加持的列强,对中国社会产生了巨大的影响。中国沿海通商口岸是中国最早接触西方世界的部分,在资本主义全球化的过程中得风气之先,所谓"西风东渐",对中国旧有典章制度的影响无远弗届。近代中国在西方裹挟下步履跟跄,蹒跚竭蹶,自为事实。但如果把中国近代历史仅仅看成西方列强冲击之结果,在理论、方法和事实上,均为重大缺陷。

主要从中国内部,探寻历史演进的机制和规律,是柯文提出的范式的意义所在。

事实上,九一八事变发生、国联调查团来华前后,中国社会内部对此作出了剧烈的反应。在瑞士日内瓦所藏国联巨量档案文献中,中国各界通过电报、快邮代电、信函等形式具名或匿名送达代表团的呈文引人注目,集中表达了国难当头之时中华民族谴责日本侵略、要求国际社会主持公道、收回东北主权、确保永久和平的诉求,对代表团、国联和整个国际社会形成了巨大影响,显示了近代中国社会演进的内在动力。

东北各界身受亡国之痛,电函尤多。基层民众虽文化程度不高,所怀民族国家大义却毫不含糊。东北某兵工厂机器匠张光明致信代表团称:"我是中华民国的公民,我不是'满洲国'人,我不拥护这国的伪组织。"高超尘说:"不少日子以前,'满洲国家'即已成立了,但那完全是日本人的主使,强迫我辽地居民承认。街上的行人,日人随便问'您是哪国人',你如说是'满洲人'便罢,如说是中国人,便行暴打以至死。"辽宁城西北大橡村国民小学校致函称:"逐出日本军,打到[倒]'满洲国',宁做战死鬼,不做亡国民。"陈子耕揭露说:"自事变以后,日本恶势力已伸张入全东北,如每县的政事皆由日人权势下所掌握,复又收买警察、军人、政客等,以假托民意来欺骗世界人的耳目,硬说建设'满洲国'是中华人民的意思,强迫人民全出去游行,打着欢迎建设'新国家'的旗号……我誓死不忘我的中华祖国,敢说华人莫非至心不跳时、血停时,不然一定于[与]他们周旋。"小学生何子明来信说:"我小学生告诉您们'满洲国'成立我不赞成……有一天我在学校,日本人去了,教我们大家一齐说'大日本万岁',我们要不说他就杀我们,把我迫不得已的就说了。其中有一位七岁的小孩,他说'大中华万岁!打倒小日本!'日本人听了就立刻把那个小同学杀了,真叫我想起来就愁啊。"

经济地位和文化水平较高者,则向代表团分析日本侵占中国东北的深远危害。哈尔滨商民代表函称:"虽然,满洲吞并,恐不惟中国之不利。即各国之经济,亦将受其影响。世界二次大战,迫于眉睫矣。"中国国民党青年团哈尔滨市支部分析说:"查日本军阀向有一贯之对外积极侵略政策,吾人细玩以前田中义一之满蒙大陆政策,及最近本庄繁等上日本天皇之奏折,可以看出其对外一贯之积极侵略政策,即第一步占领满蒙,第二步并吞中国,第三步征服世界是也。……以今日之日本蕞尔岛国,世界各国尚且畏之如虎,而况并有三省之后版图增大数倍,恐不数年后,即将向世界各国进攻,有孰敢撄其锋镝乎?……勿徒视为亚洲人之事,无关痛痒,失国联之威信,而贻噬脐之后悔也。"

不惟东北民众,民族危亡激起了全中国人的爱国心。清华大学自治会1932年4月12日用英文致函代表团指出:中国面临巨大的困难,好似1806年的德国和1871年的法国,但就像"青年意大利"党人一样,青年人对国家的重建充满信心。日本的侵略,不仅危害了中国,也对世界和平形成严重威胁,青年人愿意为国家流尽"最后一滴血"。而国联也面临着建立以来最大的危机,对九一八事变的处理,将考验它处理全球问题的能力。公平和正义能否实现,将影响到人类的命运。他们向代表团严正提出"五点要求":1. 日本从中国撤军;2. 上海问题与东北问题一起解决;3. 不承认日本侵略和用武力改变的现状;4. 任何解决不得损害中国的领土和主权完整;5. 日本必须对此事件的后果负责。南京海外华侨协会1932年3月16日致电代表团:日本进兵东三省和淞沪地区,"违反了国联盟约和《凯洛格—白里安公约》,扰乱了远东地区和世界的和平。

同时，日本一直在做虚假的宣传，竭力蒙蔽整个世界。我们诚挚地请求你们到现场来，亲眼看看日军对中国人民的生命财产进行怎样的恣意破坏。希望你们按照国际法及司法原则，对其进行制裁。如果你们不能完成这一使命，那么世界上将无任何公平正义可言。在这种情况下，为了民族的生存，我们将采取一切手段自卫，决不会向武力屈服。"

除了档案，中国当时的杂志、报纸，大量地报道了九一八事变和国联调查团相关情况，其关切的细致程度，说明了各界的高度投入。那些浸透着时人忧虑、带着鲜明时代特色的文字表明：九一八事变的发生，对当时的中国社会是一场精神洗礼，每个人都从东北沦陷中感受到切肤之痛。这种舆论和思想的汇合，极大地改变了此后中国社会各界的主要诉求，抗日图存成为压倒性的任务，每一种政治力量都必须对此作出回应。

其二，在世界发现中国历史。

以中国为本位，探讨中国历史的内生力量，是题中应有之义。但全球化以来，中国历史已经成为世界历史的一部分。仅仅依靠中国方面的资料，不利于我们以更加广阔的视野看待中国历史和"九一八"的历史。

事实上，奔赴世界各地"动手动脚找东西"，已经成为中国学者深化中国近现代史，特别是抗战史研究的不二法门。比如，在中日历史问题中占据核心地位的南京大屠杀问题。除中国各地档案馆、图书馆外，中国学者深入美、德、英、日、俄、法、西、意、丹等国相关机构，系统全面地整理了加害者日方、受害者中方和第三方档案文献，发现了大量珍贵文献、图像资料，出版《南京大屠杀史料集》72卷。不仅证明了日军进行大屠杀的残酷性、蓄意性和计划性，也证明南京大屠杀早在发生之时，就引起了各国政府和社会舆论的关注；南京和东京两场审判，进行了繁复的质证，确保了程序和判决的正义；日方细致的粉饰，在中国人民和全世界正义人士的揭露下真相毕露。全球性的资料，不仅深化了历史研究，也为文学、社会学、心理学、新闻传播学、艺术学等跨学科方法进入相关研究提供基础；不仅摧毁了右翼的各种谬论，也迫使日本政府不敢公然否认南京大屠杀的发生和战争犯罪性质。

国际抗战资料，展现了中国抗战史的丰富侧面。如美国驻中国各地使领馆的报告，具体生动地记录了战时中国各区域的社会、政治、军事等各方面情形,对战时国共关系亦有颇有见地的分析；俄、美、日等国档案馆的细菌战资料,揭示了战时日本违反国际法研制细菌武器的规模和使用情况,记录了中国各地民众遭遇的重大伤亡和中国军民在当时条件下的应对,以及暗示了战后美国掩饰"死亡工厂"实情的目的；英美等国档案所反映的重庆大轰炸和日军对中国大中小城市的普遍的无差别轰炸,不仅记录了日本战争犯罪的普遍性,也彰显了战时中国全国军民同仇敌忾、不畏强暴的英勇气概。哈佛大学所藏费吴生档案、得克萨斯州州立大学奥斯汀分校所藏辛德贝格档案、曼彻斯特档案馆所藏田伯烈档案等则从个人角度凸显了中国抗战在"第三方"眼中的图景。

对于李顿调查团的研究,自莫能外。比如,除了前述中国各界给国联的呈文,最近在日内瓦"国联和联合国档案馆"中发现:调查团在日本与日本政要的谈话记录,在中国各地特别是在北平和九一八事变直接相关人士如张学良、王以哲、荣臻等人的谈话记录,调查团在东北实地调查、询问日军高层的记录,中共在"九一八"前后的活动,中国各界的陈情书,日本官方和东北伪组织人员、汉奸的表态,世界各国、各界的反应等。特别是张学良等人反复向代表团说明的九一八事变前夕东北军高层力避冲突的态度,王以哲、荣臻在"九一八"当晚与张学良的联系,北大营遭受日军进攻以后东北军的反应等情况,对于厘清九一八事变真相,有着不可取代的意义。

我们通过初步努力发现,李顿调查团成立前后,中方向国联提交了论证东北主权属于中国的篇幅巨大的系统性说帖,顾维钧、孟治、徐道邻等还用英文、德文进行著述。日方相应地提交了由日本旅美"学者"起草的说帖,其主攻点是中国的抗日运动、东北在张氏父子治下的惨淡、东北的"匪患",避而不谈柳条沟事件的蓄意性。日方资料表明,即使在九一八事变发生数月后,其关于"九一八"当晚情形的说辞仍然漏洞百出、逻辑混乱,在李顿询问时不能自圆其说。而欧美学者则向国联提供了第三方意见,如 *The Verdict of the League: China and Japan in Manchuria*（《国联的裁决：中日在满洲》),哈佛大学法学院教授曼利·哈德森（Manley O. Hudson)著；*Manchuria: Cradle of Conflict*（《满洲：冲突的策源地》),欧文·拉铁摩尔（Owen Lattimore)著；*The Manchuria Arena: An Australian View of the Far Eastern Conflict*（《满洲竞技场：远东冲突的澳洲视角》),卡特拉克(F.M. Cutlack)著;*The Tinder Box of Asia*(《亚洲的火药桶》),乔治·索科尔斯基(George E. Sokolsky,中文名索克斯)著;*The World's Danger Zone*(《世界的危险地带》),舍伍德·艾迪(Sherwood Eddy)著;等等,为国联理解中国东北问题提供了有益的视角。另外,收藏在美国斯坦福大学胡佛研究所的蒋介石日记等也反映了当时国民政府高层的态度和举措。

这次出版的资料中,收集了中国台湾地区的"国史馆"藏档,日本外务省藏档,国联和联合国档案馆 S 系列藏档等多卷档案。丰沛的资料说明,即使是李顿调查团这样过去在大学教材中只是以一两段话提出的问题,其实仍有海量的各种海外文献可资研究。

可以说,世界各地抗日档案和各种资料,不仅补充了中国方面的抗日资料,也弥补了"在中国发现历史"范式的不足,体现了历史唯物主义对历史研究全面性、客观性的要求,自然地延伸推导出"在世界发现中国历史"的新命题。把"中国的"和"世界的"结合起来,才能更深广、入微地揭示抗日战争史的内涵。

其三,在中国发现世界历史。

中国历史,是世界历史的重要组成部分;中国抗战,构成了第二次世界大战的东亚主战场。离开中国历史谈世界历史注定是不周全的。只有充分发掘中国历史的世界意义,世界史才能获得真正的全球史意义。

过往的抗战史国际化,说明了中国抗战的世界意义。研究发现,东北抗联资料不仅呈现了十四年抗战的艰苦过程,也说明了战时东北亚复杂的国际关系。日方资料中的"华北治安战""清乡作战"资料,从反面反映了八路军、新四军的顽强,其牵制大量日军的事实,从另一面说明中共敌后游击战所发挥的中流砥柱作用。1937 年 12 月 12 日在南京江面制造"巴纳号事件"的日军航空兵官兵,后来是制造"珍珠港事件"的主力之一,说明了中国抗战与太平洋战争的联系。参与制造九一八事变、华北事变和南京大屠杀的许多日军部队,后来在太平洋战场上被美澳等盟国军队消灭,说明了太平洋战场和中国战场的相互支持。中国军队在滇缅战场的作战和在越南等地的受降,中国对朝鲜、马来亚、越南等地游击战和抗日斗争的介入和帮助,说明了中国抗战对东亚、东南亚解放的意义和价值。对大后方英美军人、"工合"人士、新闻界和其他各界人士的研究,彰显了抗日统一战线的多重维度,等等。这对我们的研究富有启发性意义。

李顿调查团的相关资料表明,九一八事变及其后续发展,具有深刻的世界史含义。

麦金德1902年在英国皇家地理学会发表文章,提出"世界岛"的概念。麦金德认为,地球由两部分构成:由欧洲、亚洲、非洲组成的世界岛,是世界上面积最大、人口最多、最富饶的陆地组合。在"世界岛"的中央,是自伏尔加河到长江,自喜马拉雅山脉到北极的心脏地带,在世界史的发展中具有重要意义。其实,就世界近现代史而言,中国东北具有极其重要的地缘战略意义,堪称"世界之砧"——美国、俄罗斯、日本等这些当今世界的顶级力量,无不在中国东北及其周边地区倾注心力,影响世界大局。

今天看来,李顿调查团的组建,是国际社会运用国际规约积极调解大国冲突、维护当时既存的凡尔赛—华盛顿体系的一次尝试。参与各国均为当时世界强国,即为明证。

英国作为列强中在华条约利益最丰的国家,积极投入国联调查团的建立。张伯伦、麦克米伦等知名政治家均极愿加入代表团,甚至跟外交部官员暗通款曲,询问排名情况。李顿在中日间多地奔波,主导调查和报告书的起草,正是这一背景的反映。

美国作为国联非成员国,积极介入调查团,说明了美国对远东局势的关切,其态度和不承认日本用武力改变当时中国领土主权现状的"史汀生主义"是一致的。日美之间的紧张关系,一直延续到珍珠港事变发生。在日美最终谈判中,中国的领土和主权,仍然是美方的先决条件。可以说,九一八事变,从大历史的角度看,是改变日本和美国国运的大事。

苏联在国联未能采取强力措施制止日本侵略后,默认了伪满洲国的存在,后甚至通过对日条约加以承认,其对日本的忍让和妥协,延续到它对日本宣战。但日本关东军主力在苏联牵制下不敢贸然南下,影响了中国抗日战争的形态。

日本侵占中国东北,却始终得不到中国和国际主流社会的承认,乃不断扩大侵略,不仅影响了对苏备战,也使得其在"重庆政权之所以不投降,是因为有英美支持"的判断下,不断南进,最终自取灭亡。2015 年 8 月 14 日,日本首相安倍晋三在战后 70 年讲话中承认:"日本迷失了世界大局。满洲事变以及退出国际联盟——日本逐渐变成国际社会经过巨大灾难而建立起来的新的国际秩序的挑战者,前进的方向有错误,而走上了战争的道路。其结果,70 年前,日本战败了。"从这个意义上说,九一八事变—李顿调查—退出国联,成为日本近代史的转折点。

亚马孙雨林的蝴蝶振动翅膀,可能在西太平洋引发一场风暴。发生在沈阳一个小地方的九一八事变,成为今天国际秩序的肇因。其故焉在?马克思和恩格斯在《德意志意识形态》中指出:在历史演进的过程中,人的"普遍交往"逐步发展起来,"狭隘地域性的个人为世界历史性的、真正普遍的个人所代替"。近代以来中国人民的历史,与世界历史共构而存续。

回望李顿调查团的历史,我仿佛感受到了太平洋洋底的咆哮呼啸前来,如同雷鸣。

是为序。

张 生

2019 年 10 月

出版凡例

一、本文献集所选资料，原文中的人名、地名、别字、错字及不规范用字等，为尊重历史和文献原貌，均原文照录。因此而影响读者判断、引用之处，除个别需说明情况以脚注"译者按"或"编者按"形式标出外，别字、错字在其后以"[ ]"注明正字；增补的字，以"【 】"标明之；因原文献漫漶不清而缺字处，用"□"标识。

二、凡采用民国纪年或日本天皇年号纪年者等，为尊重历史和文献原貌，均原文照录。台湾地区的文献中涉及政治人物头衔和机构名称者，按有关规定处理，在页下一并说明。

三、所选资料均在起始处说明来源，或在文后标注其详细来源信息。

四、外文文献译文中，日本人名从西文文献译出者，保留其西文拼法，以便核对；其余外国人名，均在某专题或文件中第一次出现时标其西文拼法。不同时期形成的中文文献中涉及的外国人名、地名翻译差异较大，为尊重历史和文献原貌，一般不作改动。

五、所选文献经过前人编辑而加脚注注释者，以"原编辑者注"保留在页下。

六、所选资料中原有污蔑中国人民、美化日本侵略之词，或基于立场表达其看法之处，为尊重历史和文献原貌，不改动原文，或在页下特别说明，请读者加以鉴别。

本册说明

本册文献主要收录关内国统区党政军民各界给李顿调查团的电报和快邮代电。1932 年 2 月 3 日,李顿调查团由法国勒哈弗尔港出发,经英国、美国、日本抵达中国上海,转杭州、南京、武汉等地,后赴东北进行一月有余的调查。

李顿调查团在中国驻留期间,关内团体与民众纷纷来电。其中最多的是国民党各专区、各市县党务指导委员会、党务整理委员会的电报;其次是各地各行业工会等民众团体的快邮代电;再次是国民革命军各部的电报;个人的来电相对较少。这些代表了当时中国主流社会对日本发动九一八事变侵略中国东北的基本认识和态度。拟稿者的文化水平、电报局员工的工作能力参差不齐,导致出现一些呈文只有电报代码没有译文、只有译文没有电码、电码错误、译文错误等错讹现象。这些电报和快邮代电亮明了关内各界反对日军占领中国东北的鲜明态度,对日本侵略中国的原因有比较深刻的认识,对调查团能够坚持公理正义、国际联盟能够制止日军暴行抱有热切的期望。鉴于电报抬头和电码也包含重要信息,为存真起见,一律按照原格式收录。

本册资料来源于编者团队赴日内瓦国联与联合国档案馆拍摄的李顿调查团档案 S36、S38、S39 原件照片。

目　录

1. 中国四川江津县农会来信

上海国联调查团钧鉴：

日寇不道，横行侵略，嗟我东省遭毒尤甚，兼并不已。组织伪府，少数奸人受其胁迫，不得不为，其傀儡遂妄谓"民意所在"，岂不大悖！破坏我五族共和，分割我完整国家，闻之心酸，谈之发指。除吁请政府悉索敝赋、与之周旋外，诸公明达，洞彼阴谋，幸仗义执言，还我领土，岂独中国人民受赐，世界和平实利赖之！

福星照临，无任翘祷！

中国四川江津县农会　沁　印

资料来源：日内瓦国联与联合国档案馆藏李顿调查团档案，卷宗号：S36。

2. 湖南攸县人民抗日救国会来电

北平市政府译转国联调查团钧鉴：

顷奉湖南人民抗日救国会快邮代电略开：为日人唆使东省叛逆拒绝敝国代表顾维钧博士随诸公入东省调查等语。窃日本违背国际之各种公约、破坏敝国领土主权之完整，曾经迭恳诸公转陈国联为有效之制裁，谅蒙垂察。此次敝国派顾博士为代表，襄助调查，系遵照国联议决案。今日本欲掩饰其暴行，且便于欺朦［蒙］诸公计，竟拒绝顾博士调查，实属蔑视国联、玩弄诸公！经提出，本会第四次全体委员会议决：代电响应，记录在卷。务恳诸公严词拒绝、详细调查，并将调查所得真相报告国联，作极公允之制裁，以维世界之和平。

谨此电达，伏维亮察。

湖南攸县人民抗日救国会叩　养　印
民国□年□月□日

资料来源：日内瓦国联与联合国档案馆藏李顿调查团档案，卷宗号：S38。

3. 四川广元县各民众团体领导全县民众来电

四月廿八日

第一六〇号

特急！

上海吴市长转国际联盟会调查团公鉴：

贵团此次不辞跋涉辛劳，辱临敝国，考察日人武力侵略横暴情形，既负重大责任，知必尊重国际盟约、非战公约、九国公约等，主张公理正义，解决中日纠纷。远望行旌，曷胜钦仰！惟广元远在蜀川，非贵团节经之地，不克领导各级民众热烈欢迎，良深抱歉。而日人惨无人道，其军队所到之地奸掳烧杀、炸毁掠夺实在情形，不能面诉于贵团，亦深抱恨！查日本自去年九月，既用暴力强占我国辽宁，继又肆其残暴侵略的军事行动，又占据我吉林、黑龙江，更袭灭韩故技[伎]，利用奸匪欺骗，另组满蒙伪国，领土、政权被其破坏，财产损失不可数计。乃我为尊重国际盟约起见，隐忍退让，诉诸国联大会，正请公平解决之际，彼更于本年一月，又以陆、海、空军压迫淞沪，向我攻击；同时，施用毒炮，伤害无数生民，此为住居上海各国人士所亲见，亦为世界各国所共闻，横蛮甚于盗匪，实难为彼讳言。我为遵从国联调停决议，不与抵抗，撤兵退守，静候解决。彼更调驶大批军舰扰乱长江，进逼不已，甘心破坏，不肯撤兵。幸当进攻之时，适值贵团莅至，不能掩饰，轰炸始停。贵团之来，实全国所期望与感谢者也。考国际联盟会之设，原为解决国际间发生之争执，维持国际之神圣盟约，行使职权，即应有公理正义之主张。日本暴行即当制止，我国损失责令赔偿，日军限期撤回疆土，各期完整，能达圆满，方不负此一行；否则，我中华民族惟有取自卫手段，长期抵抗，宁为玉碎不为瓦全。现在，我国人民受日人之无端压迫，愤激已达极度，咸有效死勿去之决心。日人长此得尺进步，侵略无已，设更酿成国际间不幸事件，日本甘为戎首，即应完全负责。须知中华民族之生存自卫权，任何国家不应侵犯，亦所不能侵犯也。况一国过强，各国不利，势力均等，方免纷争，此理至明，咸所公认，近年军缩会议，限制各国增加军备，其意在此。果日本独强于东亚，想亦为欧西各国所不甘心，敦请将日本加于我国之种种暴行，缕悉[析]详陈于国际联盟会，迅速依据盟约，持平处理，采有效之制裁，以达国际联盟立会之主旨，维持世界各国永久之和平，是所企望。

特先致诚恳之请求于贵团，并祝贵国[团]此行之成功。

四川广元县各民众团体领导全县民众同叩　俭

广元县教育会之图记

广元县县农会之图记

四川广元县商会之矜记

广元县县工会之图记

资料来源：日内瓦国联与联合国档案馆藏李顿调查团档案，卷宗号：S38。

4. 中国国民党江西省宜春县党务整理委员会来电

第一五九号

国民政府外交部转国联调查团诸先生勋鉴：

此次诸公为秉着良心之驱使，维持世界和平，衔国联会之使命，不避险阻，远道而来，视察淞沪等案，敝国人民逖听之下，不胜欢迎之至！窃日帝国主义者秉承其传统的大陆政策，不惜违反国际盟约及九国公约，自九一八后，不宣而战，既占我东北，复扰淞沪，意欲借此征服全中国，进而征服全世界也。吾国当局为维持世界和平、拥护国联决议起见，一再容忍，欲冀其最后之觉悟，听候国联之解决也。谁知其跋扈跳梁，变本加厉，焚杀掳掠，不顾一切，而甘冒天下之大不韪乎！夫破坏东亚和平者，即为破坏世界之和平，既破坏世界之和平矣，即为世界之公敌，既为世界之公敌矣，人人皆得而诛之。战祸弥漫，其有已乎？兹幸诸公辎轩遥临，敝国人民除表示欢迎并接受调查外，务望站在正义公理之立场，秉着良心上之主张，对于暴日种种不法行为加以公道之制裁，使暴日不再横行而世界得以维持于不替也。

中国幸甚！世界幸甚！

中国国民党江西省宜春县党务整理委员会（印）叩　佳

中华民国二十一年四月□日发

资料来源：日内瓦国联与联合国档案馆藏李顿调查团档案，卷宗号：S38。

5. 湖南永明县桃川镇商会来电

四月廿八号

第一五八号

南京外交部译转国联调查团李顿爵士、克劳特①将军、麦考益将军、希尼博士、史高蒂②伯爵暨列列先生勋鉴：

　　暴日以武力占领我东北，蹂躏我淞沪，无非欲遂其满蒙大陆一贯政策之野心。倘不请求国联采取切实有效方法早为制裁，则暴日视国联盟约、九国条约、非战公约为具文而甘为戎首，以破坏世界和平而冒世界之大不韪。敝国与各友邦唇齿相依，在暴日得陇望蜀，直接固为敝国之不幸，间接亦各友邦之不幸也。诸公具有世界眼光，衔命来华，对于此次暴日残忍凶横的经过实地调查，当必瞭[了]如指掌。务乞本大公无私之怀，主持正义，详告国联，庶国联盟约之尊严有所维持，而世界民族之生存与国界之完整有所保全。否则，敝国为正当防卫计，前仆后继，誓死以抗，决不为其武力所屈服。同人等亦必愿为玉碎不为瓦全，而作我政府之后盾，万不稍存观望之心也。

湖南永明县桃川镇商会（印）叩　咸

中华民国二十一年四月十五日

资料来源：日内瓦国联与联合国档案馆藏李顿调查团档案，卷宗号：S38。

6. 中国国民党山东省直属莘县区分部执行委员会来电

四月廿七日

第一五三号

北平市党部探送中国代表顾维钧先生译转国联调查团诸委员钧鉴：

　　自九一八事变发生以来，暴日肆虐愈演愈烈。始而虚言恫吓，藉[借]题发挥，继而各处惨案，威逼而来。既占我东北，复扰我津青，举国愤慨，世界震惊。我政府始终本诸和平之宗旨，冀国联予以公平之解决。乃正义尚未得伸，暴日

---

①　编者按：常翻译为克劳德，下文同。

②　编者按：常翻译为马柯迪，下文同。

尤复得寸尽[进]尺,不惜破坏世界和平,大举海、陆、空军,蹂躏我经济中心之上海,实行以武力征服中国。更为淆惑世界之观听,因劫溥仪以建伪国,误我国民革命为排外,此其用心至为险毒。诸公东行在即,本会敢揭发暴日阴谋,为诸公告:

(一)倭奴垂涎东北已非一日,田中义一遗奏所谓:"先取中国为根据,再进而渐次统一全球",足见暴日有亡我东北之决心。

(二)东北民众三千万,满人不及二十分之一,日常生活、言语、风俗、习惯、文字状况与我国关内人民完全相同,何至有独立建国之需要?臧式毅、溥仪等,刻无个人完全自由,暴日不过利用之以为傀儡,有何独立建国之可言?东北伪国组织,不过日人以亡韩故智亡我东北。

(三)我国国民革命之目的在求中国之自由平等,并非排外;而中国人爱好和平之天性,更为中外所共见。对日经济绝交,乃暴日侵略我国所引起之反响,我国民激于爱国热忱,不欲以金钱资敌购买利器杀我同胞,乃当然之理。对日经济绝交,英、美等国货物依然畅销,可知抗日并非排外。

以上所述,应请诸公严重注意,详察事实,主持公道,无[勿]为暴日所蒙蔽。

谨电陈词,伏维公鉴。

中国国民党山东省直属莘县区分部执行委员会(印)叩　号　印

民国二十一年四月廿七日

资料来源:日内瓦国联与联合国档案馆藏李顿调查团档案,卷宗号:S38。

7. 中华民国国民救国会来电

国联调查团李顿爵士、麦考益少将、克劳德将军、马科迪伯爵、希尼博士公鉴:

此次敝国以过量和平态度,对日本过甚侵略行为未能解决,致劳诸先生远道辛苦,实深愧感之至。诸先生受国联重托,负艰巨责任,不仅为东亚和平所系,抑且系于世界人类将来之安全与否。所以,敝国人民有热烈欢迎与忠实贡献者良有以也。

泊九一八事变之起,日本借口保侨而侵占辽吉,近则借口抵货而侵占淞沪,一面以外交手段欺骗国联,一面以积极政策吞并中华。在国联,已一再受朦[蒙];在敝国,已一再忍让。而日本终不知悟,直视国联为儿戏、敝国如无

人,未免骄横太过。敝会兹有贡献四点如下:

(一)查日本侨商在华者本不少,试问经过年时有何重大损害?若以朝鲜各地敝国居民被残害者较之,敝国对于日本应当作如何行动?且历次惨案过程皆由日本称兵来华,敝国未尝加兵日本。此应请注意者一。

(二)敝国人民鉴于东省同胞无辜被惨杀,物产无辜被荡毁,因而敝国人民激发救国自救之天良,乃有消极抵制日货之表示,完全由日本以暴力压迫所激成。无论任何国家,当危亡之际,岂能不许如此最低限度之抵制者?况贸易自由更未有以暴力而强人买卖者,即敝国政府在法律上亦无干涉人民爱国运动之可能。假使日本能撤销其残酷压迫行为,则敝国爱国运动亦即自然停止。此应请注意者二。

(三)查东省及上海闸北一带之道路,闻多由日本改易道路之名称,若非实行侵占土地之准备,何必如此?以日本大陆野心之蓬勃,世人无不共晓。假如敝国以一部分土地为其拓展之依据,窃恐数年而后,各友邦亦必有受其侵害之一日,利害相关,非仅敝国而止。此应请注意者三。

(四)此次进行和议,敝国人民无不乐闻,惟敝国人民之态度,最希望日本先行撤兵及东省、上海、朝鲜等案同时解决,以期真正和平公理之实现。设如敝国政府屈服于日本之局部条约,后患既不能除,则不仅敝国四万万人民绝难承认,抑且违背国联公道之主张与辜负诸公远来之意旨。此应请注意者之四。

综上所陈四点,均为极堪注意事件。敝会具攸[悠]长历史,抱公正主张,谨以十二万分诚恳之贡献,唯希诸先生本调查使命,伸张公理,平反是非,使国联决议之实行,开世界和平之新路。

毋[无]任翘祷之至。

中华民国国民救国会(印)叩　漾　印

资料来源:日内瓦国联与联合国档案馆藏李顿调查团档案,卷宗号:S38。

8. 中国国民党陆军第廿七师特别党部筹备委员会来电

来报纸 RECEIVING		中国电报局		本局号数 JOURNAE. NO. 94	

THE CHINESE TELEGRAPH ADMINISTRATION

局　　　　　由京北分局抄送

_____ OFFICE　　DELIVERED BY NBO

由 From	CP			附注 —REMARKS—	交 TO		
时刻 Time	15	点 H　52	分 M		时刻 Time	点 H	分 M
签名 By	JEN				签名 By		

原来号数 TELEGRAM NO.		20/28	等第 CLASS		0 s	字数 WORDS	321
发报局 Office from			日期 Date	8	点 H　17	分 M	30

7357	0108	5903			
顾	代	表			
1421	1557	8133	7003	2411	2585
少	川	勋	鉴	敝	会
7308	5268	0948	5114	6148	2686
顷	致	国	联	调	查
0957	0001	7193	2417	6153	6230
团	一	电	敬	请	译
6567	7193	2429	1172	0007	0948
转	电	文	如	下	国
5113〔5114〕	6148	2686	0957	4175	1201
联	调	查	团	诸	委

（续表）

0765	0971	7003	2480	2609	1715
员	均[钧]	鉴	日	本	弗
7357	0013	3152	0207	5030	4575
顾	世	界	信	义	破
0975	0948	7139	0361	4766	4544
坏	国	际	公	约	竟
2456	0637	2979	0427	0365	4148
于	去	岁	出	兵	占
2053	6697	0679	7815	0003	4164
我	辽	吉	黑	三	省
6597	0093	1571	0577	7048	2588
迄	今	已	十	阅	月
0948	5114	3634	0031	8170	8973
国	联	为	主	持	正
5030	6060	1193	0463	6613	2945
义	计	始	则	迭	次
3082	6231	7018	0366	2327	0365
决	议	限	其	撤	兵
4949	0463	3676	6175	6175	0361
继	则	特	派	诸	公
0171	5478	6148	2686	4176	4161
来	华	调	查	真	相
5079	6175	0361	0468		
而	诸	公	前		
6384	2639	4164	4148	2686	7173
赴	东	省	调	查	虽
0961	2480	0068	4148	6018	0037
在	日	人	监	视	之
0007	4154	1417	0366	4187	3970
下	谅	对	其	侵	略

0057	1395	3981	1571	3159	3608
事	实	当	已	洞	烛
3541	6695	2053	0356	0948	0006
无	遗	我	全	国	上
0007	2973	4162	6175	0361	6567
下	正	盼	诸	公	转
0707	0948	5114	0056	2480	2609
告	国	联	予	日	本
0110	0917	2033	1824	1885	2480
以	严	惩	忽	悉	日
2609	6231	2585	0361	3544	6639
本	议	会	公	然	通
6665	2110	4126	2639	3164〔4164〕	0298
过	承	认	东	省	伪
4809	4930	3194	1873	0278	4171
组	织	消	息	传	来
0109	0086	7569	2172	2686	2639
令	人	发	指	查	东
4164	3652	0956	0626	7153	2053
省	版	图	原	隶	我
0948	5282	0013	0364	4749	2480
国	举	世	共	知	日
2609	6231	2585	2974	2945	0237
本	议	会	此	次	值
6175	0361	1474	2607	7180	5478
诸	公	尚	未	离	华
0037	7139	4544	2413		
之	际	竟	敢		
6639	6665	2110	4126	2639	4164
通	过	承	认	东	省

0298	4809	4930	0008	0141	4275
伪	组	织	不	但	破
1095	2053	0948	7325	0960	5887
坏	我	国	领	土	行
2398	0037	1346	2429	0017	0011
政	之	完	整	并	且
4158	2541	6175	0361	0366	5583
目	无	诸	公	其	蔑
6018	0948	5114	0668	1927	5079
视	国	联	可	想	而
4249	0523	6153	7193	0707	0948
知	务	请	电	告	国
5114	3266	1714	4145	4766	4574
联	援	引	盟	约	第
0577	0362	2743	1417	0060	2480
十	六	条	对	于	日
2609	2231	0648	2451	3544	0037
本	采	取	断	然	之
5710	4999	2117	0455	1730	2938
处	置	抑	制	强	权
0135	1718	0361	3810	4850	5170
伸	张	公	理	维	持
0013	3954	3057	0036	0735	1627
世	界	永	久	和	平
2981	6703	2053	0948	5926	0148
归	还	我	国	被	占
1735	0960	5259	7193	0008	0524
疆	土	临	电	不	胜
4162	4411	0037	5267	0022	0948
盼	祷	之	至	中	国

（续表）

0948	3046	7825〔8093〕	7120	6501	4574
国	民	党	陆	军	第
0579	0003	1597	3676	0446	7825〔8093〕
廿	七	师	特	别	党
6752	4693	0271	1201	0765	2585
部	筹	备	委	员	会
0661	1792	eeee			
叩	微				

中华民国廿一年七月六日收到

资料来源：日内瓦国联与联合国档案馆藏李顿调查团档案，卷宗号：S38。

9. 陆军第七十四师特别党部筹备委员会来电

外交部电报科　　　　　　　　　　　　来电号数第 32191 号

来报纸　　　　　　中国电报局　　　　本局号数

RECEIVING　　　　　　　　　　　JOURNAE. NO.　317

　　THE　CHINESE　TELEGRAPH　ADMINISTRATION

　　　　　　　　　局

　　　　　　_____　OFFICE

由 From	Cp21			附注 —REMARKS— CTF THREE FIGS IN 3RD PG	交 TO			
时刻 Time	24	点 H	00	分 M		时刻 Time		点 H		分 M
签名 By					签名 By			

原来号数 TELEGRAM NO.	78/232	等第 CLASS	SSS	字数 WORDS	301W
发报局 Office from	TSINAN	日期 Date	21	点 H	19	分 M	15

1838	NANKING		1120	0074	6752	6567	0948	5114	6148	2686	0957	0361	7003
急			外	交	部	转	国	联	调	查	团	公	鉴
2552	2480	1379	5478	4226	1571	2422	2588	2639	0554	0005	4164	2478	5926
暴	日	寇	华	瞬	已	数	月	东	北	三	省	既	被
0187	0148	3247	3337	4737	5478	1788	5926	2301	3014	4999	0348	5114	3082
侵	占	淞	沪	精	华	复	被	摧	毁	置	国	联	决
6131	2456	0008	7357	6018	0013	3954	0677	0948	1172	3541	3670	2371	1364
议	于	不	顾	视	世	界	各	国	如	无	物	扰	害
0735	1627	3014	2757	2973	5030	0343	2995	2897	2552	1395	1030	2980	0670
和	平	毁	弃	正	义	凶	残	横	暴	实	开	历	史
0037	1921	0173	6602	0011	3536	6226	1693	2456	7022	3068	6511	3499	1378
之	恶	例	近	且	烽	警	延	于	长	江	军	火	密
6663	0355	0966	1409	6269	7022	5748	6851	1800	1455	3589	0022	2480	1129
运	内	地	封	豕	长	蛇	野	心	展	炽	中	日	大
2069	1695	2456	4168	4208	0013	3954	0735	1627	0604	0961	2481	1119	6311
战	迫	于	眉	睫	世	界	和	平	危	在	旦	夕	贵
0957	6298	0948	5114	0037	6850	6067	5235	0735	1627	0037	1129	0117	6684
团	负	国	联	之	重	托	膺	和	平	之	大	任	适
2456	0604	2894	1769	4099	0037	7139	6678	3195	6850	3152	5539	3337	6148
于	危	机	待	发	之	际	远	涉	重	洋	莅	沪	调
2686	0356	3808	0086	1102	0434	2456	1466	2598	2411	0948	3046	5883	1429
查	全	球	人	士	切	于	属	望	敝	国	民	众	尤
3637	2970	6601	5556	0361	3810	0037	0074	0694	1317	0961	2973	5030	0037
为	欢	迎	盖	公	理	之	能	否	存	在	正	义	之
2589	3541	0202	1140	0086	7352	2429	0553	2508	0694	1412	3634	2552	0500
有	无	保	障	人	类	文	化	是	否	将	为	暴	力
2076	2301	2995	0013	3954	0735	1627	3174	0694	1412	3634	2480	2609	5079
所	摧	残	世	界	和	平	能	否	将	为	日	本	而
4275	1095	6311	0957	0037	5887	1395	6298	0356	6307	1424	2598	4426	0361
破	坏	贵	团	之	行	实	负	全	责	尚	望	秉	公
3400	2686	5046	1395	1032	0707	0220	0948	5114	1996	0110	5932	0445	8282
澈[彻]	查	详	实	报	告	俾	国	联	凭	以	裁	判	举

（续表）

0013	4249	2076	2575	4160	1659	7162	0356	0013	0037	500	0110	0455	5932
世	知	所	曲	直	庶	集	全	世	之	力	以	制	裁
2552	2480	1172	0008	3752	3544	0463	2053	0022	5478	3046	2469	3634	5261
暴	日	如	不	获	然	则	我	中	华	民	族	为	自
5898	6060	2577	0149	1917	0069	0110	2053	0934	5502	5502	0086	3046	0037
卫	计	更	何	惜	乎	以	我	四	万	万	人	民	之
3210	5877	5280	1764	2552	2480	4161	0719	2467	5259	7193	0008	0524	1949
液[热]	血	与	彼	暴	日	相	周	旋	临	电	不	胜	感
4171	0037	5267	7120	6511	4574	0003	0577	0934	1597	3676	0446	7825	6752
盼	之	至	陆	军	第	七	十	四	师	特	别	党	部
4692	0271	1201	0765	2585	0661	4612							
筹	备	委	员	会	叩	个	SEAL						

资料来源：日内瓦国联与联合国档案馆藏李顿调查团档案，卷宗号：S38。

10. 国民外交协会来电

外交部电报科　　　　　　　　　　　　来电号数第 32136 号

来报纸　　　　　　中国电报局　　　　本局号数

RECEIVING　　　　　　　　　　　JOURNAE. NO. ___301___

THE　CHINESE　TELEGRAPH　ADMINISTRATION

局

_____ OFFICE

由 From	C. MS19			附注 —REMARKS—	交 TO			
时刻 Time	22	点 H	30	分 M		时刻 Time	点 H	分 M
签名 By					签名 By	洛阳		
原来号数 TELEGRAM NO.	84. 1402		等第 CLASS	SSS	字数 WORDS	625W		

（续表）

发报局			L.Y.	日期	19		点		18		分	20
Office from			洛阳	Date			H				M	
1120	0074	6752	6230	6567	0948	5114	6148	2686	0957	0361	7003	2552
外	交	部	译	转	国	联	调	查	团	公	鉴	暴
2480	0187	5478	0677	0948	7201	7528	6311	0957	1144	0730	2639	0171
日	侵	华	各	国	震	惊	贵	团	奉	命	东	来
1920	5539	0022	0960	6298	6148	2686	0037	6850	0117	6180	6048	3082
惠	临	中	土	负	调	查	之	重	任	谋	解	决
0037	0982	6634	7070	0434	0645	6146	4850	6233	0735	1627	1395	3234
之	坦	途	关	切	友	谊	维	护	和	平	实	深
3634	2053	0948	3046	2076	2970	6601	1919	6175	0689	0171	5261	2639
为	我	国	民	所	欢	迎	惟	诸	君	来	自	东
0079	5280	2480	2609	2600	6851	1122	2480	0719	2467	2607	4249	
京	与	日	本	朝	野	多	日	周	旋	未	知	
0155	0149	1949	1927	5113	2480	2609	0157	3970	0022	0948	0110	6651
作	何	感	想	闻	日	本	侵	略	中	国	以	进
0365	0202	0294	3634	5659	0656	5079	2981	0736				
兵	保	侨	为	借	口	而	归	咎				
2456	5478	0086	2226	1120	8437	6644	0057	1395	7351	0227	2568	7236
于	华	人	排	外	捏	造	事	实	颠	倒	是	非
3541	1792	0008	5267	1395	0463	0356	0008	0678	3810	0677	0948	2464
无	微	不	至	实	则	全	不	合	理	各	国	旅
5478	0294	3046	0451	5710	4105	2508	3541	0008	0062	4161	6024	0810
华	侨	民	到	处	皆	是	无	不	互	相	亲	善
0001	6018	0681	0088	6815	2607	0649	0149	2226	2444	0613	2076	0788
一	视	同	仁	绝	未	受	何	排	斥	即	所	谓
1683	7110	0008	1627	4583	2742	4766	0008	6665	3061	1779	0361	6670
废	除	不	平	等	条	约	不	过	求	得	公	道
0037	1709	6657	1627	4583	0037	0966	0143	0076	3747	4539	0948	1367
之	待	遇	平	等	之	地	位	亦	独	立	国	家

2019	2589	0037	6008	3061	6259	1779	4158	0037	3634	2226	1120	0613
应	有	之	要	求	岂	得	目	之	为	排	外	即
0086	3046	0260	2589	0008	6314	2480	6313	0037				
人	民	偶	有	不	买	日	货	之				
6663	0520	0076	0190	2480	2609	0037	1730	2552	2398	4595	2076	6656
运	动	亦	系	日	本	之	强	暴	政	策	所	造
2052	0736	1395	0961	1764	5079	0008	1961	2053	6107	6034	5261	0046
成	咎	实	在	彼	而	不	在	我	试	观	自	九
0001												
一												
0360	0110	1775	2480	2609	1853	0366	1730	0365	0448	4276	6672	0646
八	以	后	日	本	恃	其	强	兵	利	炮	违	反
0361	4766	6613	0796	2069	4393	0008	7357	0948	5114	0037	0928	0707
公	约	迭	启	战	祸	不	顾	国	联	之	嘱	告
0500	0956	2069	0575	0037	2368	1129	3541	4551	5079	0187	0148	2053
力	图	战	区	之	扩	大	无	端	而	侵	占	我
2639	0005	4164	0482	4539	0298	0948	3541	4551	5079	6002	2345	2053
东	三	省	创	立	伪	国	无	端	而	袭	击	我
1131	3160	2371	0052	5478		0554	0642	3541	4551	5079	3175	6680
天	津	扰	乱	华		北	又	无	端	而	派	遣
6850	0365	6451	6497	3247	3337	1971	3010	2053				
重	兵	蹂	躏	淞	沪	惨	杀	我				
3541	2107	2123	0037	3046	4191	3539	3014	2053	2429	0553	0794	2814
无	抵	抗	之	民	众	焚	毁	我	文	化	商	业
2623	7070	4429	4429	2552	5887	3634	0645	6721	0086	1102	2076	
机	关	种	种	暴	行	为	友	邦	人	士	所	
0364	6015	2494	2494	2480	2609	0187	3970	2053	7325	0960	4275	0975
共	见	明	明	日	本	侵	略	我	领	土	破	坏
2053	0031	2938	1450	2009	2053	0086	3046	3927	3634	4997	7608	4393
我	主	权	屠	戮	我	人	民	甘	为	罪	魁	祸

（续表）

7445	6259	1369	3701	6589	6152	0609	0366	6307	0117	7312	4249	2480
首	岂	容	狡	辩	诿	卸	其	责	任	须	知	日
2609	2128	5261	1129	0037	6851	1800	0036	4248	1629	0691	0022	0948
本	抱	自	大	之	野	心	久	矣	并	吞	中	国
1767	2591	0441	1730	0110	4468	7160	0060	0013	3954	3634	0787	0001
征	服	列	强	以	称	雄	于	世	界	为	唯	一
0037	0278	4827	1129	7120	2398	4595	2974	2945	5659			
之	传	统	大	陆	政	策	此	次	藉[借]			
4551	0187	3970	0008	6665	3634	1395	2457	0366	6060	3973	0037	0443
端	侵	略	不	过	为	实	施	其	计	划	之	初
2975	5079	3944	0022	0037	1378	1146	0644	0637	2979	2639	0005	4164
步	而	田	中	之	密	奏	及	去	岁	东	三	省
2609	1446	3966	3046	2585	5261	0031	0681	4145	1357	6056	4467	4467
本	居	留	民	会	自	主	同	盟	宣	言	种	种
7113	6180	0110	1775	1801	6632	2975	1395	3807	0013	3954	0735	1627
阴	谋	以	后	必	逐	步	实	现	世	界	和	平
4105	4412	0008	0202	2399	0948	5114	2974	2514	0008	0502	0455	0932
皆	将	不	保	故	国	联	此	时	不	加	制	裁
2552	2480	0463	0202	7140	0735	1627	0037	5478	4141	7319	2585	6231
暴	日	则	保	障	和	平	之	华	盛	顿	会	议
0046	0948	2742	4766	7030	3157	0344	0037	7236	2069	0361	4766	1412
九	国	条	约	开	洛	克①	之	非	战	公	约	将
3634	2480	2609	0037	4276	5324	2076	2301	3014	5079	1885	2052	1683
为	日	本	之	炮	舰	所	摧	毁	而	悉	成	废
4786	1858	0649	0366	1364	5074	0008	3747	0022	0948	1571	0048	6175
纸	恐	受	其	害	者	不	独	中	国	已	也	诸
0680	0505	0500	0735	1627	0367	6678	1120	0037	4190	0342	3234	4162
君	努	力	和	平	具	远	大	之	眼	光	深	盼

①　编者按：原文代码正确，译文正确；因翻译问题，大多实行音译，故各处译名存在差异，其实均指白里安—凯洛格公约。

2609	0361	2973	0037	1966	1653	3061	4176	1395	0037	2232	6062	1399
本	公	正	之	态	度	求	真	实	之	探	讨	审
2575	4160	2494	2508	7236	0543	3634	2639	0079	5711	0298	1357	0278
曲	直	明	是	非	勿	为	东	京	虚	伪	宣	传
2076	3216	1910	5079	0117	4377	5101	0037	0361	3127	0361	4766	4807
所	淆	惑	而	任	神	圣	之	公	法	公	约	终
3634	4522	0365	7830	2976	0037	2552	2480	2076	4275	1095	0013	3954
为	穷	兵	黩	武	之	暴	日	所	破	坏	世	界
0735	1627	4105	2456	2508	6351	0613	2411	0948	3046	5883	0037	5030
和	平	皆	于	是	赖	即	敝	国	民	众	之	义
2001	0076	0668	5959	0110	4455	1627	2413	0142	5215	1800	2417	4362
愤	亦	可	藉[借]	以	稍	平	敢	布	腹	心	敬	祈
0987	7003	0017	4376	0256	1660	0943	3046	1120	0074	0588	2585	0661
垂	鉴	并	祝	健	康	国	民	外	交	协	会	叩
2400												
效	SEAL											

资料来源：日内瓦国联与联合国档案馆藏李顿调查团档案，卷宗号：S38。

11. 甘肃、陕西、山西、新疆、绥远、河南六省全民
欢迎代表成海山来信

中国西北民众热烈欢迎国际国联调查团李顿爵士主席、诸位大员公鉴：

谨具甘肃、陕西、山西、新疆、绥远、河南六省全民欢迎代表成海山（章）由山西文水县医院谨上。

国联调查团员诸君李主席惠鉴：

贵大员道途劳苦，为中日不幸事件调查来中国，我国全民十分信仰、热烈欢迎！凭信贵团能秉公查办，主持正义，世界公理、正义终能战胜于武力、强暴之日本国也。

自去年九月以来，日本无端用武力侵占我国东北三省山河土地，杀戮我国

无辜之人民,种种日本不法行为违犯国际公法、非战条约、国联条约、九国公约,又破坏世界仁[人]道公理,我国民众最信任我国四万万人民【之】中国政府,负责将日本依法诉诸世界最高、隆重【之】国联,必有相当公断,和平处理。我国民有重要呈报者,为日本在外国捏造【谎言】,假借我中国民众有排外之举动,确非事实。我国民对贵调查员具[据]实表示我中国国民之心志,况我国由旧式国家改为新国家,文化虽老,一切进化薄弱皆仰张[仗]列强友邦互相提携,共图实业,共办文化,物[扶]植一切商业,共谋利益,只求平等待我中国国民;我国民众对外列强大小诸国,不论君主国、民主国,我民诚意一律待遇,非有排外之事也。

日本自去秋依该[靠]日本武力,强暴侵占我国东三省、天津、上海等地,惹起我国全民愤动,我民众一致对日本经济绝交,不买卖日本国货物,此为中华全民抗日救国会,非排外事,我民众成立抗日会非民众所愿,实是日本以武力侵占我国、杀害我国无数得[的]人民激动促成,此会仰日本自此对中国改变侵占杀人政策,遵列强开劝,撤兵交还我山河,消去不平等条约,重与中国成立平等、互惠条约,我国民众抗日大会自动则能撤消,对日本相好如昔,不止中日和平即远东和平,则全世界也能和平如【昔】。

现在,日本大行暴力杀人,比昔德意志有过【之】而无不及也。去冬,我西北六省全民开会,公推海山代表三人等到我东三省,亲身视察日本在东三省所捏造人民即日本假借人民请愿,还说南京党国不良、张主席不善,请日本兵久驻东三省,重组织"新政府",假民众表决,日本在外国宣传假事实,确是日本捏造宣传,请贵团主[注]意也。

代表成海山于四月十日到平欢迎调查团,路过石【家】庄,不幸身体生病,即时返山西,有误要托,与志有违,请邮寄转呈为祷。若调查【团】有询问东三省事实,请来信山西文水县医院可也。

中华民国二十一年四月十二日

资料来源:日内瓦国联与联合国档案馆藏李顿调查团档案,卷宗号:S38。

12. 中国国民党陆军第十八师特别党部来电

中华民国廿一年七月廿九日收到

来报纸			中国电报局		本局号数
RECEIVING					JOURNAE. NO. 571

THE　CHINESE　TELEGRAPH　ADMINISTRATION

局　　　　由京北分局抄送

_____ OFFICE　　DELIVERED BY NBO

由 From				交 TO		
时刻 Time	点 H	分 M	附注 —REMARKS—	时刻 Time	点 H	分 M
签名 By				签名 By		

原来号数 TELEGRAM NO.		2/144	等第 CLASS		S	字数 WORDS		243
发报局 Office from			日期 Date	28	点 H	14	分 M	00

7357	0108				
顾	代				
5903	4850	6874	2017	6567	0948
表	维	钧	恳	转	国
5114	6148	2686	0957	6175	0361
联	调	查	团	诸	公
0534	7003	2480	2609	0042	2053
勋	鉴	日	本	乘	我
1122	7181	5127	1942	0187	3970
多	难	肆	意	侵	略
1193	0148	2639	0554	4949	6002
始	占	东	北	继	袭

3747	3337	6311	0957	6298	0735
淞	沪	贵	团	负	和
1627	0169	0730	0427	0117	6148
平	使	命	出	任	调
2686	2069	1093	2582	4841	1353
查	战	垒	曾	经	定
1122	1971	4027	2455	0373	2704
多	恶	痛	方	冀	根
2352	0057	1385	2117	0455	0631
据	事	实	抑	制	肆
2897	0143	0956	6341	0997	0037
横	何	图	贵	团	之
0169	0730	2607	4807	5079	2480
使	命	未	终	而	日
6511	0187	3583	0037	6226	0642
军	侵	热	之	警	又
5267	6319	0366	2076	3634	3981
至	贸	其	所	为	当
1571	2322	3014	0001	0134	0361
已	撕	毁	一	切	公
4766	5583	6019	0948	5114	1415
约	蔑	视	国	联	尊
0917	1424	2598	6175		
严	尚	望	诸		
0361	0031	2170	2973	5030	1412
公	主	持	正	义	将
2480	2609	6672	0646	0046	0948
日	本	违	反	九	国
0361	4776	0948	5114	4145	4766
公	约	国	联	盟	约

（续表）

0948	3082	6731	0037	5887	3634
国【联】	决	议	之	行	为
0644	4275	1095	0013	3954	0735
及	破	坏	世	界	和
1627	0037	3082	1800	5280	6451
平	之	决	心	与	蹂
7497	2639	0854	0037	0057	1395
躏	东	北	之	事	实
0110	0644	2053	0948	0207	6351
以	及	我	国	信	赖
0948	5114	6043	3082	0037	1695
国	联	解	决	之	迫
0434	3644	1937	1174	0735	1627
切	及	愈	好	和	平
0837	4734	4277	0001	0164	7783
之	精	神	一	并	从
6604	1032	0707	0948	5114	1629
速	报	告	国	联	并
1357	0197	0356	0013	3954	0056
宣	告	全	世	界	予
0559	2480	0110	2589	2400	0037
暴	日	以	有	效	之
0455	5932	0220	2973	5030	0008
制	裁	俾	正	义	不
0936	2974	5079	3189	3319	0948
因	此	而	泯	灭	国
5119	0037	1218	2938	0076	1779
联	之	威	权	亦	得
0110	4850	6233	0013	3954	0467
以	维	护	世	界	前
6634	1395	3234	0448	6351	5259
途	实	深	利	赖	临

7193	1896	2001	0126	4850	0081
电	悲	愤	伏	维	亮
1390	0022	0948	0948	3046	7825
察	中	国	国	民	党
7120	6511	4574	0577	0360	1597
陆	军	第	十	八	师
3676	0446	7825	6752	0661	1949
特	别	党	部	叩	感

资料来源：日内瓦国联与联合国档案馆藏李顿调查团档案，卷宗号：S38。

13. 无名氏来电

南京国民政府外交部译转国联调查团委员先生勋鉴：

窃暴日封豕长蛇，侵害无已，既占我辽吉，又侵我淞沪，无辜同胞惨遭屠杀，经济文化横被摧残。近更诡计百出，屯兵沪上，阳假和议之名，阴行备战之实，并怂恿反贼，组织满洲伪国，截取税关，悍然称制，既武力以侵占我领土，复阴谋以破坏我行政，欲一手掩尽国际间之耳目，完成其大陆政策之迷梦，等非战公约及华府条约若弁髦，视国联盟约及决议案如无物，凡属国民同声愤慨，以五[四]万万同胞之众，何难本总理大无畏之精神，以与彼獠作殊死战无……

中华民国□年□月□日□时发

资料来源：日内瓦国联与联合国档案馆藏李顿调查团档案，卷宗号：S38。

14. 中国国民党陆军第十五师特别党部执行委员会来电

北平顾代表维钧译转国联调查团钧鉴：

自九一八事变发生后，日本帝国破坏东亚和平之阴谋昭然若揭；我国政府始终尊重国际公约，忍辱退让，静候公判。讵彼横暴凶残，愈演愈烈，近更变本加厉，明目张胆：一面承认伪傀儡组织；一面增兵东北各地。推其用心，实欲夺我东北而隶其版图之内。似此破坏我国领土行政完整，显将九国公约与国联决议一并撕毁无遗，本会全体誓死反对到底！

伏恳贵调查团秉公正之调查，作和平之保护，迅将日本此次承认伪组织之行为电告国联，速采有效办法严厉制止，并促其亟（早）日撤退东北军队，实现历次决议，而以维护世界永久之和平。则非特敝国之幸，实亦世界无量之福也。

中国国民党国民革命军陆军第十五师特别党部（印）叩　庚　印

中华民国廿一年七月十四日收到

资料来源：日内瓦国联与联合国档案馆藏李顿调查团档案，卷宗号：S38。

15. 无名氏来电

来报纸　　　　　　　　　中国电报局　　　　　　本局号数

RECEIVING　　　　　　　　　　　　　　JOURNAE. NO.　234

THE　CHINESE　TELEGRAPH　ADMINISTRATION

局　　　　　由京北分局抄送

280　OFFICE　　　DELIVERED BY NBO

由 From	14/4			附注 —REMARKS—	交 TO			
时刻 Time	20	点 H	0	分 M		时刻 Time	点 H	分 M
签名 By						签名 By		

原来号数 TELEGRAM NO.		1.418	等第 CLASS		S	字数 WORDS		309
发报局 Office from		Foochou city	日期 Date	13	点 H	19	分 M	20
u　pi①	2232 探	6623 送	7357 顾	4850 维	6874 钧	0341 先	6230 生
6567 转	0948 国	7139 际	6148 调	2686 查	0957 团	8133 勋	7003 鉴
6175 诸	0689 君	3634 为	2552 暴	2480 日	0187 侵	0148 占	2639 东
4164 省	6678 远	6670 道	0171 来	5478 华	2411 敝	2585 会	4583 等

---

①　编者按：原文如此，不达意。

（续表）

0467 前	4842 经	6897 铣	7193 电	2970 欢	6601 迎	0017 并	6153 请
4428 秉	0361 公	6586 办	3810 理	6156 谅	2110 承	7003 鉴	1390 察
2974 此	2945 次	6311 贵	0597 团	6664 遍	2980 历	3337 沪	3852 汉
2456 于	0667 各	0966 地	0037 之	1971 惨	5926 被	2480 日	6511 军
6451 蹂	6497 躏	3981 当	2589 有	3234 深	0466 刻	0037 之	6126 认
6221 识	5079 而	2480 日	0086 人	3234 深	1858 恐	2974 此	4467 种
2552 暴	5887 行	0008 不	1369 容	2456 于	0361 公	3810 理	0011 且
1758 影	7302 响	2456 于	2384 撄	0648 取	1129 大	7120 陆	0037 之
7113 阴	6180 谋						

来报纸　　　　　　　　　　中国电报局　　　　　　本局号数
RECEIVING
　　　　　　　　　　　　　　　　　　　　　　JOURNAE. NO. ___239___
　　THE　CHINESE　TELEGRAPH　ADMINISTRATION
　　　　　　　　　　　　　　局　　　　　　　由京北分局抄送
　　　　　　　　　_____ OFFICE　　DELIVERED BY NBO

由 From				附注 —REMARKS—	交 TO			
时刻 Time	7	点 H	00	分 M		时刻 Time		点 H		分 M
签名 By						签名 By			

原来号数 TELEGRAM NO.		等第 CLASS		字数 WORDS	155
发报局 Office from		日期 Date	13	点 H	12	分 M	0
6659 遂	0008 不	1917 惜	4275 破	1095 坏	0022 中	0948 国	7325 领
0960 土	0037 之	1346 完	2419 整	1174 妄	4468 称	3634 为	3341 满
1558 洲	0948 国①	5079 而	0008 不	6126 认	0366 其	3634 为	2411 敝

---

① 编者按："满洲国"是伪政权,下同。

（续表）

0948 国	5887 行	4164 省	0037 之	0001 一	6752 部	0434 利	3938 用
0072 亡	7281 韩	2399 故	2535 智	0961 在	2053 我	2639 东	0554 北
0482 创	4539 立	0264 傀	8085 儡	2398 政	1650 府	5875 蛮	2897 横
2952 欺	6094 诈	5459 莫	2974 此	2634 为	3928 甚	5387 若	0008 不
0056 予	0110 以	2973 正	3981 当	0455 制	2972 止	0008 不	3676 特
2411 敝	0948 国	0649 受	1364 害	5887 行	0011 且	3134 波	0644 及
0356 全	0013 世	3954 界	0677 各	0948 国	0169 使	0037 之	0008 不
1779 得	0008 不	2208 卷	0354 入	1132 太	1627 平	3152 洋	0037 之
2069 战	3630 争	2411 敝	0948 国	3046 民	4191 众	3634 为	0013 世
3954 界	0735 和	1627 平	0086 人	……			

资料来源：日内瓦国联与联合国档案馆藏李顿调查团档案，卷宗号：S38。

16. 沙洋各界民众来电

四月廿一日
第一五〇号
中华民国廿一年四月廿六日收到

来报纸	中国电报局	本局号数
RECEIVING		JOURNAE. NO. _____
	THE CHINESE TELEGRAPH ADMINISTRATION	
	局	由京北分局抄送
	_____ OFFICE	DELIVERED BY NBO

由 From	7614			附注 —REMARKS—	交 TO	由京北分局抄送	
时刻 Time	00	点 H	35	分 M	时刻 Time	点 H	分 M
签名 By					签名 By		

（续表）

原来号数 TELEGRAM NO.		717	等第 CLASS	A	字数 WORDS	151
发报局 Office from			日期 Date	19	点 H 16	分 M 45
3676	1738					7357
特	急					顾
0108	5903	1471	1557	6220		6567
代	表	少	川	译		转
0948	7139	6148	7686	0957		6175
国	际	调	查	团		诸
0341	3932	0971	7003	2480		7609
先	生	均[钧]	鉴	日		本
0379	1129	0008	7289	6002		0072
冒	大	不	韪	袭		亡
7281	2399	2111	2188	3170		0710
韩	故	技[伎]	挟	持		吾
0948	1683	1593	3302	0808		4583
国	废	帝	溥	仪		等
4909	4930	0264	8085	2398		1650
组	织	傀	儡	政		府
4160	2234	0487	0480	0022		0948
直	接	划	割	中		国
7325	0960	5887	2398	0037		1346
领	土	行	政	之		完
2419	7035	2234	4275	1095		0948
整	间	接	破	坏		国
7139	0361	4766	0037	0588		1353
际	公	约	之	协		定
4135	2552	7216	0366	0187		3970
益	暴	露	其	侵		略

（续表）

2053	3341	3166	0037	4176	4161
我	满	洲	之	真	相
2053	0022	5478	0086	3046	3634
我	中	华	人	民	为
2340	6233	0948	7139	1218	0207
拥	护	国	际	威	信
0644	7375	0960	6060	6129	2984
及	领	土	计	誓	死
0694	4126	0522	2017		
否	认	务	恳		
6170	0341	3932	2456	2609	6500
诸	先	生	于	本	身
5120	6307	0006	0500	2170	2973
职	责	上	力	持	正
5030	1659	1637	2639	0068	0735
义	庶	几	东	亚	和
1627	0668	0202	0059	2945	1129
平	可	保	二	次	大
2069	0008	5268	3415	4099	0048
战	不	致	爆	发	也
6210	2974	7193	6671	6175	4850
谨	此	电	达	诸	维
2597	3564	3097	3152	0677	3954
朗	照	沙	洋	各	界
3046	4191	0661	2400		
民	众	叩	效		

资料来源：日内瓦国联与联合国档案馆藏李顿调查团档案，卷宗号：S38。

17. 中国国民党山东省惠民县执行委员会
暨县农会等团体来电

四月廿六日

第一四八号

顾代表维钧译转国联调查团主席莱[李]顿爵士暨全体委员钧鉴：

查日本帝国主义者乘我兵灾水患交迫之际，侵我东北，占我淞沪，演成我华空前之浩劫。其蔑视国际公法，破坏世界和平，天良丧尽，人道灭绝，不言可知。我中国素称酷爱和平之国家，自九一八事变，我方始终坚持和平正义，作自卫之御侮，尊重国联决议，维护世界和平为外交之准则。而日方则大施其鬼蜮伎俩、欺骗手段，对国联决议则阳奉阴违，误传我方排外以混淆听闻；复嗾使东北失意政客组织傀儡政府，图以亡韩故技[伎]实现其满蒙政策，其居心狠毒昭然若揭。今贵团远道莅华，不辞辛劳，曷胜感佩！素仰各委员主持正义，倡导和平，此次中日事件之是非屈[曲]直，全凭贵团秉公调查，主持公道，以判断其真伪，解决此案。

不胜盼祷之至。

中国国民党山东省惠民县执行委员会(印)

暨县农会(印) 工会(印) 商会(印) 教育会(印)同叩 养

中国民国□年□月□日由□发

资料来源：日内瓦国联与联合国档案馆藏李顿调查团档案，卷宗号：S38。

18. 中国国民党江西省上高县党务整理委员会来电

四月廿六日

第一四六号

北平顾代表维钧转国际调查团钧鉴：

朔[溯]自去年九一八事件发生以来，暴日兽行愈演愈烈，既已占我东北，又复扰我京沪，摧残文化，破环交通，凡系日军所至，莫不庐舍丘墟，我民无辜死于日军锋刃者盈千累万，公私财产毁于日军炮火者，何啻亿兆！损失之惨，莫逾于此。近更恐国际干涉，又师以亡韩故技[伎]，挟持废帝溥仪，建立满蒙伪国，为其傀儡，妄称出自东北民意，实欲掩尽天下耳目，其奸诈险恶更甚于前。乃者诸公不辞劳瘁，远道莅临，敝会除以十二万分之诚意致其欢迎外，特为略举事实以供调查。务望诸公以客观之立场作正义之主张，将其事实真相昭告世界，共谋裁判强暴，维护世界和平。中华幸甚！世界幸甚！

临电不胜翘首盼切之至。

中国国民党江西省上高县党务整理委员会（印）叩　真

资料来源：日内瓦国联与联合国档案馆藏李顿调查团档案，卷宗号：S38。

19. 山东栖霞县教育会等团体来电

四月廿五日　傅秘书送来
第一四四号

来报纸	中国电报局	本局号数
RECEIVING		JOURNAE. NO.　373

THE　CHINESE　TELEGRAPH　ADMINISTRATION

局　　　　　　　由京北分局抄送

_____ OFFICE　　DELIVERED BY NBO

由 From				交 TO		
时刻 Time	16 H	40 M	附注 —REMARKS—	时刻 Time	点 H	分 M
签名 By				签名 By		

原来号数 TELEGRAM NO.		9/25	等第 CLASS		字数 WORDS	154
发报局 Office from			日期 Date	21/4	点 H　14	分 M　40
				2232	6623	7357
				探	送	顾
0108	5903	4850	6874	6567	0948	
代	表	维	钧	转	国	

5114	6148	2686	0957	6175	0361
联	调	查	团	诸	公
6874	7003	4537	5261	0046	0001
钧	鉴	窃	自	九	一
0360	0057	0115	4099	3932	1775
八	事	件	发	生	后
0013	3954	0086	1102	5459	0008
世	界	人	士	莫	不
2025	1980	0948	7139	6559	6158
愤	慨	国	际	舆	论
0752	2128	0008	1627	5079	2480
咸	抱	不	平	而	日
6511	7042	4544	0008	7357	0086
军	阀	竟	不	顾	人
6670	5127	1942	6651	2396	6602
道	肆	意	进	攻	近
0011	5178	6612	1421	2422	3352
且	胁	迫	少	数	汉
1169	4809	4930	0651	6627	0957
奸	组	织	叛	逆	团
7553	0110	0370	1395	2807	0366
体	以	冀	实	现	其
1691	0896	6851	1800	0366	5710
吞	噬	野	心	其	处
1800	4480	1982	4160	2948	0164
心	积	虑	直	欲	并
0013	3954	3634	1569	2589	0361
世	界	为	己	有	公
4583	1144	0730	6148	2686	
等	奉	命	调	查	

（续表）

1353	5174	2263	4275	7113	6180
定	能	揭	破	阴	谋
1424	1585	0500	2170	2973	5030
尚	希	力	持	正	义
6587	2494	1575	4160	0013	3954
辨	明	曲	直	世	界
0735	1627	1395	0448	6351	0037
和	平	实	利	赖	之
5259	7193	4377	7459	3541	0117
临	电	神	驰	无	任
5062	0120	1472	2639	2776(2722)	7209
翘	企	山	东	栖	霞
4905	2403	5148	2585	6593	2585
县	教	育	会	农	会
0794	2585	1562	2585	1244	1166
商	会	工	会	妇	女
0588	6511	2585	0661	7456	0603
协	军[进]	会	叩	马	印

资料来源：日内瓦国联与联合国档案馆藏李顿调查团档案,卷宗号：S38。

20. 中国国民党江西省鄱阳县党务整理委员会来电

四月二十五日

第一四〇号

洛阳国民政府外交部转国联调查团钧鉴：

日本挟其"征服中国必先征服满蒙"始终一贯之大陆政策,于去年九月十八,乘中国"匪"患天灾、救死不瞻[赡]之际,悍然出兵沈阳,侵占辽、吉、黑,三省人民恣意屠杀,财帛任情劫夺,极人世未有之惨状,此不徒损害中国主权,破坏东亚和平,实已违反国联盟约、非战公约及九国公约。中国政府与人民为维持世界和平与公理及公约之尊严,在此举国愤慨之际,仍极力容忍,静候国联合会之裁决。殊日本对于国联决议视若弁髦，肆无忌惮，一意孤行。本年一月，更扰及淞沪，焚杀劫掠，无所不用其极。中国军队为中华民族争生存及拥护国联盟约与国联决议，乃不得不誓死抵抗。

贵团负和平之使命，莅临中国，吾人除谨致其极诚恳之欢迎外，尚希站在公理与正义之立场，以公正严明之眼光，详细调查；并希转致国际联合会，祈依据国际条约及世界正义，对于日本侵略中国之暴行，速采有效之制裁，以维持国际盟约之神圣及其本身职责之尊严。不然，则中华民族惟有取自卫手段，继续抵抗，头可断家可毁，尺地寸土不可失！

愿我和平使者有以图之。

中华国民党江西省鄱阳县党务整理委员会（印）叩　佳

中华民国二十一年四月九日发

资料来源：日内瓦国联与联合国档案馆藏李顿调查团档案，卷宗号：S38。

21. 山东省泰安县农会等团体来电

四月廿五日

第一四二号

中国顾代表维钧转国联调查团勋鉴：

暴日凶恶，横行无忌，破坏世界和平，灭绝人群公理，占据我东北三省，扰乱我内地商埠，组织伪伪作侵满傀偏，扰乱淞沪，破坏金融市场，此等行为实违背国际公法及非战公约。苟不迅予制止，不惟东亚和平难保，世界市场亦深蒙其影响。我国联调查团不辞辛苦，远道来华视察，望祈主持正义，毋为日人所蒙蔽。根据调查真象［相］，予以公理之判处是祷。

山东泰安县农会、县商会、五金工会

建筑工会、搬迁工会、理发工会同叩　巧

泰安县农会之图记（印）

山东省泰安县商会之钤记（印）

民国□年□月□日

资料来源：日内瓦国联与联合国档案馆藏李顿调查团档案，卷宗号：S38。

22. 中国湖南省城陵矶各公法团来电

四月二十五日

第一三九号

急！日内瓦国际联合会北平探送国际联合会调查团各委员均［钧］鉴：

日为封豕，不顾非战公约，强占我东三省，凌辱我同胞。近复狡诈百出，傀儡溥仪组织"蒙［满］洲国"政府，诱胁叛徒，妄称东北民意，破坏我国领土完整，混淆世界视听，迹其用心，无非以亡韩伎俩，逞其大陆政策。恶［噩］耗传来，人民愤慨。爰于本月八日，开民众全体大会，讨论结果：七千民众一致反对，誓不承认东北伪政府之组织。为此，代表电达，务恳主持正义，返我中国领土而戢日人阴谋。

临电毋［无］任激昂之至。

中国湖南省城陵矶各公法团同叩　铣

城陵矶商会之钤记

中华民国□年□月□日

资料来源：日内瓦国联与联合国档案馆藏李顿调查团档案，卷宗号：S38。

23. 江西省立第十四中学校全体师生来电

四月廿五日

第一三八号

上海市政府吴市长转交国联调查团公鉴：

贵团负国联会使命，来华调查日本侵略中国之暴行，敝校师生敬以至诚表示欢迎。溯自去年九月十八日，日本乘中国洪水为灾之际，突然进兵，占据我东三省领土，屠杀我东三省人民。明知违反国联盟约、非战公约及九国公约，为正义公理所不许，乃谋掩饰天下人之耳目，在其武力压迫之下，制造伪满洲国之傀儡政府，以行其并吞朝鲜之故智。中国一再容忍，不愿诉诸武力，始终本维持和平之意，信赖国联解决；而日本竟蔑视国联，逞其强暴，复于一月二十八日炮毁我上海，在国际商务攸关之区肆意破坏，毫无顾忌。中国为民族争生存，为世界求和平，上下一心，抵抗暴日，实为拥护国联盟约与国联决议之表示。夫国联之尊重中国领土完整、主权独立,诚有互相之利益。中国一旦有事,则国际商业咸受影响。今日本悍然不顾,侵略中国,岂惟破坏东亚和平,亦即破坏世界和平。国联为维持神圣盟约与世界和平计,应站在正义公理与本身职责之立场上,采取有效之法,制裁日本。否则,中华民族亦惟有取自卫手段,继续抵抗暴行,宁为玉碎不愿[为]瓦全耳。希望贵团勿为日本狡狯欺诈所蒙蔽,彻底调查,据实报告国联,俾作有效之制裁,则庶几国联威权不致失堕,世界和平赖以维持矣。

江西省立第十四中学校(印)全体师生叩　佳　印

中华民国□年□月□日

资料来源:日内瓦国联与联合国档案馆藏李顿调查团档案,卷宗号:S38。

24. 淳安县农会等团体来电

四月二十五日

第一三五号

国民政府外交部转国联调查团李顿爵士诸公勋鉴:

日本在全人类一致要求和平之际,突然出兵侵占我【中】华东三省,攘夺政府与人民所有之财物。近复调遣大军进攻上海,以遂其侵吞之野心,希图改易世界人士之视线,举凡非战公约、九国公约所悬为厉禁者,日本无不肆意为之。国联本其维护世界和平之宗旨,一再决议,令其撤兵;无如日本顽梗成性,欲以昔日亡韩故技[伎]亡我东三省,劫持汉奸,假托民意,组织满洲伪国,俨然以太上政府自居,畀溥仪以执政伪职,而于伪政府中广置日本顾问,操纵大权,此而言民族自决,谁能置信且也?伪政府之组织,不与[于]沈阳事变之前,偏于东三省被占之后,此中内幕不言可知。况东三省人民,汉族居其什九,故自伪政府组织后,义勇军到处抵抗,积极反对,此其明证。

今日本欲以掩耳盗铃手段,藉[借]以掩饰其破坏和平之狰狞面目,摆布种种骗局,以避免其蚕食鲸吞之阴谋。深望诸先生主持公理与正义,为确实之调查,作有效之制裁,不为日本所蒙蔽,则幸甚矣。

浙江省淳安县农会(印)、商会(印)、教育会(印)叩

中华民国□年□月□日

资料来源:日内瓦国联与联合国档案馆藏李顿调查团档案,卷宗号:S38。

25. 中国国民党江西省新淦县党务整理委员会来电

四月廿一日

第一二八号

急！北平探交国联调查团诸先生均[钧]鉴：

窃彼日本蔑视公理，破坏东亚和平。去年九一八，实行以武力侵略我东三省，继犯我淞沪，荼[屠]杀我民众，摧毁我要镇，此种穷凶极恶之举动，固早为世界各国所洞瞩。在吾国人一再忍辱镇静、听候国联作有效之制裁；讵【料】彼嗜羊别膻，近复利用吾国少数不肖份[分]子，威胁组织伪满蒙国之傀儡政府，妄称出自东北民意，希图淆乱是非，蒙蔽世人耳目。考其狡诈诡谲之阴谋，无一非其大陆政策之迷梦。

贵团负维护世界和平之使命，道里辽远，不辞劳瘁，以谋解决中日间之纠纷。敝县十万人民除一致对贵团表示敬礼外，并当誓死反对此种伪政府之组织，为破坏中国领土之完整。务希主持正义，以申公理而缉强暴。

谨布区区，即希鉴察。

中国国民党江西省新淦县党务整理委员会（印）叩　寒　印

中华民国二十一年四月十四日发

资料来源：日内瓦国联与联合国档案馆藏李顿调查团档案，卷宗号：S38。

26. 吴县农会等一百三十二团体来信

四月二十一日

第一二七号

北平探投顾维钧先生译转留驻北平国联调查团公鉴：

暴日乘我国内洪水为灾，遂以重兵袭占东北，一面派遣大批军舰侵入内地，扰乱我沪滨，残杀我同胞，犹欲掩饰侵略政策，狡滑[猾]宣传，以亡韩之故智，组织东北傀儡政府，鲸吞东省，阴谋事实已成，破坏世界和平在所不惜。夫宰割领土，违反公约，为世界所不容；夺我东北三省，我全县民众势必与此暴日周旋，以伸民气。恳请世界和平使者——国联调查团主持正义，维持公平，制彼暴日，复我领土，以伸我中华民族之屈抑，而实践世界和平之真谛。

临电盼切,不胜企祷之至。

吴县农会(印)、商会(印)、教育会(印)暨所属各乡会

各同业公会、各区会、火柴工会(印)、木机丝织业工会(印)

香业工会(印)、渔会(印)等一百三十二团体叩　巧　印

中华民国□年□月□日发

资料来源:日内瓦国联与联合国档案馆藏李顿调查团档案,卷宗号:S38。

27. 安徽省会各业工会联合会等来电

四月二十一日

第一二五号

安徽省会各业工会联合会等寒代电为致国联调查团一电请译转。民国廿一年四月十九日收到,此件如何办理请秘书长示。

北平张主任学良同志探投顾代表维钧博士译转国联调查团公鉴:

诸君受国联委任,不辞海陆长途跋涉之劳,来华调查此次中日事件真相。敝会等于贵团驾莅上海之初,曾陈筱电,敬致欢迎与感谢之热忱。日前道经皖省,贵团以行程匆促,直驶汉口,敝会等未得躬亲接待,面倾所怀,曷胜怅憾!

慨[盖]自去年九一八以来,日本不断以暴力占我东北,侵我淞沪,不惜毁弃国际间一切神圣公约,破坏普世人类幸福所系之世界和平,悍然弄兵,以谋其实行建国大陆之梦想,种种经过情形,举世共见。虽日本外交手段素以狡黠著称,诪怅[张]雌黄,企图掩其暴行,但事实胜于雄辩。吾人观夫国联历次各种会议中,各友邦代表之仗义执言、抨击暴行,以及美国国务卿史汀生君致参议员波拉君函,坦然表示其公正见解,深信世界各国并未以是受欺,更深信世界各国并未以自国利害关系而失其是非判断。顾半载以还,举世之努力与舆论,尚不足以制裁日本非法暴行者,其或必有待于诸君之调查报告乎? 则吾人不能无所疑也。兹当诸君出发关外、实地调查之际,敝会等尚有不能已于言者,盖有数义:

一、我中华民族素重和平谦让之德,常抱"己所勿[不]欲,勿施于人"之旨。九一八案发生以后,我国深恐世界大战之惨祸或将于此爆发,是以暂忍须臾之耻辱,求全大局之平安,曾依法诉之国联,期得正当解决,此乃为我国信任国联尊严之诚意表示,并非依赖国联组织之懦弱行为。人或不察,视为气馁;尤以

日本为甚，得寸进尺，愈形猖獗，既囊括东北，更觊觎淞沪，直使我国遭受超出为和平正义所能暂忍者以上之压迫，乃不得不奋起抵抗，为正当之自卫，鏖战逾月，足使日本小受穷兵黩武之教训，更足使世人认识中华民族之力量。

诸君乎，当九一八事变之初，我国倘即采取武力自卫，不为消极之容忍与退让，则今日所谓中日事件者果将何如？世界局势又果将何如？此盖无［毋］庸设想而得者矣。今日中国人民深信忍辱求全之非计，皆有一致之愤懑而欲与暴日偕亡。诸君乎，世界或有束手待毙之个人，但世界必无甘心灭亡之民族。我四万万华人今已以极大之决心，不惜粉身毁家，准备为民族求生存而奋斗。敝会等现对诸君此行亦正以最关切之注意，乐观其答复而为最后之期待。

二、诸君尚未到达东北，而东北已在日本暴力劫持下，唆使少数无耻叛逆汉奸，公然设立傀儡组织，希图以亡韩之故智亡我东北。我全国人民无不痛心疾首，日以督促政府毅然武力讨伐叛逆、收复失地为请。夫东北隶我版图，始于距今数千年以前，凡治东亚历史者，无不知此，居民三千万，汉人占百分之九十以上，所谓满洲土著，迄今不足二百万之数。乃日本嗾使逊清余孽，滥提民族自决之名，以为窃据张本，不但无丝毫另立国家之理由，抑且重违当地三千万东北人民不愿脱离祖国之本意。诸君亦闻得东北叛逆组织只有少数汉奸参加，而日本浪人却成批累队，非特为顾问客卿且正式充任伪官之事乎？诸君更曾日日闻得东北人民因反对傀儡组织，不愿为日本臣奴，已一致奋起，自动武装，讨伐叛逆之战讯乎？东北为我国之领土，并非为我国之属地，于历史上、地理上、民族上已无疑义，而于法律上外有列国之承认，内有约法之记载，更属千真万确。吾人敢坚决表示：凡今日由日本之狡计所造成之东北局面，我国人民誓死不能承认。

三、溯自日本肆暴以来，国际联盟历次开会多所决议：十二月十日之宣言、二月十六日之劝告以至特别大会之召集，今复有三月四日及十一日之决议，凡此世界各国伟大人物之绝大努力，日本始终对之蔑如也。吾人见其每于国联之决议或投一反对票，或不投票，或拒绝接受，或不答复；对于友邦之调停，则虚与委蛇，反复无常，而暴行则日益加甚焉。自十二月十日故白里安氏东省事件之宣言发出，至一月二十八日而上海之难作，二月十六日复有理事会劝告，而日益增大军猛攻急进，淞沪被占而意犹未足。今三月四日与十一日国联特别大会又有决议矣，吾人所见者则为黄渡、太仓等，距离上海逾二十基罗迈当［千米］以上之地，日军于扬言相当撤退之中，益施积极的战争工事而已。凡举世所有之宣言、决议、劝告、调停,几曾稍值日本政府之一顾?吾人感觉近日被侵略蹂躏者,虽为吾中国,然即此一国之被侵略与蹂躏,已足使国联盟约毁坏无余、国联尊严扫地以尽矣!他日者日本必更进而扩充其贪婪残暴之习性,贯澈[彻]其明治称雄全球之遗策,则所被侵略蹂躏者宁仅中国已耶?第二次世界大战势将由此而起,全世界人类和平幸福又将重遭浩劫,言念及此,不寒而栗!

吾人敢信诸君此行当不专为中国之事而来,实负有维护整个世界和平之神圣的使命也。诸君以高尚之人格,代表其各个伟大之民族与光荣之国家而受国联盟会之委任,其使命之重大莫可伦比!诸君必能发挥其伟大之人格,竭其智虑,尽其责任,以真实与公平归报于国联,此固敝会等所愿敬而信之者也。吾人今兹之所以不嫌辞费而屡渎者,盖欲诸君瞭[了]然我四万万中国人民之意志所在耳。

特电奉陈,敬希察照。

安徽省会各业工会联合会(印)

安徽省会附郊各乡农会联合会(印)

怀宁县商会(印)

怀宁县妇女救济会(印)

安徽省新闻记者联合会(印)

怀宁县律师工会(印)等同叩　寒

中华民国□年□月□日发

资料来源:日内瓦国联与联合国档案馆藏李顿调查团档案,卷宗号:S38。

28. 中国国民党江西省宜丰县党务整理委员会来电(第一二三号)

四月二十一日

第一二三号

南京国民政府外交部转国际联盟调查团诸公勋鉴:

报载诸公负国联重大之使命,调查中日间纠纷,不辞劳瘁,道出赣省,具见维护和平,伸张公理,逖听之余,莫名欢忭。敝会除代表宜丰三十万民众致无限欢忭外,谨贡献事实二点以供调查之采择:

(一)满蒙伪国纯系日本制造之傀儡政府,因当地人民汉人十居八九,少数满人早经同化,其语言、文字、风俗、习惯,在在足以证明。日本欲以亡韩故伎吞并我东三省整个之领土,司马昭之心路人皆知。

(二)上海为中国经济及文化中心,东北、天津均属重地,日人恣意横行,焚我房屋,杀我同胞,损失之巨莫逾于此,自应保留要求其赔偿损害之部份[分]。诸公爱护和平,扶植正义,日本此次侵略中国之事实已获违反国联盟约、非战公约及九国公约之罪,质言之即所以破坏东亚和平,亦即所以破坏世界和平。务乞主持公道,认识此次责任所在,以维持国际盟约而挽回人类浩劫。中国幸甚! 世界幸甚!

临电悲愤,不胜盼祷之至!

中国国民党江西省宜丰县党务整理委员会(印)叩　鱼

中华民国二十一年四月□日发

资料来源:日内瓦国联与联合国档案馆藏李顿调查团档案,卷宗号:S38。

29. 中国国民党江西省宜丰县党务整理委员会来电(第一二四号)

四月二十一日

第一二四号

南京国民政府外交部转国际联盟会诸公勋鉴:

查我国东北三省向为完整领土,历史悠久,久经世界所公认。居住当地人民,汉人实[十]居八九,少数满人早经同化,无论种族、语言、文字、风俗、习惯,在在均可证明。此次日本纯系以武力侵略满蒙之传统政策,凭恃暴力将东北三省强行占领,并挟持满清余孽及一班汉奸组成所谓之傀儡东北伪政府,欲袭亡韩之故技[伎]亡我东北三省,反谓系出自当地民众之公意,此种狡诈欺人之语,虽属至愚,其谁相信? 素仰诸公主持正义,维护和平,此种情形,谅在洞鉴。务乞秉和平建立正义之宗旨,责成日方赔偿损失,兼祈还我领土,重我主权。世界和平实利赖之。

临电悲愤,不胜盼祷之至。

中国国民党江西省宜丰县党务整理委员会(印)叩　阳

中华民国二十一年四月□日发

资料来源:日内瓦国联与联合国档案馆藏李顿调查团档案,卷宗号:S38。

30. 湖南桃源人民抗日救国会来电

四月廿一日
第一二二号

南京外交部转国际联合会及国联调查团勋鉴：

查素抱野心之日本帝国主义者，恃其武力，侵占我东省，惨[残]杀我同胞，焚毁我房舍，强夺我武器，种种惨酷手段，无所不用其极。近复大肆威胁、利用帝制余孽之溥仪及少数叛逆组织傀儡式之满蒙伪政府，一以助长我国内乱；一以实行亡韩故智，并向国联妄称出自东北民意，混淆世界听闻。此种组织与谣传，在日本固属侵略，在溥仪实属叛逆。本会誓死反抗，务希伸张正义，主持公道，恢复我国领土，维持世界和平。

掬诚电达，伏维垂察。

湖南桃源人民抗日救国会（印）叩　真　印
民国□年□月□日□时发

资料来源：日内瓦国联与联合国档案馆藏李顿调查团档案，卷宗号：S38。

31. 浙江省宁波商会主席委员陈贤凯等暨全体商人来电

北平顾代表维钧译转国联调查团李顿爵士勋鉴：

暴日以武力占我东北，复利用汉奸成立傀儡组织。近更指使叛逆劫夺东北海关、邮政，并一面明目张胆，由日本议会决议承认傀儡组织；一面增兵东北，杀我同胞，且复停闭中等以上学校，利用小学教育麻醉东北儿童，使之忘却东北为中国国土。【日本】显系违反九国公约，破坏我国领土行政之完整，誓必坚决反对，并请转告国联从速采取有效办法制止日本暴行，促其即速撤退东北日军，以实现国联屡次之决议。

浙江省宁波商会（印）主席委员陈贤凯
常务委员俞煌、袁承纲、周涛、陈兰暨全体商人同叩　删
中华民国二十一年七月十五号发

资料来源：日内瓦国联与联合国档案馆藏李顿调查团档案，卷宗号：S38。

32. 湖南零陵人民抗日救国会来电

四月二十一日

第一二一号

南京外交部转国联会及国联调查团诸委员勋鉴：

此次暴日无故出兵我国，占我辽、吉，轰我淞沪，更诱胁溥仪及东省叛逆组织伪府。此种傀儡政府，全国人民誓死反对，并恳诸公维持国联威严，主持正义，否认伪府，裁制暴日，还我领土于完整。

临电愤激，毋[无]任盼祷。

湖南零陵人民抗日救国会(印)叩　侵　印

中华民国二十一年四月十二日十二时发

资料来源：日内瓦国联与联合国档案馆藏李顿调查团档案，卷宗号：S38。

33. 中华民国四川巫山县商会等团体及全县 三十五万民众来电

四月十九日

第□□九

巫山县电报局去报纸						
余						事
电报	号数	几等	字数	由何局来	日子	钟点
3	86	a	471		31/3	23：00
NanKing	1120	0074	6752	6567		发出签字
	外	交	部	转		
0948	7139	6148	2686	0957		
国	际	调	查	团		
6175	0361	1129	7003	6175		
诸	公	大	鉴	诸		
0361	3634	0022	2480	0057		
公	为	中	日	事		

0115	6678	3195	6850	3152	
件	远	涉	重	洋	
3092	7183	2802	7364	0379	
沐	雨	栉	风	冒	
4147	6580	5388	7308	5113	
尽	辛	苦	顷	闻	
5887	2468	2107	3337	2053	
行	旌	抵	沪	我	
5478	3046	4191	2413	0110	
华	民	众	敢	以	
5502	0433	6134	1942	3583	发电人盖章
万	分	诚	意	热	
3525	2970	6601	1412	6015	
烈	欢	迎	将	见	
2552	2480	1730	2897	6451	
暴	日	强	横	蹂	
6497	0022	5478	6672	0646	
躏	中	华	违	反	
0948	7139	4145	4766	7236	
国	际	盟	约	非	
2069	0361	4766	0644	0046	
战	公	约	及	九	
0948	0361	4766	0037	1880	
国	公	约	之	悍	
5887	0008	1769	5478	3046	
行	不	待	华	民	
3947	6083	6175	0361	2494	
申	诉	诸	公	明	
0017	2480	2588	0057	1395	
并	日	月	事	实	
0215	0961	0001	4842	1788	
俱	在	一	经	复	

巫山县电报局去报纸					
余					事
电报	号数	几等	字数	由何局来	日子	钟点
2174	5261	1779	4176	6272	发出签字
按	自	得	真	象[相]	
2686	2480	2609	2974	2945	
查	日	本	此	次	
5659	4551	1395	5887	6060	
藉[借]	端	实	行	计	
3973	1570	0036	0037	0187	
画[划]	已	久	之	侵	
3970	1853	1730	2897	5887	
略	恃	强	横	行	
0060	0022	0948	3927	0379	
于	中	国	甘	冒	
0013	3954	0037	1129	0008	
世	界	之	大	不	
7289	0443	0463	2995	4275	
韪	初	则	残	破	
3476	7122	2053	0948	6210	
沈	阳	我	国	谨	
6690	0361	4766	0207	6351	
遵	公	约	信	赖	发电人盖章
0948	5114	0361	1627	6148	
国	联	公	平	调	
5710	6622	0008	5280	6525	
处	退	不	与	较	
4949	4544	4448	0365	0006	
继	竟	移	兵	上	

（续表）

3189	2396	2053	5215	0966
海	攻	我	腹	地
2053	3046	2469	0008	1779
我	民	族	不	得
0008	3630	3932	1317	0517
不	争	生	存	勉
0500	2107	2123	5079	2053
力	抵	抗	而	我
2398	1650	3730	6182	5261
政	府	犹	谓	自
2589	0948	7139	5114	0678
有	国	际	联	合
2585	0037	0455	5932	6692
会	之	制	裁	迁

巫山县电报局去报纸						
余						事
电报	号数	几等	字数	由何局来	日子	钟点
				3		
6757	4448	2585	4634	4634		发出签字
都	移	会	节	节		
6622	6245	0110	0346	2368		
退	让	以	免	扩		
1129	2069	4393	0095	7389		
大	战	祸	仍	饬		
0356	0948	0202	6233	2480		
全	国	保	护	日		
0294	5267	0093	1344	0356		
侨	至	今	安	全		

（续表）

3541〔2477〕	3976	1783	0467	0035	
无	异	从	前	乃	
2480	2609	0110	3634	2053	
日	本	以	为	我	
0948	3541〔2477〕	0500	2107	2123	
国	无	力	抵	抗	
1779	1407	6651	1439	4522	
得	寸	进	尺	穷	
0365	7830	2976	5127	6642	发电人盖章
兵	黩	武	肆	逞	
2995	3010	6419	0366	6851	
残	杀	迹	其	野	
5875	0037	1800	0093	2480	
蛮	之	心	今	日	
2457	0037	2456	0022	0948	
施	之	于	中	国	
5074	1412	0171	0613	0668	
者	将	来	即	可	
2457	0037	2456〔0060〕	0356	3808	
施	之	於〔于〕	全	球	
0677	0948	0008	0284	2639	
各	国	不	仅	东	
0068	0008	5174	0735	1627	
亚	不	能	和	平	
0613	0013	3954	0735	1627	
即	世	界	和	平	
0076	0936	2974	4275	1095	
亦	因	此	破	坏	
1858	7181	2170	0036	0008	
恐	难	持	久	不	

巫山县电报局去报纸					
余					事
电报	号数	几等	字数	由何局来	日子	钟点
				4		
0110	2974	2514	0502	0110	发出签字
以	此	时	加	以	
0455	5932	1758	7302	3928	
制	裁	影	响	甚	
1129	6175	0361	2974	0171	
大	诸	公	此	来	
5120	6307	4847	6850	1353	
职	责	綦	重	定	
0022	2480	0037	2588	2481	
中	日	之	月	旦	
4941	0013	3954	0037	1344	
系	世	界	之	安	
0604	0126	0370	4426	2170	
危	伏	冀	秉	持	
2973	5030	0361	3810	4850	
正	义	公	理	维	
2170	2639	0068	6056	0427	
持	东	亚	言	出	
3127	4539	0013	3954	4232	
法	立	世	界	瞻	发电人盖章
0111	5502	0001	2480	2609	
仰	万	一	日	本	
0008	2591	0361	0445	0095	
不	服	公	判	仍	
5283	2897	5887	2053	0948	
旧	横	行	我	国	

（续表）

7173	1726	0681	0367	3082	
虽	弱	同	具	决	
1800	7349	3764	0934	5502	
心	愿	率	四	万	
5502	0681	5165	2178	0730	
万	同	胞	拼	命	
2107	2123	1380	3634	3768	
抵	抗	宁	为	玉	
4295	0008	3634	3907	0356	
碎	不	为	瓦	全	
5257	5647	0863	5237	0948	
卧	薪	尝	胆	国	
7187	2455	3009	2105	1726	
难	方	殷	扶	弱	

巫山县电报局去报纸					
余					事
电报	号数	几等	字数	由何局来	日子	钟点
				5		
2117	1730	6175	0361	2508	发出签字
抑	强	诸	公	是	
6351	1566	3046	0008	0524	
赖	巫	民	不	胜	
5062	4162	4210	5268	2970	
翘	盼	谨	致	欢	
6601	1872	4376	0286	1660	
迎	恭	祝	健	康	
0022	5478	3046	0948	0934	
中	华	民	国	四	

（续表）

1557	1566	1472	4905	0794	
川	巫	山	县	商	
2585	0031	1598	7806	3768	
会	主	席	黄	玉	
4563	6593	2585	0031	1598	
笙	农	会	主	席	
6580	1920	3046	1562	2585	
辛	惠	民	工	会	
0031	1598	2621	4801	6593	发电人盖章
主	席	李	绍	农	
2403	5148	2585	2585	7022	
教	育	会	会	长	
7115	3185	3932	0644	0356	
陈	浩	生	及	全	
4905	0005	0577	0063	5502	
县	三	十	五	万	
3046	4191	4583	0681	0661	
民	众	等	同	叩	
0013					
世					

资料来源：日内瓦国联与联合国档案馆藏李顿调查团档案，卷宗号：S38。

34. 中华民国浙江省长兴县农会等团体来电

四月十九日

第一一七号

国联调查团李顿爵士并转诸团员均[钧]鉴：

日本以武力占我东北，破坏远东和平，不顾国际公法。近又为淆惑世界听闻、掩饰全人类耳目计，威胁利诱，以少数叛逆组织所谓"满洲国"之傀偏政府，并向国际妄称出自东北民意,以遂其大陆政策之野心,而破坏我国领土之完整。此种诡谲行为,我朝野上下定誓死否认。

贵团为谋世界和平,不辞跋涉,远道来华,前驺从道经敝县,本邑民众幸得瞻望颜色。敢于欢慰之余,敬请主持正义,以东北真相报告联盟,俾非法之组织无所假借,敝国因酷爱和平而信托联盟。但日人如肆意侵略,则我全国人民定奉"宁为玉碎不为瓦全"之古训而做正义之抵抗也。

中华民国浙江省长兴县县农会(印)

县教育会(印)、县商会(印)同叩　冬

资料来源:日内瓦国联与联合国档案馆藏李顿调查团档案,卷宗号:S38。

35. 中国国民党四川渠县党务指导委员会等团体暨全县七十万民众来电

四月十九日

第一一三号

上海吴市长转国际调查团执事列列钧鉴:

暴日不惜破坏世界和平,甘为戎首,既陷我辽宁,复扰我淞沪。敝国政府为中华民族争生存及维持世界正义与公理计,于容忍之后,继以正当防卫。乃暴日不知感悔,反出其海军全部,在沿沪一带大肆凶焰,已一月有余矣。今执事等欲维持东亚和平,不辞跋涉之劳,远道来此调查真象[相]。敝国民众佩铭无既,惟冀执事等以正义公理与本身职责为立场,以拥护国际盟约之神圣为攸归,对日本此次暴行迅速采有效之制裁;不然,则我中华民族惟有取自卫手段,继续抵抗,宁为玉碎不为瓦全。

临电陈词,不胜切盼。

中国国民党四川渠县党务指导委员会(印)

农会(印)、工会(印)、商会(印)

教育会(印)暨全县七十万民众叩　养　印

资料来源:日内瓦国联与联合国档案馆藏李顿调查团档案,卷宗号:S38。

36. 河南省新野县抗日救国团代表萧侠青等来信

四月十九日

第一一二号

河南省新野县抗日救国团致书于调察[查]团诸位同志跟前：

刻闻诸委员不远数千万里来沪，化除中日之战而维持世界和平，凡属中华国藉[籍]，无不感激万分！但一经回忆，不禁泪落血沸，拿我们堂堂中华，沃野数万里、人民四百兆，而不能抵敌一个小小日本，反赖国联主持公道，诚无面目立于世界之上！我们睡狮的中国早从梦中醒悟了，就是三尺童子亦知欲壑难填的日本非达到吞没目的不止。国家兴亡，匹夫有责，非拿出国民一份[分]子的责任，抱着热肠大无畏的精神与彼决一雌雄。至于稍有知识那种反日运动、救国宣传，拼一个你死我活的呼声震荡全国，必作最后的血战，即使我四万万同胞总动员、志流血，决不让倭奴无忌惮的在我门户内横冲直撞。要知我国素以爱好和平称于全球，此次奋斗纯系畏死者的最后挣扎，试思我国始终忍让，日之对我常持野蛮，凡此过去事实不待烦言，而诸位已知其详。诸位想想，我中华被倭奴侵略压迫得如此之甚，若我们再忍让下去，恐怕中华民族快无地球上之立足点了！诸位若真正主持公道，希望和平，速使撤退在华日军，交还失地并赔偿各地损失。反此，想谋世界和平，恐怕是不成问题，维诸位委员仔细想想吧。

谨呈国联调查团委员公鉴。

河南省新野县抗日救国团代表

萧侠青（章）　洪凌云（章）

樊宇光（章）　李胞民（章）吁请

中华民国□年□月□日

资料来源：日内瓦国联与联合国档案馆藏李顿调查团档案，卷宗号：S38。

37. 山东省曲阜县农会等团体来电

四月十九日

第一一一号

中国顾代表维钧转国联调查团勋鉴：

慨〔盖〕自倭奴进逼中国以来，占我东北，侵我淞沪，扰我天津，杀我同胞，凡属国人莫不愤慨。其公然挑衅，破坏世界和平，为各邦所共认；其穷凶极恶，灭绝国际盟约，为世界所不容。至若希图以亡韩故技〔伎〕，唆使少数叛逆组织满洲傀儡政府，强乱中国内政，混淆国际听闻之阴谋，更复昭然若揭，凡我民众誓不承认。

久仰贵团主持正义，当不为妄称者所蒙蔽。倘暴日仍行侵略，置国际公法而不顾，本县二十万民众誓抱最大决心，牺牲一切，与木履儿作殊死战。

临电不胜迫切之至。

山东省曲阜县农会（印）、商会（印）

织业工会（印）、厨业工会（印）、泥业工会（印）

绳业工会（印）、扎业工会（印）、成衣工会（印）同叩　巧

民国□年□月□日

资料来源：日内瓦国联与联合国档案馆藏李顿调查团档案，卷宗号：S38。

38. 山东省滋阳县农会等团体来电

四月十九日

第一一〇号

北平国联调查团顾代表维钧译转调查团诸委员鉴：

慨〔盖〕自沈阳惨变，日本不顾公理，强占我领土，杀戮我同胞。政府为顾全世界和平，一再退让，不予抵抗，原冀国联有以制裁，正义自能伸张。乃日本甘冒不韪，蔑视国联决议，更变本加厉，恣意侵略，奸淫烧杀，无所不用其极。既占我关东三省，复逞凶津沪要区，彼以国联调查难逃公理裁判，一面狡诈百出，以图朦胧世界耳目；一面伪造民意，用亡韩故技〔伎〕组织傀儡机关，以遂其侵略野心。

贵委员受国联重大使命,主持正义,实地调查,对于日本之奸诈行为,不难洞烛真象[相]。现在,我东三省之傀儡组织,实由日方破坏我国领土卵翼而生。我东省数千万同胞在日本残酷之下含冤饮痛,忍无可忍,宁为正义而死,不为屈辱而生。所有虚伪组织或有辱主权之种种条件,誓死否认。

谨此电陈,伏维察鉴。

山东省滋阳县农会(印)、商会(印)、教育会(印)同叩　巧　印

民国□年□月□日

资料来源:日内瓦国联与联合国档案馆藏李顿调查团档案,卷宗号:S38。

39. 大中华民国江西鄱阳各界救国会来电

四月十九日

第一〇九号

南京外交部译转国联调查团诸公均[钧]鉴:

公等为公法正义计,不辞跋涉,惠临我国,任务神圣而重大。举凡侵略之暴行能否制止、世界之和平能否保持、国联本身之尊严能否维系,胥与公等此行卜之。本会兹谨致其谢忱与热望,惟公等明鉴焉。

窃以此次中日案件孰是孰非,已大白于天下,原无待于调查,盖日本夙有大陆政策,以侵略中国为目的,举世所知。其前相田中且有"欲征服世界必先征服中国,欲征服中国必先征服东三省"之狂语见于奏章,然则其暴行之来由不既明显乎? 至就事实言之,自九一八以来,我中国之领土、人民财产无端被占、被戮、被劫,损失之巨未易数计,此任何国家所不能忍,而我中国则始终忍痛诉之于国联,惟国联是赖。乃行政院去岁九月三十日之九项决议,所谓"迅速恢复通常关系"者,其结果何如? 及十月二十四日行政院以十三票对一票之决议,限日本于十一月十六日以前撤兵,其结果又竟何如? 盖国联有所决议,中国辄诚恳接受;而日本则非特其兵不撤,且肆无忌惮,力求暴行之扩大。最近,在东省则挟制少数叛徒,压迫我同语言文化之同胞而逼组所谓"满洲国",以资其利用;在上海则闸北一带之创痕,伤心惨目,已为公等所亲见。现犹挑衅未已,此其悍然破坏中国领土、行政之完整,破坏凯洛格非战公约、破坏九国公约、破坏国联之威信,不又极明显乎? 夫以动因言之,其蓄意如彼;以结果言之,其事实如此。然则是非曲直,宁待调查乎? 公等明达,岂不知此? 而国联

尚付以调查之责者,或欲公等列举其暴行实况,以塞日人之口而供制裁之资,则公等此行关系至大。倘不幸而为日人之巧言诈术所朦[蒙]蔽,致国联失其公正之制裁,则不特我中国四百兆同胞必誓以热血湔此奇耻,而太平洋之风涛亦必随公等之脚跟以狂起,影响之巨,不堪问矣! 反是,倘欲遏日本之野心,使公理正义不绝于天壤,则必使中国之领土、行政还其完整,必使我无端被戮、被劫之生命财产得其赔偿,而后国际之公约可保,世界之和平可期,国联之措施可信赖,而公等之言行亦永受世人之崇敬矣。非然者,对暴行而不惩,则战祸益烈。我全国同胞当惟力是视行矣。

诸公敬祝康健,为公法正义而努力。

大中华民国江西鄱阳各界救国会(印)叩　齐

中华民国二一年四月八日

资料来源:日内瓦国联与联合国档案馆藏李顿调查团档案,卷宗号:S38。

40. 山东省齐河县商会等团体暨全县各界民众来电

四月十九日

第一〇三号

北平绥靖公署转顾代表维钧译转国联调查团主席莱[李]顿爵士暨全体委员钧鉴:

查日本帝国主义者蔑视国际公法,破坏世界和平,悍然不顾,乘我之危,遣兵侵华,先据东北,继扰平津,近更轰炸淞沪,屠杀掳掠,演成有史以来所罕闻之奇战。

夫我中华民国为四千余年文明古邦,素称酷爱和平,为世界所公认。自九一八事变后,屈指半载,我方始终坚持和平正义,作自卫之御侮,尊重国联决议为外交之准则,图以维持世界永久和平,保全人类永远幸福,苦心焦虑,未敢越雷池一步。

乃彼则以鬼蜮伎俩手段欺骗国联,对于决议则阳奉阴违,窥其野心,势以灭绝人类幸福、推翻世界和平而后已。近复误传我方有排外行动,查暴日称我排外指言抵制日货,彼为我之大敌,国民爱国天良激发作变像[相]之抵抗——不用日货,国民爱国热忱尤属显露。彼则称我排外,蒙蔽观听;复于东北唆使失意政客组织傀儡政府,主权操诸日人,欲实现其满蒙政策,决非我辽、吉、黑三千万民众之民意,拟重演亡韩之故技[伎],对我野心狠毒如斯。

　　贵团为和平使者,远道莅华,不辞辛劳,曷胜钦欢!公等行将首途东北,实际考究,世界和平之去留,系此一举,务望秉公调查,明其真伪,严予日本最严厉之制裁,借资倡导世界永久和平。

　　不胜盼祷之至。

山东省齐河县商会(印)、农会(印)

教育会(印)暨全县各界民众同叩　铣　印

　　资料来源:日内瓦国联与联合国档案馆藏李顿调查团档案,卷宗号:S38。

41. 孟县县党部及农会来电

国联调查团诸位先生勋鉴:

　　暴日侵占我国,得寸进尺,纯系蓄意已久之有计划的侵略行为。铁骑所至,轰炸焚杀,不特为一切公约、公法所不容,亦为人道所不许,实远东和平、世界和平之惟一破坏者。

　　东北伪国为日人一手演造操纵,其灭人家国之心更昭然若揭,东北三千万同胞屈于淫威之下,受水深火热之痛苦已数月。于兹,贵团系和平之使者,负调查之责任,必能不为日方朦[蒙]蔽,将一切调查真象[相]奉告国联。

　　谨代表孟县三十万民众预祝诸先生使命成功。

孟县县党部(印)、县农会(印)　佳

　　资料来源:日内瓦国联与联合国档案馆藏李顿调查团档案,卷宗号:S38。

42. 大中华民国湖南全省商会联合会来电

北平市政府转国联调查团诸公勋鉴:

　　日本挟其大陆政策,利用敝国叛徒包办组织东北伪政府,是不仅违背国际之各种公约,破坏敝国领土主权之完整,直使友邦关系各国莫不同蒙巨大之损害与耻辱。

　　敝会曾经电恳诸公转陈国联为有效之制裁,谅蒙垂察。兹闻日人复主使东省逆竖拒绝敝国代表顾维钧博士陪同诸公前往东省调查,窃敝国派顾博士襄助调查,纯系遵照国联议决案,无论何人不得阻止,且调查团系整个性质,任何方面当然不能拒绝。

乃该辈竟敢公然表示拒绝,无非企图掩饰其暴行,唯恐暴露其罪恶,是不啻日人直接拒绝诸公入东省,复间接目无诸公,蔑视国联。此种妄举谬行,敝国商民誓死否认!伏恳诸公将日人奸谋狡计直陈国联,作大公之裁判,维世界之和平。

迫切陈词,毋[无]任盼祷。

大中华民国湖南全省商会联合会(印)叩　寒　印

资料来源:日内瓦国联与联合国档案馆藏李顿调查团档案,卷宗号:S38。

43. 中国国民党河南省武安县党务整理委员会等团体来电

政文第一八五号

北平市政府转国际调查团钧鉴:

查日本去年虚构中村事件,侵占我东北三省;复贿买汉奸,扰乱我北平、天津。本年一月二十八日,又出兵沪上,擅启战祸,破坏我领土,惨戮我同胞,劫夺我财物,恶迹昭著,不胜枚举。近复实行威胁,利用少数叛逆,假造民意,组织东北傀儡政府,以实现其侵略之阴谋。似此蔑视公约、惨无人道之行为,不惟扰乱中国治安,亦且妨害世界和平。我中华民族为自卫而抵抗,决非排外行为,对日本此种残暴侵略誓必一致抵御,对东北叛逆伪国亦誓死不肯承认。

贵团负和平使命来华调查,沿途所经想必得有确据。务望主持正义,据实报告,制止日本侵略之野心,恢复中华领土之完整,则公理可伸,强权以伏,不惟我华治安赖以维护,即世界和平亦于是始基之矣。

临电无任迫切之至。

中国国民党河南省武安县党务整理委员会(印)
武安县农会图记(印)、工会、武安县教育会钤记(印)、学生会同叩　寒

资料来源:日内瓦国联与联合国档案馆藏李顿调查团档案,卷宗号:S38。

44. 上海总工会来电

敬启者:

兹欣逢贵调查团奉命莅此,调查中日事变真相,敝总工会敬以至诚,代表

上海全市八十万工人,致其热烈之欢迎与恳切之钦敬。

溯自日本于去年九月十八日以不法手段占取辽宁,实行破坏中国领土完整以来,倏忽至今已逾半载。我国民忍辱负痛,倾心信任国联,冀以和平方法求获解决。今贵团翩然莅此,不特使吾人深喻信任国联之有效,尤见国际正义依然彪炳于霄壤之间而丝毫未有摧残也。同人等深维贵团任务,厥在调查事实,爰即就事实经过渎陈清听,俾贵团加以考虑,报告国联,用期世界和平及国际正义,得于国联倡导之下,克保全瓯之无缺。

(一)占据辽宁。日本占夺辽宁托词:南满铁路于九月十八日忽被华人切割,讵知南满铁路区域向由日本军队保护,我国平民且不得于路轨近旁越雷池一步,事实彰著,谅在贵团员洞悉之中,矫作诡辞,不值一辩。日本惯用欺诈言论淆惑世人耳目,贵团员明镜高悬,当不至受其蒙蔽也。

(二)占据锦州。日人于累次声明接受国联十一月二十日及十二月十日决议之后,仍复以暴力夺取锦州,如斯行为尚得谓无领土野心乎?尚得谓号称文明国家?所发接受国际团体决议之表示,为有丝毫取信之价值乎?

(三)上海军事行动。一月二十八日午夜,日本陆战队在盐泽司令指挥之下,竟于日本总领事表示满意接受上海市长答复后之八小时进攻闸北,经我军自卫抵抗,战事延长一月有余,日军屡以飞机、大炮、水陆军士进攻我军。我军遵从上官命令,除竭力维持地方治安、不分国籍保护人民生命外,绝未有其他越轨举动。而日兵则对一切文化机关、慈善处所及商店、居户等竭力焚炸,鲜获幸存,略计损失已在四百兆以上,人民伤亡数逾八千。目下,中国军队已退至日本所提停战条件内要求之二十基罗[千米]距离以外;而日兵犹复前进不已,此种行动惟有"战"之一字可以代表,实有立予制止之必要。

今者,贵团莅此,世界和平重见曙光。贵团于此应需认识我军始终止于自卫,其应撤退者,厥为用暴力占夺各区域之日军,设无撤兵诚意,空谈和平,奚能有效?我人祝望和平已久,仰止国联以求伸正义者,亦已久深信和平正义终必来止,更信必由贵团斡旋,始能历久弗渝也。

此致国联调查团。

上海总工会(印)谨启

资料来源:日内瓦国联与联合国档案馆藏李顿调查团档案,卷宗号:S38。

45. 河南省党务指导委员会来电

来报纸　　　　　　　　中国电报局　　　　　本局号数
RECEIVING　　　　　　　　　　　JOURNAE. NO. 329

THE　CHINESE　TELEGRAPH　ADMINISTRATION

　　　　　　　　　局　　　　　由京北分局抄送
_____ OFFICE　　DELIVERED BY NBO

由 From				交 TO		
时刻 Time	点 H	分 M	附注 —REMARKS—	时刻 Time	点 H	分 M
签名 By				签名 By		

原来号数 TELEGRAM NO.	81607	等第 CLASS	5	字数 WORDS	369	
发报局 Office from		日期 Date	13 - 7	点 H	分 M	
	7357	0108	5983			
	顾	代	表			
1421	1557	6230	6567	0948	7139	
少	川	译	转	国	际	
5114	4145	6148	2686	0957	0361	
联	盟	调	查	团	公	
7003	2639	6775	2480	2609	5875	
鉴	东	邻	日	本	蛮	
2897	1840	2052	0042	2053	0008	
横	性	成	乘	我	不	
0271	4499	3544	4468	6365	2478	
备	突	然	称	兵	既	

0138	2053	2639	4164	1782	2371
占	我	东	省	复	扰
2053	3337	3453	0945	5114	2639
我	沪	滨	国	联	本
0366	2019	4147	0037	5120	6307
其	应	尽	之	职	责
2582	0001	0375	3082	6231	7098
曾	一	再	决	议	限
2327	0368	1919	2480	2609	5151
撤	兵	惟	日	本	肺
5202	0446	0367	0339	5101	0008
腑	别	具	充	耳	不
5113	4158	0948	5114	3082	6231
闻	目	国	联	决	议
2714	1172	1683	4786	6018	0046
案	如	废	纸	视	九
0948	0361	4766	5387	0367	2429
国	公	约	若	具	文
7524	4912	1864	5127	7160	6018
骄	纵	恣	肆	雄	视
0013	3954	2997	5887	2639	0068
世	界	横	行	东	亚
0056	0468	0056	3634		
予	取	予	夺		
0187	3337	2480	6511	1424	2607
侵	沪	日	军	尚	未
0356	2327	0642	1788	1073	0365
全	撤	又	复	增	兵
2639	4146	6602	2877	0447	1161
东	省	近	更	劫	夺

3189	7070	4451	2392	2110	6126
海	关	税	收	承	认
5261	6644	0037	0264	8085	4809
自	造	之	傀	儡	组
4930	1409	6269	7022	5748	5280
织	封	豕	长	蛇	与
2480	0215	0632	2974	4467	5154
日	俱	厉	此	种	背
2810	3319	0207	5887	3634	0008
理	灭	信	行	为	不
1919	0604	1364	0022	0948	7325
惟	危	害	中	国	领
0960	5887	2398	0037	1346	2419
土	行	政	之	完	整
0076	0011	6672	0646	0948	7139
亦	且	违	反	国	际
4145	4766	0037	4377	5110	5280
盟	约	之	神	圣	与
1415	0917	4275	1095	0013	0954
尊	严	破	坏	世	界
3057	0036	0037	0738	1627	6311
永	久	之	和	平	贵
0957	6298	0949	5114	1129	2585
团	负	国	联	大	会
0037	6800	6067	5440	4850	6233
之	重	托	荷	维	护
0735	1627	0037	0169		
和	平	之	使		
0730	2974	2945	5539	2972	3337
命	此	次	莅	止	沪

6697	6501	6024	6148	2686	1417
辽	躬	亲	调	查	对
0060	2480	2609	1417	5478	0037
于	日	本	对	华	之
4480	2817	7113	6180	1927	1571
积	极	阴	谋	想	已
2589	0339	0433	003	6126	6221
有	充	分	之	认	识
1417	0060	2480	2609	0961	5488
对	于	日	本	在	华
2995	1804	2552	5887	6156	2589
残	忍	暴	行	谅	有
0434	1395	0037	2393	1390	2598
切	实	之	考	察	望
1412	6148	2686	2076	1779	0057
将	调	查	所	得	事
1395	6116	1032	0948	5114	0110
实	详	报	国	联	以
0189	5282	5887	1129	2285	2514
便	举	行	大	会	时
2704	2354	0361	2973	1032	0707
根	据	公	正	报	告
2231	0648	2589	2400	0455	5932
采	取	有	效	制	裁
0523	0169	2973	5030	0361	3810
务	使	正	义	公	理
0008	3634	1730	2552	2076	3194
不	为	强	暴	所	消
3319	0948	5114	4145	4766	0008
灭	国	联	盟	约	不

3634	2897	2552	2076		
为	横	暴	所		
2301	3014	3194	1725	0013	3954
摧	毁	消	弥	世	界
4574	0029	2945	1129	2069	0037
第	二	次	大	战	之
0604	2894	0202	7140	0013	3954
危	机	保	障	世	界
3057	0096	0037	0735	1627	2508
永	久	之	和	平	是
6311	0957	2974	5887	2589	0501
贵	团	此	行	有	功
2456	0013	3954	0086	7352	0735
于	世	界	人	类	和
1627	3958	1129	0048	6175	0361
平	甚	大	也	诸	公
0525	4248	6210	5268	2584	2017
劳	矣	谨	致	最	恳
0434	0037	2417	1942	3109	0589
切	之	敬	意	河	南
4164	7825	0523	2172	1418	1201
省	党	务	指	导	委
0765	2585	0661	1383		
员	会	叩	寒	Seal	

资料来源：日内瓦国联与联合国档案馆藏李顿调查团档案，卷宗号：S38。

46. 山东济南市商会筹备委员会来电

上海商会转国际调查团诸公钧鉴：

日本侵略中华，逼人太甚。贵团辱临敝国，倚重甚殷，自必有公正之解决。谨电欢迎。

山东济南市商会筹备委员会(印)暨全市民众　删　叩

民国二十一年三月十五日

资料来源：日内瓦国联与联合国档案馆藏李顿调查团档案，卷宗号：S38。

47. 国民党江苏省执行委员会来电

北平探投顾代表维钧译转国联调查团勋鉴：

查日本此次以武力侵我东北，并以利诱威胁组织伪国，近且更进而将予以承认，其意图破坏我国领土之完整至为明显，此种行为实系违反国际公约。

贵团自东北调查归来，当知该伪国政府之确为傀儡，而日人之狼子野心、鬼蜮伎俩，实为世界和平之罪人。

本省三千万民众已誓死不与该伪国同存，除督促我中央政府明令讨伐、以武力收复失地外，特电请贵团本公正之精神，对日本承认该伪国问题转报国联，迅予制止，并请切实注意此问题之严重性，庶免国际纠纷愈趋扩大，世界和平实利赖之。

江苏省执行委员会(印)　鱼

资料来源：日内瓦国联与联合国档案馆藏李顿调查团档案，卷宗号：S38。

48. 福建省农会等团体来电

来报纸　　　　　　　　中国电报局　　　　　本局号数
RECEIVING　　　　　　　　　　　　　　　JOURNAE. NO. 390

THE　CHINESE　TELEGRAPH　ADMINISTRATION

局

_____ OFFICE

由 From	CP　7			附注 —REMARKS—		交 TO		
时刻 Time	15	点 H	30	分 M		时刻 Time	点 H	分 M
签名 By	JEN					签名 By		

原来号数 TELEGRAM NO.	G35/209	等第 CLASS	SSS	字数 WORDS	165
发报局 Office from	FOOCHOW CITY	日期 Date	6 点 H 19 分 M 55		

7357	0108	5903	4850	6872	6230	6567	6567①	0948
顾	代	表	维	钧	译	转		国
5114	6748	2686	0957	0361	7003	2480	2609	6002
联	调	查	团	公	鉴	日	本	袭
0148	2639	0554	0005	4764	4275	1095	3247	3337
占	东	北	三	省	破	坏	淞	沪
0677	0966	1788	3938	0366	2552	0500	2052	4539
各	地	复	用	其	暴	力	成	立
0264	8085	4809	4930	6602	2577	0250	0234	0657
傀	儡	组	织	近	更	假	借	叛
6627	0037	0682	5030	0447	1161	2639	0554	7070
逆	之	名	义	劫	夺	东	北	关

_____

① 编者按：此处原文多出一个电码，但没有译文。

4451	6755	2938	0017	3945	6237	2502	6237	3082
税	邮	权	并	由	议	会	议	决
2110	6126	0264	8085	4809	4930	7359	0190	6672
承	认	傀	儡	组	织	显	系	违
0646	0948	7139	0361	4766	4275	1095	2053	0948
反	国	际	公	约	破	坏	我	国
7325	0960	5887	2398	0037	1346	2419	3634	2187
领	土	行	政	之	完	整	为	挽
2405	2639	0554	0681	5165	3194	1725	6678	2639
救	东	北	同	胞	消	弭	远	东
2069	4393	1919	2589	1585	2598	6311	0957	2354
战	祸	惟	有	希	望	贵	团	据
1395	0032	0707	0948	5114	1783	6643	2231	0648
实	报	告	国	联	从	速	采	取
2589	2400	6568	3127	0455	2972	2480	2609	2552
有	效	办	法	制	止	日	本	暴
5887	0191	0366	0613	6643	2327	0365	0110	1395
行	促	其	即	速	撤	兵	以	实
3807	0948	5114	1459	2945	0037	3082	6231	5259
现	国	联	屡	次	之	决	议	临
7193	3541	0117	0120	4411	4395	1696	4164	6593
电	无	任	企	祷	福	建	省	农
2585	0794	2585	1562	2585	2403	5148	2505	0661
会	商	会	工	会	教	育	会	叩
7825①	SEAL							
党	印							

中华民国廿一年七月七日收到

资料来源：日内瓦国联与联合国档案馆藏李顿调查团档案，卷宗号：S38。

---

① 编者按："党"对应韵目"8093"，而"7825"查无对应汉字。

49. 汉口市商会第二次会员代表大会来电

三三五号

七月五日

北平探投顾少川先生转国联调查团惠鉴：

诸君奉国联正义人道之使命，来华调查中日纠纷事件，而沪宁、而武汉、而平津、而东北三省，征尘所及，想已随在取得当前事实，足以证明日本蹂躏中国主权、破坏中国领土完整之所为，而漠视国联议决案，摧毁非战公约、九国公约，以求贯澈[彻]其所谓满蒙积极之传统政策，使世界和平之曙光永无一线之希望。

则尤彰明较显者也，最近在其武力支配之下，形成所谓东省"满洲国"之傀偏组织，一面声言此系满族民族之自主，与日本绝无关系；又一面，则于其国会提案通过承认伪国之独立，以便于袭用亡韩之故智以灭亡中国，迹其所为，无非欲以一手掩尽天下人之耳目。

而我中国四万万人一息尚存，所当誓死反对。诸君明达，度不易为所欺。然而，日本始终迷信军国主义，不惜冒天下之大不韪，在我中国完整领土之内，实施其军事行动之自由，已成举世所知，本无待调查；而后，确诸君任务所在，既已实地调查，应即一本国联议决案及各项公约之真实精神，制成详实报书，俾强权可恃而殊无足恃，公理不可恃而终有所恃，我中华民族为自卫计，为维持世界和平计，不得不向强权作最后之斗争也。

临电迫切，无任神驰。

汉口市商会（印）第二次会员代表大会叩　养

资料来源：日内瓦国联与联合国档案馆藏李顿调查团档案，卷宗号：S38。

50. 蚌埠各界民众来电

南京外交部转国际调查团鉴：

自九一八事件发生后，世界各国为保重和平及遵从非战公约计，莫不引为重大问题。顷国际联合会为明了中日事件真相起见，特组织调查团，已于本月元日莅沪,沿京沪、京①浦而北上,调查各地真相。

本市民众闻悉之余,特于二十四日召集各界联席会议,筹备欢迎大会。希望贵团莅京时,请预示到蚌日期,以备欢迎,借领教益。

只肃电闻,并祝康健。

蚌埠各界民众叩　感
中华民国二十一年三月二十七日

资料来源:日内瓦国联与联合国档案馆藏李顿调查团档案,卷宗号:S38。

51. 中华民国四川石砫县商会等团体来电

国际联盟会公鉴:

窃东省本属敝国领土,溥仪又属敝国国民。暴日为欲实行其大陆政策,遂凭借武力横施侵占,为欲转移国际视线,复劫使溥仪背叛中央,组织满洲伪国,不特破坏我国领土之完整,实亦危及世界和平之精神,敝国为拥护世界正谊[义]与国际各项盟约计,凡贵会每次议决案,莫不竭诚接受;返[反]顾暴日,则例成反比。

近虽沪战告停,但东省各地,日军仍倾其全力进占无已。所谓国际盟约、九国公约、非战公约,至此均完全破产。固不仅敝国受其欺凌也。

贵会为国际仲裁机关,务望根据约章,予彼暴日以有效之制裁,使世界公理与和平不致消灭于暴日之手,岂特敝国之幸,抑亦世界之福。否则,敝国虽弱,人心未死,敝会等虽远在敝国边陲,亦当领导民众为政府后盾,以求最后之胜利。

区区之意,伏为鉴察。

中华民国四川石砫县商会(印)、石砫县农会、石砫县教育会
石砫县建筑业产业工会、缝织业职业工会扣[叩]　删

资料来源:日内瓦国联与联合国档案馆藏李顿调查团档案,卷宗号:S38。

---

①　编者按:由沪抵南京,渡长江至浦口,登火车北上。

52. 江苏全省工会来电

上海市政府抄电纸　上海市政府机要室　号码:155 号
发来:镇江　三月十七日下午三时四十五分发
　　　　三月十八日上午十时〇分到
上海市政府吴市长译转国联调查团勋鉴:

沈变发生,我为待国联解决而一再容忍;沪乱续作,我为维护神圣盟约而谋抵抗。深盼国联终能主持正义公理,并尽其职责,予施行暴行、破坏和平之日本以最严厉、最有效之制裁,俾世界和平益能得一保障,吾国人民当拭目以俟之。

江苏全省工会　筱　印

资料来源:日内瓦国联与联合国档案馆藏李顿调查团档案,卷宗号:S38。

53. 徐州各界致国联调查团欢迎词

国联调查委员诸君:

此次为执行国联决议案,联袂来华,主持正义,重洋跋涉,远道劬劳。我徐州全体人民,在此万分哀痛声中,聆此福音,深幸诸君为和平之神圣,人道之福星,用是万分忻悦,热烈欢迎。

因思敝国不幸,惨遭日本之铁蹄蹂躏,达于极点。忆自上年九一八日以来,日军阀以武力占据我沈阳,进是而吉林、而黑省、而锦州、而上海闸北、而吴淞,再进而真茹、而浏河、而南翔、而嘉定、而昆山,凡炮火所经,皆血溅千里。近更进而制造满洲伪国政府。其残暴凶焰与诡谲行为,实为人道之公敌,非世界公理所能容。唯是战区惨状,暴露于外,日本当贵团视察之前,或亦粉饰战痕,冀掩一时耳目。然事实具[俱]在,经此次诸君之详加考察,定能明了其真象[相],不致为鬼蜮伎俩所蒙,此固不待吾人之赘说也。

所最切望于诸君者,日本自占据东省后,对于中国之领土,公然一手造成满洲之傀儡政府。近且大开伪国会议,凡日本在东省领事、关东州之属员,以及海陆军之官佐,竟多数列席,发表主张,并将移殖大军以充伪国之国防。其阴谋秘计,专以攘夺中国领土,破坏中国主权,衡之于九国公约,以及非战国联诸盟约,日本实有违反公约之罪恶,应受公共严厉之制裁。

诸君此次由沪而京,对于华南破坏之情形,已经明了。今更过徐而平,径往东北,对于华北之实况,日本之战迹,伪国之纠纷,三省之损失,深信诸君受国联重大之委托,必能以公正无偏之态度,明锐正确之眼光,迅捷有效之办法,报告国联,彻〔彻〕底解决,直接维持东亚和平,间接维持世界和平,匪特为中国人民幸福之所关,实亦国际联盟威信之所系。敝国人民始终信仰国联之公正,即唯一信仰调查诸君之公正。诸君此来,和平曙光,公理真义,国联大信,世界前途,皆惟诸君之是赖也。

谨代表吾徐州三百万民众,敬祝诸君之幸福无量。

资料来源:日内瓦国联与联合国档案馆藏李顿调查团档案,卷宗号:S38。

54. 中国江苏省江阴县农会等团体来电

南京外交部转国际联盟会调查团诸君鉴:

溯自去年九月十八日,日本背弃国联盟约、破坏世界和平,开始袭攻中国东北以后,敝国深信国联为世界主持信义、保障和平之机关,一面力避战斗不与抵抗;一面诉请国联公判以制裁日本暴行。无如日本置国联决议于不顾,认敝国不抵抗为示弱,恃其暴力,节节侵略,至敝国东北三省悉被强占,继以武力压迫上海,使敝国民族爱好和平之特性与信仰国联之心理于无效,终以日本之益肆强暴。敝国为争民族生存与夫维持世界和平,拥护国际盟约及国联决议,于无可容忍之下,不得不力谋相当自卫。今者,诸君负国联使命,重劳远涉,莅临敝国,自不难搜求日本暴行事件之铁证以相证实。

敝县人民于万分诚意欢迎之中,更深切信望国联必能站在正义公理与本身职责之立场上,迅予制裁日本之暴行,使回复去年九月十八日以前之原有状态,并令负东北及上海之一切破坏责任,即所以维持国际神圣盟约及克制强权之唯一原则。如其国联对日本侵掠暴行不能依据国际盟约及世界正义迅采有效之制裁者,则敝国人民为维护民族生存及争主权、领土完整与努力世界真正和平起见,惟有督促政府采取自卫手段继续抵抗。敝中国人民今日之认识,为求公理而任何牺牲在所不惜,决不为强权所屈服也。

临电无任激切待命之至。

中国江苏省江阴县农会(印)、商会(印)、教育会(印)叩　养

资料来源:日内瓦国联与联合国档案馆藏李顿调查团档案,卷宗号:S38。

55. 中国国民党湖南邵阳县执行委员会等团体来电

外交部电报科		来电第 32088 号
来报纸	中国电报局	本局号数
RECEIVING		JOURNAE. NO. 1794

THE CHINESE TELEGRAPH ADMINISTRATION

局

_____ OFFICE

由 From	COPIED 18/3				附注 —REMARKS—	交 TO			
时刻 Time	00	点 H	35	分 M		时刻 Time	点 H	分 M	
签名 By	WANG					签名 By			

原来号数 TELEGRAM NO.	Y 14/150	等第 CLASS	SSS	字数 WORDS	348
发报局 Office from	PAOKING	日期 Date 17/3	点 H 11	分 M 40	

1120	0074	6752	6567	0948	5113	6148	2686	0957	0677	1201	0765	0534
外	交	部	转	国	联	调	查	团	各	委	员	勋
7003	1032	6528	6311	0957	2814	1569 [1571]	2107	3337	1395	0966	6148	2686
鉴	报	载	贵	团	业	已	抵	沪	实	地	调	查
2480	2609	0187	5478	4176	4161	5113	6061	0037	7411	2578	0524	2970
日	本	侵	华	真	相	闻	讯	之	余	曷	胜	欢
6601	2480	2609	2170	0366	1129	7120	2398	4595	6672	0646	0948	7139
迎	日	本	持	其	大	陆	政	策	违	反	国	际
0361	3127	5662	6018	7236	2069	0361	4766	0948	5114	4145	4766	1629
公	法	蔑	视	非	战	公	约	国	联	盟	约	并

(续表)

0046	0948	0361	4766	0006	1628	0046	2588	0577	0360	2480	0042	2053
九	国	公	约	上	年	九	月	十	八	日	乘	我
1131	3505	0086	4393	0074	1695	0037	7139	3541	4551	6148	6680	1129
天	灾	人	祸	交	迫	之	际	无	端	调	遣	大
6511	1730	0149	2053	2639	0005	4164	2198	3010	2053	5611	3046	3275
军	强	占	我	东	三	省	捕	杀	我	军	民	破
1094	2053	0074	6639	2552	2074	1864	4205	1169	3330	0447	2230	3541
坏	我	交	通	暴	戾	恣	睢[雎]	奸	淫	劫	掠	无
2076	0008	3938	0366	2817	6602	2577	1779	1407	6651	1438	7120	4958
所	不	用	其	极	近	更	得	寸	进	尺	陆	续
3175	6680	1129	6511	3517	5324	7378	2894	6651	6656	3247	3337	4589
派	遣	大	军	炮	舰	飞	机	进	逼	淞	沪	窥
4537	4116	3063	6008	1049	6575	2345	3607	3010	2817	0086	6252	0037
窃	沿	江	要	塞	轰	击	毁	杀	极	人	类	之
2995	6807	0086	3046	2984	0281	6299	3934	2275	1136	7181	0110	2442
残	酷	人	民	死	伤	财	产	损	失	难	以	数
6060	1629	3938	0072	7281	2399	2535	3542	0778	5536	3241	3747	4539
计	并	用	亡	韩	故	智	暗	唆	蒙	满	独	立
0110	6659	0366	7650	0691	5874	7380	0037	6851	1800	2053	0948	2398
以	遂	其	亡	吞	蚕	食	之	野	心	我	国	政
1650	6690	1343	4135	4766	6083	6175	0948	5114	6597	1779	4161	3981
府	遵	守	盟	约	诉	诸	国	联	迄	得	相	当
5932	0455	0039	1630	6311	0957	5539	2972	3676	7793	4715	2017	0031
制	裁	今	幸	贵	团	莅	止	特	电	吁	恳	主
2170	0361	3810	1412	2480	2609	4476	4477	2552	5887	4160	7115	0948
持	公	理	将	日	本	种	种	暴	行	直	陈	国
5114	1629	2017	6567	0948	5114	2704	2354	0361	4766	1462	5887	5120
联	并	恳	转	国	联	根	据	公	约	履	行	职
6309	6598	2231	2589	2400	2455	3127	5932	0455	2252	2480	0220	4377
责	迅	采	有	效	方	法	裁	制	暴	日	俾	神

5110	0037	0361	4766	0008	5268	4275	1094	2639	0068	0037	0735	1627
圣	之	公	约	不	致	破	坏	东	亚	之	和	平
1779	0110	4850	2170	5502	0001	5932	0455	3541	2400	2053	0948	0086
得	以	维	持	万	一	裁	制	无	效	我	国	人
3046	3634	5261	5898	6386	6015	1919	2589	2107	4403	0451	1646	6129
民	为	自	卫	起	见	惟	有	抵	抗	到	底	誓
0008	1448	2591	1695	0434	7115	6101	2417	4361	7003	4780	0022	0948
不	屈	服	迫	切	陈	词	敬	祈	鉴	纳	中	国
0948	3046	4825	3275	0589	0605	7122	4905	1013	5887	1201	0765	2585
国	民	党	湖	南	邵	阳	县	执	行	委	员	会
0606	7122	4905	6593	2585	4905	0794	2585	1562	2585	1244	1166	0588
邵	阳	县	农	会	县	商	会	工	会	妇	女	协
6651	2585	2403	5148	2585	0661	6897	0603					
进	会	教	育	会	叩	铣	印	SEAL				

资料来源：日内瓦国联与联合国档案馆藏李顿调查团档案，卷宗号：S38。

56. 旅京南洋华侨同志会来电

外交部转送国联调查团惠鉴：

贵团衔重大使命，调查中日纠纷，敝会极表欢迎。查日本凭其野心，占我东省，据我淞沪，违反盟约，毁弃公约，不惜破坏东亚及世界和平；复诬蔑宣传，淆乱世界视听。

应请贵团实地详查，定可灼其罪恶一面，根据正义予以迅速有效之制裁；否则，世无公理，我民族为生存计，惟有澈〔彻〕底自卫，决不屈辱。

旅京南洋华侨同志会叩　铣
中华民国二十一年三月十六日

资料来源：日内瓦国联与联合国档案馆藏李顿调查团档案，卷宗号：S38。

57. 衡阳县党部等团体来电

外交部电报科   来电第 32055 号

来报纸   中国电报局   本局号数

RECEIVING   JOURNAE. NO. <u>1721</u>

THE   CHINESE   TELEGRAPH   ADMINISTRATION

局

<u>   </u> OFFICE

由 From		时刻 Time	0.1	点 H		分 M		附注 —REMARKS—	交 TO		时刻 Time		点 H		分 M
签名 By									签名 By						

原来号数 TELEGRAM NO.		Y1.2	等第 CLASS		字数 WORDS		163w
发报局 Office from		HENGCHO WHUW	日期 Date	16	点 H	1	分 M	55

1120	0074	6752	6567	0948	5114	6148	2686	0957	0534	7003	6311	0957
	外	交	部	转	国	联	调	查	团	勋	鉴	贵	团
5592	5259	3247	3337	6148	2686	2480	0086	2552	5887	6210	0108	5903	2609
辱	临	淞	沪	调	查	日	人	暴	行	谨	代	表	本
4905	0001	4102	0580	0063	5502	6686	4550	6134	2970	6601	0017	2017	1412
县	一	百	卅	五	万	人	竭	诚	欢	迎	并	恳	将
5261	0046	0001	0360	0110	0171	0480	2609	3938	2976	0500	0086 [0187]	3970	2053
自	九	一	八	以	来	日	本	用	武	力	侵	略	我
2639	0005	4164	0644	3247	3337	4467	4467	1971	3692	4160	7115	0948	5114
东	三	省	及	淞	沪	种	种	惨	状	直	陈	国	联
0220	0948	5114	2494	4229	2995	2552	4176	4161	0031	2170	0361	3810	2704
俾	国	联	明	了	残	暴	真	相	主	持	公	理	根

（续表）

2354	0361	4766	0110	2589	2400	2455	3127	0455	5932	2552	2480	2480	2286
据	公	约	以	有	效	方	法	制	裁	暴	日	日	人
【1172】	2654	1880	3544	0008	7357	0361	3810	0361	3127	2609	6752	4583	6129
如	果	悍	然	不	顾	公	理	公	法	本	部	等	誓
3764	0356	4905	3046	5883	0155	7022	2601	2107	2123	4104	3686	3673	5074
率	全	县	民	众	作	长	期	抵	抗	的	牺	牲	者
3082	0008	1448	2591	6210	7193	1144	2017	2417	4376	2564	4388	5899	7122
决	不	屈	服	谨	电	奉	恳	敬	祝	勋【嚄】	祺	衡	阳
4905	7825	6752	4905	0794	2585	6593	2585	2403	5148	2585	0677	1562	2585
县	党	部	县	商	会	农	会	教	育	会	各	工	会
0677	0681	2814	0361	2585	0681	0661	6897						
各	同	业	公	会	同	叩	铣						

资料来源：日内瓦国联与联合国档案馆藏李顿调查团档案，卷宗号：S38。

58. 徐州商会暨卅业公会来电

外交部电报科　　　　　　　　　　　　　　来电第 32261 号

来报纸　　　　　　　　中国电报局　　　　本局号数

RECEIVING　　　　　　　　　　　　　　　JOURNAE. NO. 2380

　　　THE　CHINESE　TELEGRAPH　ADMINISTRATION

　　　　　　　　　　　　局

　　　　　　　　　_____　OFFICE

由 From	MAR24 A. M. CORJED 23/3			附注 —REMARKS—	交 TO			
时刻 Time	23	点 H	19	分 M		时刻 Time		点 H	分 M
签名 By	WANG				签名 By			

（续表）

原来号数 TELEGRAM NO.	90/885		等第 CLASS	PPP	字数 WORDS		97W	
发报局 Office from	SUCHOWKU		日期 Date	23/3	点 H	18	分 M	00

1120	0074	6752	6567	0948	5114	6148	2686	0957	6175	1201	0765	7003	2552
外	交	部	转	国	联	调	查	团	诸	委	员	鉴	暴
2480	0187	3970	2053	5478	4275	1095	0013	3954	0735	1627	6672	5154	0948
日	侵	略	我	华	破	坏	世	界	和	平	违	背	国
7139	4145	4766	0418	3157	0344	7236	2069	0361	4766	4160	2234	0187	0148
际	盟	约	凯	洛	克[格]	非	战	公	约	直	接	侵	占
2053	5478	7035	2234	2176	6841	0013	3954	6311	0957	6298	0948	5114	6850
我	华	间	接	挑	衅	世	界	贵	团	负	国	联	重
1129	0169	0730	2019	6153	4426	0361	3400	2686	0056	2552	2480	0110	2589
大	使	命	应	请	秉	公	澈[彻]	查	予	暴	日	以	有
2400	0037	0455	5935	2053	5478	1630	3928	0013	3954	0086	3752	1630	3928
效	之	制	裁	我	华	幸	甚	世	界	人	类	幸	甚
1776	5558	0794	2585	2555	0580	2814	0361	2585	0661	2739			
徐	州	商	会	暨	卅	业	公	会	叩	梗			

资料来源：日内瓦国联与联合国档案馆藏李顿调查团档案，卷宗号：S38。

59. 中国国民党湖南省党部来电

外交部电报科　　　　　　　　　　　　　　来电第 32300 号

来报纸　　　　　　　中国电报局　　　　　本局号数

RECEIVING　　　　　　　　　　　　　　JOURNAE. NO.　317

THE　CHINESE　TELEGRAPH　ADMINISTRATION

　　　　　　　　　　局

　　　　　　　＿＿＿＿＿＿＿ OFFICE

由 From	CP24				附注 —REMARKS— CTF THREE FIGS IN 3RD PG		交 TO			
时刻 Time	24	点 H	00	分 M			时刻 Time		点 H	分 M
签名 By							签名 By			

原来号数 TELEGRAM NO.	69 1351	等第 CLASS	SSS	字数 WORDS	248W

发报局 Office from	CHANG SHA	日期 Date	24	点 H	18	分 M	15

1120	0074	6752	6567	0948	7139	6148	2686	0957	0441	0441	0341	3932	8133
外	交	部	转	国	际	调	查	团	列	列	先	生	勋
7003	2552	2480	0956	0148	2053	2639	4164	5552	6180	1571	7236	0001	2480
鉴	暴	日	图	占	我	东	省	蓄	谋	已	非	一	日
2974	2945	0110	2976	0500	0148	7325	5261	4249	4275	1095	0361	4766	1801
此	次	以	武	力	占	领	自	知	破	坏	公	约	必
3634	0948	7139	2076	0008	1369	0035	1788	6111	6060	4102	0427	0001	7240
为	国	际	所	不	容	乃	复	诡	计	百	出	一	面
5178	6612	3302	0308	0644	2639	4164	0651	1778	5154	0651	3046	0948	4809
协	迫	溥	仪	及	东	省	叛	徒	背	叛	民	国	组
4930	0264	8085	1709	2398	1650	0001	7240	0282	0356	0948	0037	1597	6651
织	傀	儡	式	政	府	一	面	倾	全	国	之	师	进

（续表）

2396	0006	3189	2368	1129		2069	0057	0110	0370	4448	3567	0013	3954
攻	上	海	扩	大		战	事	以	冀	移	转	世	界
4158	2871	3544	1775	0110	3319	2600	7639	0037	2087	3008	0164	0691	2639
目	标	然	后	以	灭	朝	鲜	之	手	段	并	吞	东
0005	4164	0366	6060	7173	3021	0141	2053	0356	0948	3046	4149	0644	0013
三	省	其	计	虽	毒	但	我	全	国	民	盘	及	世
3954	0086	1102	3541	0008	3159	3608	0366	1169	6175	0361	2974	2945	1395
界	人	士	无	不	洞	烛	其	奸	诸	公	此	次	实
0966	6148	2686	3981	2577	2494	1172	2173	2222	2417	2017	1412	2552	2480
地	调	查	当	更	明	如	挈	掌	敬	恳	将	暴	日
0148	2053	2639	4164	6111	6060	7113	6180	6116	7115	0948	5114	1629	2017
占	我	东	省	诡	计	阴	谋	详	陈	国	联	并	恳
0984	5114	4850	2170	4145	4766	1415	0917	6643	0110	2589	2400	2455	3127
国	联	维	持	盟	约	尊	严	速	以	有	效	方	法
0455	5932	4275	1095	0735	1627	0037	2552	2480	5502	0001	1585	2598	3541
制	裁	破	坏	和	平	之	暴	日	万	一	希	望	无
2400	0463	2053	0356	0948	0086	3046	1919	2589	6129	2984	2107	2123	2552
效	则	我	全	国	人	民	惟	有	誓	死	抵	抗	暴
2480	0477	7110	0651	6627	0110	0370	0202	0357	7325	0960	0031	2938	0037
日	剪	除	叛	逆	以	冀	保	两	领	土	主	权	之
1346	2419	048	5259	7193	1695	0434	2417	4850	0987	1390	0022	0948	0948
完	整		临	电	迫	切	敬	维	垂	察	中	国	国
3046	7825	3275	0589	4164	7825	6752	0661	2417					
民	党	湖	南	省	党	部	叩	敬	SL				

资料来源：日内瓦国联与联合国档案馆藏李顿调查团档案，卷宗号：S38。

60. 安徽省各业公会联合会等团体来电

外交部电报科　　　MAR 20 A.M.　　　　　第 32168 号

中国国民党安徽省党务整理委员会电报纸

南京	1120	0074	6752	6567	0948	7139	5114	4145	2585
	外	交	部	转	国	际	联	盟	会
6148	2686	0957	6175	0689	1920	7003	6175	0689	0649
调	查	团	诸	君	惠	鉴	诸	君	受
4145	2585	0102	6067	6298	6307	6148	2686	5261	0637
盟	会	付	托	负	责	调	查	自	去
1628	0046	0001	0360	0110	0171	0022	2480	0057	0115
年	九	一	八	以	来	中	日	事	件
4176	4161	5113	0060	0337	2480	1571	5539[5444]	3337	1009
真	相	闻	于	元	日	已	莅	沪	埠
2411	2585	4583	2946	1983	0037	0007	2417	5268	2970
敝	会	等	欣	慰	之	下	敬	致	欢
6601	6134	1942	2686	2974	2945	0022	2480	4763	4788
迎	诚	意	查	此	次	中	日	纠	纷
5282	0013	0364	4249	3634	2480	2609	6511	7042	4522
举	世	共	知	为	日	本	军	阀	穷
0365	7830	2976	0037	1942	1819	2076	6644	2052	2076
兵	黩	武	之	意	念	所	造	成	所
6182	3341	1558	0057	0115	2480	2609	5659	0656	0060
谓	满	洲	事	件	日	本	借	口	于
3032	3541	0146	6214	0037	0022	2625	0795	7344	0060
毫	无	佐	证	之	中	村	问	题	于
0637	1628	0046	0001	0360	1123	4544	1880	3564	4468
去	年	九	一	八	夜	竟	悍	然	称
0365	6002	0148	3476	7122	0035	0008	1504	2600	5079
兵	袭	占	沈	阳	乃	不	崇	朝	而

4147	0148	2422	0578	2455	6849	0037	6697	0679	0059
尽	占	数	千	方	里	之	辽	吉	二
4164	5387	7236	7315	6180	2273	6841	0149	1779	0427
省	若	非	预	谋	构	衅	何	得	出
2974	2053	0948	1415	6850	7236	2069	0361	4766	0207
此	我	国	尊	重	非	战	公	约	信
0117	0948	5114	0500	6852	2251	6153	4145	2585	0181
任	国	联	力	量	提	请	盟	会	依
3127	0455	5932	2480	2609	2552	5887	0110	2584	1129
法	制	裁	日	本	暴	行	以	最	大
0037	1369	1804	3061	6671	0202	0356	2639	0068	0735
之	容	忍	求	达	保	全	东	亚	和
1627	0037	5388	1800	0035	2480	2609	7236	3637	6672
平	之	苦	心	乃	日	本	非	特	违
0646	0961	2480	0355	3907	0644	2639	0079	6298	6307
反	在	日	内	瓦	及	东	京	负	责
2234	0649	0008	0169	0057	0115	2368	1129	0032	6179
接	受	不	使	事	件	扩	大	之	诺
6056	4949	1958	3938	2552	0500	0187	0148	2053	7815
言	继	续	用	暴	力	侵	占	我	黑
7893	3068	4164	0644	6930	1558	4583	0966	2577	0060
龙	江	省	及	锦	州	等	地	更	于
0001	2588	0059	0577	0360	2480	1129	5282	2396	2053
一	月	二	十	八	日	大	举	攻	我
6855	5816	0022	1800	0037	0006	3189	3928	5267	4276
金	融	中	心	之	上	海	甚	至	炮
6575	2053	7445	6757	0589	0079	0028	2974	2076	3634
轰	我	首	都	南	京	凡	此	所	为
1937	3348	1937	0632	1129	2589	2704	2609	4275	1095
愈	演	愈	厉	大	有	根	本	破	坏

（续表）

2053	1562	0794	2894	5174	0072	2053	0948	1367	0037
我	工	商	机	能	亡	我	国	家	之
0528	2053	0022	1135	2398	1650	0649	0934	5502	5502
势	我	中	央	政	府	受	四	万	万
0086	3046	0037	0102	6067	3634	3046	2469	0948	1367
人	民	之	付	托	为	民	族	国	家
3630	3932	1317	0035	1395	5887	4403	0185	5261	5898
争	生	存	乃	实	行	御	侮	自	卫
2107	2123	1730	2552	2480	2609	2398	1650	3032	0008
抵	抗	强	暴	日	本	政	府	毫	无
1882	4393	1788	0448	3938	2053	2589	0057	3247	3337
悔	祸	复	利	用	我	有	事	淞	沪
0037	2894	0961	2639	0554	0551	4814	1421	2429	3541
之	机	在	东	北	勾	结	少	数	无
5103	3352	1169	2273	2052	0264	8085	0651	6627	0037
耻	汉	奸	构	成	傀	儡	叛	逆	之
4809	4930	2949	0110	0072	7281	2399	2535	0921	2161
组	织	欲	以	亡	韩	故	智	囊	括
2053	2639	0554	0005	4164	5079	0046	0948	0361	4766
我	东	北	三	省	而	九	国	公	约
4583	2076	6774	6850	5116	2494	1415	6850	0022	0948
等	所	郑	重	声	明	尊	重	中	国
5887	2398	5280	7325	0960	1346	2419	0037	5445	0917
行	政	与	领	土	完	整	之	庄	严
2742	4766	1395	1571	5280	2053	2639	0554	0681	0366
条	约	实	已	与	我	东	北	同	其
0730	6663	1133	0948	5114	4145	2585	7236	2069	0361
命	运	夫	国	联	盟	会	非	战	公
4766	0644	0046	0948	0361	4766	4583	4158	4104	0971
约	及	九	国	公	约	等	目	的	均

（续表）

0961	6180	0948	7139	0678	0155	0202	0356	0013	3954
在	谋	国	际	会	作	保	全	世	界
0735	1627	1429	0366	0046	0948	0361	4766	3676	6850
和	平	尤	其	九	国	公	约	特	重
0060	0028	0948	0037	0031	2938	5280	3747	4539	2555
于	中	国	之	主	权	与	独	立	暨
7325	0960	5280	5887	2398	0037	1346	2419	4146	0022
领	土	与	行	政	之	完	整	盖	中
0948	0791	7344	0942	1571	3634	0013	3954	0735	1627
国	问	题	固	已	为	世	界	和	平
0037	7070	6943	0048	2399	0093	2480	2609	3014	2757
之	关	键	也	故	今	日	本	毁	弃
4145	2585	0361	4766	0686	2053	3718	2396	0008	0284
盟	会	公	约	向	我	猛	攻	不	仅
3634	0022	2480	0795	7344	2577	0008	0284	3634	2639
为	中	日	问	题	更	不	仅	为	东
0068	0795	7344	1395	3634	2419	0222	0013	3954	0735
亚	问	题	实	为	整	个	世	界	和
1627	0795	7344	3981	2974	7364	7189	4868	1728	0037
平	问	题	当	此	风	云	紧	张	之
7139	0948	7139	4145	2585	1178	2948	0202	2170	0366
际	国	际	盟	会	如	欲	保	持	其
5445	0917	4104	2742	4766	1801	7312	1462	5887	0366
庄	严	的	条	约	必	须	履	行	其
4377	5110	4104	5030	0523	7236	3564	5074	0022	5478
神	圣	的	义	务	非	然	者	中	华
0086	3046	4842	0006	3189	0577	0046	6424	6511	0037
人	民	经	上	海	十	九	路	军	之
2107	2123	1571	6821	6030	2609	6500	5261	5898	0037
抵	抗	已	醒	觉	本	身	自	卫	之

5174	0500	5280	1801	6008	5387	0948	5114	1417	2480
能	力	与	必	要	若	国	联	对	日
2609	0187	3970	0022	0948	0037	2552	5887	0181	3564
本	侵	略	中	国	之	暴	行	依	照
0008	5174	0181	2354	0948	7139	4145	4766	0644	0013
不	能	依	据	国	际	盟	约	及	世
3954	2973	5030	6598	2231	2589	2400	0037	0455	5932
界	正	义	迅	采	有	效	之	制	裁
0463	0022	5478	3046	2469	0787	2589	0375	0648	5261
则	中	华	民	族	唯	有	再	取	自
5898	2089	3008	4949	4958	2107	2123	1380	3634	3768
卫	手	段	继	续	抵	抗	宁	为	玉
4295	0008	3634	3907	0356	0110	3630	4377	5110	3932
碎	不	为	瓦	全	以	争	神	圣	生
1317	2938	0448	0229	0936	2974	5079	3134	0644	0356
存	权	利	倘	因	此	而	波	及	全
0013	3954	0008	1344	5074	0942	1571	6307	2589	2394
世	界	不	安	者	固	已	责	有	攸
2981	4248	6175	0689	0008	6588	6405	3195	6678	0171
归	矣	诸	君	不	辞	跋	涉	远	来
6148	2686	3234	0207	6175	0689	2483	4457	2974	5887
调	查	深	信	诸	君	早	稔	此	行
0037	0169	0730	5280	0305	0237	0948	7139	5114	4145
之	使	命	与	价	值	国	际	联	盟
0037	2054	0510	5280	0013	3954	0735	1627	0037	4850
之	成	功	与	世	界	和	平	之	维
4941	1412	6351	6175	0689	3634	2584	0810	5079	2584
系	将	赖	诸	君	为	最	高	尚	最
1775	0037	0505	0500	1630	6175	0689	0517	0037	1344
后	之	努	力	幸	诸	君	勉	之	安
1798	4164	0677	2814	1560	2588	5114	0678	2585	
徽	省	各	业	公	会	联	合	会	

（续表）

				7096	6738	0575	6593	2585	5114
				附	郊	区	农	会	联
0678	2585	2037	1380	4905	0794	2585	1244	1166	2405
合	会	怀	宁	县	商	会	妇	女	救
3444	2585	2450	5113	6068	5074	5114	0678	2585	1774
济	会	新	闻	记	者	联	合	会	律
1577	0361	2585	4583	0681	0661	4646			
师	公	会	等	同	叩	□			

中华民国廿一年三月十九日上午八点□分由□发

资料来源：日内瓦国联与联合国档案馆藏李顿调查团档案，卷宗号：S38。

61. 湖南省政府主席何键来电①

外交部电报科　　　　　　　　　　　　　　　来电第 32386 号

来报纸　　　　　　　　中国电报局　　　　　本局号数

RECEIVING　　　　　　　　　　　　　JOURNAE. NO.　314

THE　CHINESE　TELEGRAPH　ADMINISTRATION

局

_____ OFFICE

由 From	COPIED　26/3			交 TO		
时刻 Time	23 点 H	22	分 M	附注 —REMARKS—	时刻 Time	点 H	分 M
签名 By					签名 By		

---

① 编者按：本篇只有代码，没有翻译文字。所有译文均为编者所加。

（续表）

原来号数 TELEGRAM NO.	78/1450		等第 CLASS	SSS		字数 WORDS	404W	
发报局 Office from	CHANGSHA	日期 Date	26	点 H	12	分 M	40	

NANKING	1120	0074	6752	6230	6567	0948	5114	6148	2686	0957	2621	
		外	交	部	译	转	国	联	调	查	团	李
7319	3635	1102	0344	0525	2676	1412	6551	7796	5072	4135	1412	6511
顿	爵	士	克	劳	染①	将	军	麦	考	益	将	军
7796	5072	4135	1412	6511	1585	1441	0590	1102	0670	7559	5530	0130
麦	考	益	将	军②	希	奄③	博	士	史	高	华	伯
3635	2555	0441	0441	0341	3932	8133	7003	5261	2480	2609	0110	2552
爵	暨	列	列	先	生	勋	鉴	自	日	本	以	暴
0500	0187	0148	2052 [2053]	2639	0005	4164	1788	2396	3607	2052 [2053]	0006	3189
力	侵	占	成[我]	东	三	省	复	攻	毁	成[我]	上	海
5?	0948	5114	4145	4766	7236	2069	0361	4766	5478	1650	2742	4766
	国	联	盟	约	非	战	公	约	华	府	条	约
2322	3319	3541	7411	0013	3954	0735	1627	7532	1136	0202	7140	2974
撕	灭	无	余	世	界	和	平	骤	失	保	障	此
0008	0284	2052 [2053]	0022	5478	3046	2469	2236	1800	4027	2001	0037	0057
不	仅	成[我]	中	华	民	族	推	心	痛	愤	之	事
0076	0356	0013	3954	2076	1714	3634	0008	1344	5074	0048	3981	0057
亦	全	世	界	所	引	为	不	安	者	也	当	事
6239	0444	6386	0110	6597	2456	0093	0022	5478	3046	2469	1415	6850
变	删	起	以	迄	于	今	中	华	民	族	尊	重
0948	7139	2742	4766	3234	0207	0948	7139	2973	5030	1801	2589	3947
国	际	条	约	深	信	国	际	正	义	必	有	申

① 编者按：常翻译为克劳德。

② 编者按：原文如此，此处"麦考益将军"重复。

③ 编者按：常翻译为希尼。

1728	0037	2480	2399	0698	5388	1804	4027	5282	0366	0057	0110	5121	
张	之	日	故	含	苦	忍	痛	举	其	事	以	听	
0948	5114	0037	2238	4999	5417	1630	6175	0361	6678	6670	0171	5478	2137
国	联	之	措	置	兹	幸	诸	公	远	道	来	华	担
6298	6148	2686	0117	0523	0013	3954	1417	0060	6678	2639	0037	7070	0434
负	调	查	任	务	世	界	对	于	远	东	之	关	切
2817	0668	1949	6200	1919	4478	3630	0037	5174	3082	1015	2456	6148	2686
极	可	感	谢	惟	纷	争	之	能	决	基	于	调	查
0037	4814	2654	0028	2480	0086	0187	3690						
之	结	果	凡	日	人	侵	犯						
2053	2639	0005	4164	1629	5178	1695	0607	5065	0651	1778	2076	4809	4930
我	东	三	省	并	胁	迫	卵	翼	叛	徒	所	组	织
0037	0298	2398	1650	0644	2396	2345	2053	0006	3189	0971	3634	4275	1095
之	伪	政	府	及	攻	击	我	上	海	均	为	破	坏
0022	5478	3046	0948	7325	0960	5887	2398	0037	1346	2419	0644	2480	2609
中	华	民	国	领	土	行	政	之	完	整	及	日	本
5261	650	1417	0060	0013	3954	4145	4766	0037	5030	0523	0366	0057	5267
自	身	对	于	世	界	盟	约	之	义	务	其	事	至
3634	2494	7359	6175	0361	0037	4539	1034	0356	0110	0948	5114	4145	4766
为	明	显	诸	公	之	立	场	全	以	国	联	盟	约
3634	1015	4342	04663	0366	0181	4127	1774	6148	26866	3237	2806	0337	0057
为	基	础	则	其	依	□	律	调	查	清	楚	无	事
1397	5261	6398	0110	0180	3759	0948	5114	0110	4850	2170	4145	4766	0037
实	自	足	以	供	献	国	联	以	维	持	盟	约	之
1415	0917												
尊	严												
0668	3541	3992	5030	2411	4164	2398	1650	0108	5903	0356	3275	0589	0086
可	无	疑	义	敝	省	政	府	代	表	全	湖	南	人
3046	3634	0022	5478	3046	2469	2076	6008	3061	5074	0787	0961	0031	2938
民	为	中	华	民	族	所	要	求	者	唯	在	主	权
0948	2076	2019	2589	0037	1801	6008	2938	0448	5079	1571	4850	0047	6175
国	所	应	有	之	必	要	权	利	而	已	维	乞	诸

（续表）

0361	0010	0361	2973	0037	1966	1653	2404	2212	0037	2087	3008	2282	3061
公	以	公	正	之	态	度	敏	捷	之	手	段	搜	求
0678	3127	0037	0057	1395	0110	0271	0361	1627	0037	6043	3082	6259	3747
合	法	之	事	实	以	备	公	平	之	解	决	岂	独
0022	5478	3046	2469	0037	1630	0076	0013	3954	0735	1627	0037	4395	0048
中	华	民	族	之	幸	亦	世	界	和	平	之	福	也
3676	0142	0001	0001	1630	0047	7003	1390	3275	0589	4164	2398	1650	0031
特	布	一	一	幸	乞	鉴	察	湖	南	省	政	府	主
1598	0149	6943	0661	1359									
席	何	键	叩	宥	SEAL								

资料来源：日内瓦国联与联合国档案馆藏李顿调查团档案，卷宗号：S38。

62. 中华民国四川省綦江县商会等团体来电

上海吴市长转国联调查团公鉴：

日本自去年九月擅开兵衅，以武力抢占我辽宁吉黑各省，屠杀我士农工商各界，继用灭韩故智，支使国奸组织"满蒙新国"，借以破坏我国之统一，更以扰乱东亚之和平。我国人为尊重国际盟约起见，曾极端隐忍，不以武力相较；而日本以为暴力得逞，复于本年一月，用海陆空军全力向我驻防上海之军队猛攻，施放毒炮，乱抛炸弹，我国人之生命财产受其横暴摧毁者不可胜数。我驻防上海军队为国家自卫计，为民族生存计，为维持世界正义与拥护国联决议计，乃有迫不得已之抵抗，历时月余。日军所到之地，烧杀掳掠甚于盗贼，民心愤激异常。我军为尊重友邦之调停，已于本月二日退守第二防线，静候国联之解决。

贵团奉命来华调查此案真象［相］，应请将日本凶横残暴与掠夺我国领土、摧残我国人民所受之一切损失，尽量报告于国联，并望转请国联站在本身职责立场上，本着正义公理，制止日本暴行，责令赔偿损失。否则，公理不伸，听日本之自由行动,我中华民族为求生存,亦惟取自卫方法继续抵抗,宁为玉碎不求瓦全,将来战祸扩大,影响世界,日本固应负责,而国联恐亦失却威信也。法团等代表吾邑六十万民众所为,诚恳请求于贵团者胥在此也。

欢迎贵团盛驾并祝健康。

中华民国四川省綦江县商会(印)农会(印)工会(印)同叩　养

中华民国二十一年三月二十二日

资料来源:日内瓦国联与联合国档案馆藏李顿调查团档案,卷宗号:S38。

63. 中国国民党湖北省武昌县党部来电

南京外交部译转国际调查团诸君公鉴:

自日本于去岁九月十八日,调遣大兵侵我东北诸省以来,其种种暴行,稍有人心者定不忍为。我政府当局为尊重国际盟约计,故尔一再退让,百般容忍;讵彼仍侵略无已,得寸进尺。东北民众被屠杀之血痕未干,犹复派遣十余万虎狼日军移师东南,使国际贸易之上海市场一瞬间变为焦土矣。我军守土有责,势不能不与彼獠作自卫之抵抗。但日本豺狼成性,所过十室九空,我华民之生命财产被葬于残酷之枪炮中者,实不可数计。言念及此,不禁愤慨!

贵团受国际联盟使命,莅临敝国调查日本暴行真相,借作裁制之根据。此种为伸正义之行动,实世界和平之救星,尚希详切调查,伸张正义,使神圣之国际盟约不致因暴日而破坏无余。假日本阳奉阴违,我四万万同胞决以最后之一滴热血与彼獠作长期之自卫抵抗,宁为玉碎勿为瓦全。

本部谨代表全县民众向贵团作十二万分之诚意欢迎。

临电迫切,不尽所言,敬希鉴察是幸。

中国国民党湖北省武昌县党部(印)叩　筱　印

资料来源:日内瓦国联与联合国档案馆藏李顿调查团档案,卷宗号:S38。

64. 镇江报业公会来电

| 来报纸
RECEIVING | | | | 中国电报局 | | | | 本局号数
JOURNAE. NO. __311__ | | | |

财务部无线电报
RADIOGRAM OF MINISTRY OF FINANCE

由 From	xqke			附注 —REMARKS—	交 TO			
时刻 Time	22 H	点 00	分 M		时刻 Time	点 H	分 M	
签名 By					签名 By			

原来号数 TELEGRAM NO.	280	等第 CLASS	s	字数 WORDS	211
发报台 Station from	镇江 XQKS	日期 Date	27th	点 H 17	分 M 30

NANKING

1120	0074	6752	6567	0948	5114	6148	2686	0957	0957	7022	2621	7319
外	交	部	转	国	联	调	查	团	团	长	李	顿
3635	1102	2555	0677	0957	0765	0361	7003	6175	0361	1902	3544	
爵	士	暨	各	团	员	钧	鉴	诸	公	惠	然	
5146	0171	4158	4212	3247	3337	7035	1971	4027	0037	1906	1748	
肯	来	目	睹	淞	沪	间	惨	痛	之	情	形	
4275	1095	0037	3807	6272	3981	4249	0710	0948	3046	0037	1804	
破	坏	之	现	象	当	知	吾	国	民	之	忍	
5082	0500	5280	2107	2123	0500	5267	5387	0149	4453	1653	4248	
耐	力	与	抵	抗	力	至	若	何	程	度	矣	

(续表)

0710	0322	3634	0361	3810	3634	0086	6670	3634	0013	3954	0735
吾	侪	为	公	理	为	人	道	为	世	界	和
1627	6210	0110	0577	0059	0433	3583	1820	2456	6175	0361	5903
平	谨	以	十	二	分	热	忱	於[于]	诸	公	表
4355	2970	6601	0710	0022	5478	3046	0948	1466	3981	2450	6644
示	欢	迎	吾	中	华	民	国	属	当	新	造
2478	5388	0364	3934	0037	5585	1693	0642	6685	6775	2420	0037
既	苦	共	产	之	蔓	延	又	遭	邻	敌	之
0187	2252	2450	5113	3954	7173	0505	0500	0110	0735	1627	0022
侵	暴	新	闻	界	虽	努	力	以	和	平	中
2973	4161	0517	0536	5079	0459	3423	6665	3928	4377	4842	6665
正	相	勉	励	而	刺	激	过	甚	神	经	过
2404	5074	3719	3992	1375	2001	0037	7411	3020	3020	4099	3932
敏	者	猜	疑	冤	愤	之	余	每	每	发	生
2185	5079	6382	7145	0037	1927	6175	0361	2974	0171	6214	2494
挺[铤]	而	走	险	之	想	诸	公	此	来	证	明
0361	3810	0086	6670	0037	2607	3319	2456	0013	3954	2456	2053
公	理	人	道	之	未	减	於[于]	世	界	於[于]	我
3046	5883	4737	4377	0006	0037	1983	5659	1344	1353	3634	4135
民	众	精	神	上	之	慰	藉	安	定	为	益
5267	1122	0710	0322	5268	6200	0037	7411	2577	2239	5907	6134
至	多	吾	侪	致	谢	之	余	更	掬	衷	诚
2456	6175	0361	0086	2706	0006	5903	4355	0207	0117	6966	3068
于	诸	公	人	格	上	表	示	信	任	镇	江
1032	2814	0361	2585	1359							
报	业	公	会	宥							

资料来源:日内瓦国联与联合国档案馆藏李顿调查团档案,卷宗号:S38。

65. 武昌县商会筹备委员会来电

南京外交委员会转国联调查团委员公鉴：

吉报传来，欣悉贵团奉命莅华，实施调查日本在沪暴行，瞬见公理伸张，和平有望，遂听下风，无任欢忭。

概[盖]自沈案发生，日本以我无抵抗，遂捍然不顾，于最短时间占我三省。我国政府及民众再四容忍，总希以公理战胜强权。讵日本野心勃勃，嗣竟发难上海，逞其武力，戮我人民，大好商场顿成瓦砾，是其侵略中国之事实，既益显着[著]，而其违反国联盟约、非战公约及九国公约之行为，尤昭然若揭。我中国人民为民族争生存及维持世界正义与公理，拥护国际盟约，不得不起而抵抗，用救危亡。且我国对于国联决议案始终遵从，日本则置若罔闻，横蛮益肆，于我尊令退兵、停止抵抗以后，更复暗增实力，节节逼进，其破坏东亚和平，实即所以破坏世界和平，当为举世所共弃。

国际联合会乃正义公理之所在，谅能本其职责，制裁日本之暴行，用维国际之神圣盟约而达和平目的。倘或不能依据国际盟约及世界正义，迅采有效之制裁，则中华民族惟有取自卫手段，继续抵抗，国存与存，国亡与亡，绝非能屈服于暴力之下者。

谨电陈词，特表欢迎，伏乞鉴察是幸。

武昌县商会筹备委员会（印）叩　巧

资料来源：日内瓦国联与联合国档案馆藏李顿调查团档案，卷宗号：S38。

66. 武昌纺织业产业公会等团体来电

南京外交部恳译转国联调查团全体委员公鉴：

贵团受国际联盟之使命，作世界和平之救星，海洋夐远，跋涉为劳。本会等谨以十二万分诚意敬致慰问并表欢迎。以贵团责任之重大，必能无偏无私，主持正谊[义]，将日本侵略吾华种种不可磨灭之事实，据实报告于国联，而作制裁暴日之根本。

自九月十八日，暴日调遣大兵、强占我辽吉黑热四省以来，吾国上下咸欲寝其皮而食其肉；只以尊重国联，始终静待公理伸张，得一解决之途径。乃暴日公然目无世界,将国联盟约、九国条约、非战公约生吞活剥,蹂躏无遗。更移师南下,轰炸国际贸易之上海,市场变为焦土,使世界各国咸受其重大损失,极恶穷凶,无与伦比,此不第破坏远东和平,实属向世界挑战。如国联不积极援用盟约制裁暴日,则世界和平从此破产,国际威信扫地无余,所谓国联盟约、九国条约、非战公约,亦不过成为历史上之名词与废纸而已。

吾华除深为国联可惜而外,势必以四万万同胞之头颅热血与暴日作长期之自卫抗争,决不丝毫屈服于强权,使国土有尺寸之丧失。

谨此电达,并祝旅躬康泰。

武昌纺织业产业公会(印)

武昌县码头业公会整理委员会(印)

武昌县五金业公会整理委员会(印)

武昌县理发业公会整理委员会(印)

武昌县印刷业公会整理委员会(印)

武昌县酒饭面点业公会整理委员会(印)

武昌县竹木运输公会整理委员会叩　筱　印

资料来源:日内瓦国联与联合国档案馆藏李顿调查团档案,卷宗号:S38。

67. 中国国民党江苏省宝应县执行委员会来电

顾代表维钧转国联调查团钧鉴:

日本违反国际公约,破坏我国行政、领土之完整,悍然承认东北傀儡政府。本会代表宝应四十万民众誓不承认,并请国联从速采取有效办法,制止日本暴行,促其急速撤退东北日军,以实现国联叠[迭]次之决议。

临电不胜迫切之至。

中国国民党江苏省宝应县执行委员会(印)叩　文　印

中华民国□年□月□号发

资料来源:日内瓦国联与联合国档案馆藏李顿调查团档案,卷宗号:S38。

68. 武昌中华大学来电

外交部电报科　　　　　　　　　　来电第 32426 号
参谋本部直辖无线电台　　　　　　　本台号数　307

由 From	xhh			交 TO		
日期	27	附注 —REMARKS—		时刻 Time	点 H	分 M
时刻	18：45					
签名 By				签名 By		

原来号数 TELEGRAM NO.	54		等第 CLASS	2	字数 WORDS	472
发报台 Station from	Xhh	日期 Date	27/3	点 H	16	分 M	00

X09	1120	0074	6752	6567	0948	5114	6148	2686	0957
	外	交	部	转	国	联	调	查	团
7812	7319	1201	0765	7022	2555	7796		5072	4135
黎[李]	顿	委	员	长	暨	麦		考	益
5514	2251	0344	5012	6671	3643	5618	1441	6175	1201
葛	提	克	罗	达	尔	萧	尼	诸	委
0765	0361	7003	2480	2609	0042	2962	2069	1775	0013
员	公	鉴	日	本	乘	欧	战	后	世
3954	0677	0948	0128	9502	3932	1873	0037	2514	2542
界	各	国	休	养	生	息	之	时	暗
0208	6511	0271	2494	2457	0187	3970	6602	1628	0110
修	军	备	明	施	侵	略	近	年	以
0171	0961	6678	2639	0367	7650	0691	3747	7218	0037
来	在	远	东	具	鲸	吞	独	霸	之
6851	1800	5583	6018	7024	2073	7030	2397	0031	1728
野	心	蔑	视	门	户	开	放	主	张

(续表)

1570	2230	1779	2053	2639	0005	4164	4842	3444	0794
已	掠	得	我	东	三	省	经	济	商
2814	6993	6670	2773	2651	0677	4467	6327	3293	0037
业	铁	道	森	林	各	种	资	源	之
0327	6390	0966	0143	4544	2456	0637	1628	0046	2588
优	越	地	位	竟	於[于]	去	年	九	月
0577	0360	2480	5659	0656	4850	6233	0366	2478	1779
十	八	日	藉[借]	口	维	护	其	既	得
2938	6672	0646	2742	4766	0427	0365	0187	0148	2639
权	违	反	条	约	出	兵	侵	占	东
0005	4164	6850	6008	0966	2455	6018	0948	5714	4145
三	省	重	要	地	方	视	国	联	盟
4766	0046	0948	0361	4766	7236	2069	0361	4766	1172
约	九	国	公	约	非	战	公	约	如
3541	3670	2053	0948	2609	0735	1627	6134	1942	1415
无	物	我	国	本	和	平	诚	意	尊
6850	0948	7138	0207	5030	5282	6093	0037	2456	0948
重	国	际	信	义	举	诋	之	於[于]	国
5114	3810	0057	2585	4842	1122	2945	0037	2585	6231
联	理	事	会	经	多	次	之	会	议
3082	1353	2480	2609	5711	5280	1201	5748	2897	2457
决	定	日	本	虚	与	委	蛇	横	施
3702	6060	2478	0961	2639	0554	5956	6644	3341	3166
狗[徇]	计	既	在	东	北	制	造	满	洲
0948	3634	0691	0164	0037	0443	2975	1788	2456	0093
国①	为	吞	并	之	初	步	复	于	今
1628	0001	2588	0579	0360	2480	0110	7120	2069	7130
年	一	月	廿	八	日	以	陆	战	队
1416	6841	3247	3337	0028	4737	5478	2076	0961	4147
寻	衅	淞	沪	凡	精	华	所	在	尽

---

① 编者按:"满洲国"是伪政权。

（续表）

0102	0447	3500	2053	6511	0008	1779	1571	5079	2019
付	劫	灰	我	军	不	得	已	而	应
2069	2301	0366	1730	2552	0613	2076	0110	4850	6233
战	摧	其	强	暴	即	所	以	维	护
0735	1627	0202	2170	0948	7138	2742	4766	0037	2400
和	平	保	持	国	际	条	约	之	效
6500	0093	3981	0948	5714	3676	0446	1129	2585	3082
力	今	当	国	联	特	别	大	会	决
6231	2714	0361	1580	0110	1775	6684	6311	0957	0356
议	案	公	布	以	后	适	贵	团	全
7555	1201	0765	5539	2053	0079	3337	2053	0356	0948
体	委	员	苍	我	京	沪	我	全	国
0086	1102	5903	4355	2817	6134	2017	3583	3525	0037
人	士	表	示	极	诚	恳	热	烈	之
2970	6601	6311	0957	2974	2945	2639	0171	0649	0948
欢	迎	贵	团	此	次	东	来	受	国
5714									
联									
0037	5445	0917	0169	0730	1424	0370	0110	6148	2686
之	庄	严	使	命	尚	冀	以	调	查
2076	1779	4176	6272	2609	6175	0361	3810	2973	5030
所	得	真	象[相]	本	诸	公	理	正	义
1032	0707	3810	0057	2585	0455	5932	2480	2609	2371
报	告	理	事	会	制	裁	日	本	扰
0052	2639	0068	0735	1627	5583	6018	0948	7138	2938
乱	东	亚	和	平	蔑	视	国	际	权
1218	0037	2552	5887	0220	2639	0005	4164	0644	3247
威	之	暴	行	俾	东	三	省	及	淞
3337	5926	0187	3970	6451	6497	0966	2455	1779	0110
沪	被	侵	略	蹂	躏	地	方	得	以
6703	2053	0031	2938	0017	3945	2480	2609	2351	6298
还	我	主	权	并	由	日	本	担	负

（续表）

6341	0326	2275	1364	0037	6307	0117	0463	0013	3954
赔	偿	损	害	之	责	任	则	世	界
2455	5174	3057	0036	0735	1627	0086	7352	0035	
方	能	永	久	和	平	人	类	乃	
1779	5261	3945	0037	1630	4395	0229	0008	5174	1172
得	自	由	之	幸	福	倘	不	能	如
2053	0356	0948	0086	1102	2974	4467	2584	0144	0037
我	全	国	人	士	此	种	最	低	之
7349	2598	0463	2053	0948	0008	1917	6850	1129	0037
愿	望	则	我	国	不	惜	重	大	之
3686	3673	5280	2480	2609	7022	2601	2107	2123	0110
牺	牲	与	日	本	长	期	抵	抗	以
7110	2974	2371	0052	2639	0068	0644	0013	3954	0735
除	此	扰	乱	东	亚	及	世	界	和
1627	0037	4393	2704	5259	7193	0008	0524	4162	4411
平	之	祸	根	临	电	不	胜	盼	祷
0037	5267	2976	2490	0022	5478	1129	1331	0361	0661
之	至	武	昌	中	华	大	学	公	叩
3174									
洽									

资料来源：日内瓦国联与联合国档案馆藏李顿调查团档案，卷宗号：S38。

69. 豫南特别区抚绥委员会来电

外交部电报科　　　　　　　　　　　　　　　来电第 32527 号

来报纸　　　　　中国电报局　　　　　本局号数

RECEIVING　　　　　　　　　　　JOURNAE. NO.　302

THE　CHINESE　TELEGRAPH　ADMINISTRATION

局

_____ OFFICE

由 From	CP　31			附注 —REMARKS— BF KW P 30/3 PL NK DELLVER TO 0948 5114 2686 0957 FOR SHAL PL 1121 0074 6752 RETU FOR US MAR31 RM.	交 TO		
时刻 Time	18	点 H	55	分 M		时刻 Time	点 H	分 M
签名 By	（?）				签名 By		

原来号数 TELEGRAM NO.	68/49/525	等第 CLASS	SSS	字数 WORDS	408W
发报局 Office from	KWABNGCH OWHO	日期 Date	27	点 H	11	分 M	20

NANKING

0702	1597	7022	6993	1004	6567	0948	5114	6148	2680	0957	0361	7003	1980
吴	市	长	铁	城	转	国	联	调	查	团	公	鉴	概[盖]
5261	2480	2609	0187	2053	2456	0093	2422	0577	1628	5079	3938	1800	0037
自	日	本	侵	我	于	今	数	十	年	而	用	心	之
1771	6080	6060	0037	3701	3541	1172	2974	2945	0057	0115	2974	2945	2480
狠	设	计	之	狡	无	如	此	次	事	件	此	次	日
2609	2242	2653	3055	3505	2973	0961	0810	1775	0037	7139	6375	0564	2455
本	乘	我	水	灾	正	在	善	后	之	际	"赤匪"	方
1769	5126	3237	0037	2514	1129	5282	1379	2053	0145	2053	6697	3476	1161
待	肃	清	之	时	大	举	寇	我	占	我	辽	沈	夺

（续表）

2053	0679	7815	4991	0948	5114	6226	0707	2456	0008	7357	6018	7236	2069
我	吉	黑	置	国	联	警	告	于	不	顾	视	非	战
0361	4876	1172	3541	3670	4545	1788	1129	4675	1597	1778	1379	2053	3247
公	约	如	无	物	意	复	大	简	师	徒①	寇	我	淞
3337	1835	0001	5282	5079	0007	2053	7445	6757	6612	2053	3634	1004	0007
沪	思	一	举	而	下	我	首	都	迫	我	为	城	下
0037	4145	5659	0110	6567	4448	0948	7139	0037	6018	4848	5079	2237	0366
之	盟	藉[借]	以	转	移	国	际	之	视	线	而	掩	其
0961	2639	0554	0037	2995	1771	2974	4583	2552	5887	0037	4814	2654	4160
在	东	北	之	残	狠	此	等	暴	行	之	结	果	直
2234	0604	1364	2053	0020	5478	3046	2469	3932	1317	7035	2234	0613	2076
接	危	害	我	中	华	民	族	生	存	间	接	即	所
0110	4275	1095	0013	3954	0735	1627	5079	0008	1865	5280	5282	0013	3634
以	破	坏	世	界	和	平	而	不	恤[惜]	与	举	世	为
2420	2053	0006	3189	7465	6511	0008	1804	0169	2053	3046	2469	3932	0385
敌	我	上	海	驻	军	不	忍	使	我	民	族	生	命
	1783	2448	5079	2447	0948	5114	1218	0207	3940	2508	5079	1077	0086
	从	斯	而	斩	国	联	威	信	由	是	而	堕	人
7352	2973	5030	5261	2974	5079	0072	6659	3015	3544	2231	0648	2973	3981
类	正	义	自	此	而	亡	遂	毅	然	采	取	正	当
0037	2107	2123	2601	0155	2583	1775	0037	0455	5932	3544	3730	6383	6175
之	抵	抗	期	作	最	后	之	制	裁	然	犹	诉	诸
0948	5114	7224	0230	5932	0445	0028	2974	1201	2575	3061	0356	0037	5388
国	联	静	侯	裁	判	凡	此	委	曲	求	全	之	苦
1899	3981	3634	1131	0007	2076	0304	6015	2974	2945	6311	0957	0008	6588
心	当	为	天	下	所	共	见	此	次	贵	团	不	辞
5329	5388	6678	6670	0467	0171	2601	0110	0735	1627	0037	2455	1709	0155
艰	苦	远	道	前	来	期	以	和	平	之	方	式	作
2978	3981	0037	6403	3082	2411	0948	0086	1102	2817	5903	2970	6601	1424
正	当	之	解	决	敝	国	人	士	极	表	欢	迎	尚
4362	4426	0361	3400	2686	6116	3634	0701	1032	0523	0169	0948	5114	1214
祈	秉	公	澈[彻]	查	详	为	呈	报	务	使	国	联	威

① 编者按：原文如此，不达意。

（续表）

0207	1779	0110	4850	4941	0013	3954	0735	1627	1779	0110	0202	2170	1172
信	得	以	维	系	世	界	和	平	得	以	保	持	如
2508	0463	1053	0948	3046	5883	5261	3981	4550	6134	2340	6233	4247	1807
是	则	我	国	民	众	自	当	竭	诚	拥	护	矢	志
0191	2052	0694	0463	3634	3630	0022	5478	3046	2469	0037	3932	1317	4850
促	成	否	则	为	争	中	华	民	族	之	生	存	维
6233	0013	3954	0037	0735	1627	5280	0948	5114	4145	1766	0037	4377	5110
护	世	界	之	和	平	与	国	联	盟	约	之	神	圣
1919	2589	2231	0648	5261	5898	2087	3008	2107	2123	0451	1648	1380	3634
惟	有	采	取	自	卫	手	段	抵	抗	到	底	宁	为
2973	5030	1164	7595	5079	3686	3673	0008	3634	1730	2938	1448	6592	5079
正	义	奋	斗	而	牺	牲	不	为	强	权	屈	辱	而
3061	0356	3189	2661	4258	3620	0008	3524	2448	6056	1129	7161	0689	1311
求	全	海	枯	石	烂	不	渝	斯	言	大	雅	君	子
5074	0366	7003	0377	6276	0589	3676	0446	0557	2329	4840	1201	0765	2585
者	其	鉴	诸?①	豫	南	特	别	区	抚	绥	委	员	会
1359													
宥													

资料来源：日内瓦国联与联合国档案馆藏李顿调查团档案，卷宗号：S38。

70. 中国国民党湖北襄阳县党部整理委员会来电

北平顾代表维钧译转国联调查团钧鉴：

自去岁日帝国主义者非法出兵以来，占我东北，侵我淞沪，铁蹄所至，备极惨酷。凡我同胞，莫不发指，早欲背城，借一以雪不共戴天之恨。只为尊重国际和平，故尔处以镇静，听候国联会议解决。

乃彼暴日近竟承认满洲伪国组织，查满洲傀儡政府内部一切行政设施均操诸日人之手，借组织满洲伪国之名，行侵占中国领土之实。此种行为显属蔑

---

① 编者按：未能查到0377对应的汉字。原文作者写了"诸"并画上问号。显然，译电员亦不能处理，故维持原貌。

视国际盟约,破坏我国领土完整,若不予以制裁,则不能保持国联之威信,维护世界之和平。

本会为挽救中国危亡、促进世界和平计,谨率全县党员誓死否认东北傀儡组织以作政府后盾。用特电达贵代表,务希转请国联调查团,本主持正义之初衷与调查所得之结果,据实报告国联,迅予制裁,以维我民族生存,保我领土完整。

临电无任愤慨企盼之至。

中国国民党湖北襄阳县党部整理委员会(印)叩　马　印

资料来源:日内瓦国联与联合国档案馆藏李顿调查团档案,卷宗号:S38。

71. 江苏松江松社及松报社来电

敬启者:

此次诸君奉国联使命,不辞艰险,远涉重洋,在国联谋和之诚,亦可以昭告天下焉。

查九一八之后,日本所借口者,中村之失踪,姑遑论中村有无其人,惟以一中村而废国联和平之约,破敝国领土之权,假名保侨,实行侵占,蔑视国联,莫此为甚。此诸君所宜注意者一也。

敝国亦国联会员之一,自受日本侵略,敝国为尊重国联条约起见,弃甲兵之用,听命国联,信仰之心始终未衰,此敝国拥护国联之精神。此诸君所宜注意者二也。

至淞沪之役,敝军守土有责,抵抗实出自卫,而战区败瓦颓垣、伤心惨目,无一非日军炮火所赐也。诸君曾经调查,当不河汉斯言,则戎首之归狂日也明矣。此诸君宜注意者三也。

夫欧战以还,列国感战争之苦,始有国联会之组织,为世界和平保障。今日本乘各国多事之际,挟持武力,侵凌敝国,则破坏世界之责事实俱在,百喙难辞。此诸君所宜注意者四也。

窃念国联会之成立于今多载,然受理之事件未有如此次中日之艰且巨者,万国观瞻所系,其处理之得失,攸关国联尊严匪浅。诸君受命于国联,国联即诸君也。愿诸君持公正之谊[义],宏谋和之猷,则事理得平而和可期矣。中国幸甚! 世界幸甚!

谨上国联调查团。

江苏松江松社、松报社同人启

中华民国二十一年三月二十六日

资料来源：日内瓦国联与联合国档案馆藏李顿调查团档案，卷宗号：S38。

72. 中华国货维持会说帖

（信封）航空单挂号（邮票）

南京城内

外交部部长罗钧启

上海九亩地高墩街　中华国货维持会秘书处具

敬陈者：

　　窃我华不幸，灾祸频来，洪水洋溢于国中，共党"猖獗"于境内。我国府救灾弭患，煞费经营。乃东邻暴日幸灾乐祸，包藏祸心，突于去岁甘冒不韪，袭取沈阳，继陷吉黑，尤复卵翼奸佞，成立所谓满洲伪国，挟无厌之贪求，视中华如无物。举凡国联盟约、非战公约、九国公约等，均为之一手撕破，肆无忌惮。更于今年一二八，在我沪市长忍痛承认彼之四条要求后，突起兵衅，攻我淞沪，挟其海陆空军之淫威，横施轰炸、恣意摧残，暴力所至，庐舍为墟，我军民同胞之生命、财产为其牺牲者，罄竹难书。呜呼！是诚人类之婪〔蟊〕贼、世界之公敌也！敝会痛愤之余，特举左列各端，率直上陈，幸赐垂鉴，迅予转达国际调查团诸君，借明真相。

　　一、日本并未向我宣战，何得乘我水灾严重、朝野救恤不遑之时，骤起重兵，袭取辽吉黑三省及淞沪等处；现仍继续增援，节节前进，迄无止境，实为盗劫行为！

　　一、日本在上海提出四条无理要求，我市政府因尊重国联盟约之和平宗旨起见，故竭力退让。于一月二十八日照覆〔复〕日领，全数忍痛允诺，日领已表示满意。何以日军又于当夜无故进攻闸北？

　　一、日本调兵来沪，借口保护日侨。但闸北、江湾、吴淞、真茹、苏州、宝山、嘉定等并无日侨之处，何以日军亦任意杀人放火，虐害商民，轰毁一切公私建筑物，致成一片焦土？可怜毫无防御之无辜人民，被日军残杀者数万人，此岂保侨之所应为乎？可视为毫无人类①性之残酷行为。故日本者乃国际之公害，世界人群之危险物也。

一、日本每借口谓中国状态不安，故进兵维持安宁云云。然日军未来之前，中国状态均甚安宁，侨居上海之中外人士亦历来相安无事。自日军无端进攻华界后，方始状态大不安宁，故不安宁之状态全是日本所一手造成，与强盗扰乱治安同。

一、中国屡次郑重声明负责保护日侨，故日本本无调兵来沪之必要。目前，只须日军撤退回国即可平安无事，实无撤军条件之可言。乃日本强要提出撤兵条件，其居心之狠毒，与强盗硬欲劫赃无异。

一、我华军并未至任何日界，故中国不能负任何责任。而日军则进攻华界，致华军被迫起而自卫，遂有此次中日战争。故日本为战争之发起人，应负一切责任。

一、此次日军无端进攻华界，炮火连天，杀人盈野。我军被迫自卫，始终未取攻势，事实昭著，有目共睹。

一、日军曾向我表示：希望华军自动撤退至离租界二十基罗米突［千米］，日军亦愿自动撤退，决不欲占中国领土等语，言犹在耳，世界共闻。乃待至我军自动撤退超过上述距离地点之后，日军不特食言不即退兵，反而进占闸北、江湾、吴淞、真茹、宝山等中国土地，犹以为未足，更进攻至二十几基罗米突［千米］之外。

是日本得寸进尺，毫无满意之止境，其贪得无厌、势非吞占我全世界版图不止。不特视我国如无人，即视国际联盟全体签约会员国亦如无物。其野心之险毒、居心之残忍已达极点。是故欲求世界之和平，非先行共起，以有效方法立即制裁暴日不可，譬之强盗任意杀人放火，非立即先以有效方法制止不可。制止之后，再以法律手续调查案情，依法治罪方为正办。否则，恐待至调查完毕时，已尸横遍野，成为一片焦土矣。

上述各端均为确切之事实，为世界各国所共晓。我国当此生死存亡、千钧一发之际，一面亟应全国上下一致团结，群策群力，共起御侮；一面钧座秉承大无畏之精神，发挥革命外交之手腕，宣布暴日之罪状，不屈不挠，以实现我国府所定不签任何辱国丧权条约之政策。凡我同胞，誓愿拥护，迫切直陈，不胜屏

---

① 编者按：原文如此，"类"为衍文。

营待命之至。

谨上外交部部长罗。

中华国货维持会（章）

中华民国二十一年三月二十五日

资料来源：日内瓦国联与联合国档案馆藏李顿调查团档案，卷宗号：S38。

73. 汉口市扬子江中段领江公会来电

上海市政府吴市长转国联调查团诸先生均[钧]鉴：

自日本恃强侵占敝国东北以来，历经国联决议，限令撤兵。日本不但不遵守国联议案，反变本加厉，指使便衣队捣乱天津，更以海陆空全力造成沪渎空前未有之惨剧，毁灭我精华，摧残我文化。其破坏世界和平之陈迹，昭示中外；并利用反宣传，希图掩饰，朦[蒙]蔽国联。殊不知国联早已窥破其隐，毅然委派贵团实地调查。音讯传来，踊跃三百。

今值诸先生绕道东来，莅止沪上，负和平之使命，究是非之曲直，个中真象[相]不难明悉。如日本欺骗、污蔑之种种伎俩，当不攻自破。敝会代表同人，以竭诚欢迎之余，并表示欣感之忱，尚盼贵团主持正义，维护和平，望将调查情形据实报告国联，务对于日本侵略吾敝国之暴行，请依据盟约予以有效之制裁。幸勿为暴日所欺，致失国联威信，破坏世界和平。

特电欢迎，兼陈梗概。敬祈台察，不胜企祷。

汉口市扬子江中段领江公会叩　巧

中华民国二十一年三月十八日

资料来源：日内瓦国联与联合国档案馆藏李顿调查团档案，卷宗号：S38。

74. 四川会理县商会等三十余团体来电

第二一七号

国急！上海吴市长转国联调查团钧鉴：

窃敝国不幸遭遇暴日，民族垂危，火热水深。兹承贵团诸先生远涉重洋，辱临敝国，调查真像[相]，判别是非，全国民众若旱望云霓。素稔诸先生皆文明国家最高尚之人格，必能主张最有价值之正义，不畏强权，以留千万世之殊绩而不辱国联之使命，岂但我全国四万万人民顶祝不朽，即世界弱小民族亦歌功颂德无涯矣！特电欢迎，诸乞垂察。然我全县百万人民又不能已于言者，聊为我贵团先生陈之。

夫吾国频年以来，东南各省遭水灾者数十县，西北各省遭旱灾者亦数十县，被共党"蹂躏"者又数十县①，难民已达数千万之多，若非兽类，无不悯其疾苦。且查自古有人类团体而未似今日，进化时代均知邻国有灾而往吊之，是救灾恤邻乃人类良知之表现。今日本岛国号称文明，前之种种欺凌压迫所酿惨案姑且不论，去岁当吾国遭遇亘古未有奇灾之际，乘机出兵，霸占我辽吉黑热诸省，残杀抢掠，耳不忍闻，目不忍见。以我东北军队之能力本足以驱逐出境，然所以节节退让者，因秉承国民政府之命，尊重国联盟约、九国公约、非战公约，静待解决。乃暴日恃强残忍，目空一切，不知有国际，不知有非战公约，更不知有九国公约，忽相继统率海陆空军直抵上海，烧毁我文化机关、人民房舍，淫威残杀，惨无人道。诸先生驾临沪上，十目十手，事实俱在，不待赘陈。窥其用意，是欲企图灭我中华民国，进而残杀世界人类，征服世界各国，以武力而统一全球。恃其强权，颠倒是非，蒙蔽国联，违反国际盟约、非战公约、九国公约。我军队为自卫计，不得已乃出而抵抗，是为民族图生存，维持世界正义与公理，拥护国际盟约与国联决议。若日本者直接攻击中国，间接即是摧残国联；直接破坏东亚和平，间接即是破坏世界和平。国际联合会果能始终主张正义公理、制裁暴日，是直接维持国际之圣神［神圣］盟约，间接即是维持世界人类之生存。中华民族感戴无既矣！否则，不能依据盟约，主张世界正义，迅采有效之制裁日本侵略我国之暴行，则我中华民族惟有自卫，继续抵抗，誓与蛮日长期奋斗，宁为玉碎不为瓦全。然此主张正义公理，维持世界和平，拯救世界人类，皆在诸先生此行能否不畏强权，主张世界正义，一转念间而定。

临电迫切，不胜盼祷之至。

四川会理县商会（印）、农会（印）、
工会（印）、教育会（印）、妇女协会（印）
等率所属人民三十余团体同叩　江
五月廿一日

资料来源：日内瓦国联与联合国档案馆藏李顿调查团档案，卷宗号：S38。

---

① 编者按：此处作者立场反动，特告。

75. 房山县各机关各团体来电

收文第一六二号

北平市政府转国际调查团诸公钧鉴：

贵团来华，闻风雀慰；此番莅平，尤所欢欣！伏维自去岁九一八以来，日本妄以武力强占我东三省，惨暴行为指不胜屈，迭承国联大会协议裁制。乃暴日悍然不顾，且复变本加厉，利用贼团组织傀儡政府，恣所欲为，毫无忌惮。近顷淞沪一带日军暴行，想经贵团调查，定能明其责任。日本倘知世界有正义，在国际有公约在，自应于贵团到华时，立撤淞沪及东三省各地驻军，不惟国联尊严得以表现，即彼邦当局在满毫无领土野心之口头禅，亦足证明。若夫中日间一切悬案，倘本共存共荣之旨，从长集[计]议，解决途径不难立寻，亚东和平且资保障。今日本不此之务，妄逞武力，是徒招敝国人民之反感，使东亚时局日趋严重，驯[迅]将牵涉国际，陷世界于极度不安也。

贵团诸公世望所归，且负世界和平之使命，民等谨代表房山十八万人民敬致钦仰之忱，并乞贵团诸公于到达东省时，勿为日本蒙蔽，务本坚决之精神，作缜密之调查；将日方所有暴行及操纵傀儡政府内幕，与夫凭借暴力威胁所造成一切为敝国人民绝不承认之事实及协定，迅速报告国联大会，根据迭次决议，予以正当裁制，俾敝国领土保持完整，主权丝毫不失，行见中日亲善，东亚长宁，国际祥和，大同立致。非然者，我房【山】十八万人民亦惟有本其酷爱和平之天性，拥护国联盟约尊严及决议，以尽国际最高道德之义务，且进而以铁血精神为政府后盾，与日本作长期奋斗，成败利钝曷敢计及？区区微意，敬以电闻，伏维鉴察。

虔颂贵团诸公康健。

房山县各机关各团体同叩　佳

房山县县农会(印)、房山县教育会(印)、房山县教育局(印)

房山县财务局(印)、房山县商会(印)、房山县建设局(印)

房山县立初高级小学校(印)、房山县立初高级女子小学校(印)

中华民国二十一年五月□日

资料来源：日内瓦国联与联合国档案馆藏李顿调查团档案，卷宗号：S38。

76. 湖南省华容县教育会等团体来电

第一六五号

南京国民政府外交部译转国联调查团主席李顿爵士暨列列委员钧鉴:

慨[盖]我东北沦陷,淞沪破碎,暴日给与[予]我国之侵占、轰击、残杀者,盖无所不用其极也。近更妙想天开,唆使逆贼张景惠、袁金铠等假造民意,组织伪国,袭亡韩之故技[伎],逞拓地之野心,淆乱听闻,违反公约,此种毒辣手段早已暴露于世界。我国素爱和平,始终容忍;所恃者,国联间之舆论、制裁、公理、折服耳。

兹幸各委员等联翩莅止,实地调查。眼见我东省金瓯被其并吞,海上繁华仅存瓦砾,所丧失之生命财产更以万万计。言之痛心,思之发指!伏恳各委员等具真确之慧眼,作正义之主张,广搜证据,以为异日制裁张本,则暴行可止,和平可望,国联威信亦可保持也。

临电迫切,毋[无]任翘企之至。

湖南省华容县教育会(印)、华容县商会(印)

华容乡师学生自治会(印)同叩　寒　印

四月卅日

资料来源:日内瓦国联与联合国档案馆藏李顿调查团档案,卷宗号:S38。

77. 中国国民党河南广武县党务指导委员会来电

收文第一六四号

国际联盟调查团公鉴:

查不讲公理、惨无人道之日本,自去岁九一八乘我天灾人祸、救恤不暇之际,突以迅雷不及掩耳之手段,无端出兵占据我东省,蹂躏我地方,惨杀我官民,掠夺我财物。我国当局再四隐忍,不与抵抗,诉诸国联解决,以冀日方觉悟。乃日本不惟违反国际议案,不遵期撤兵,更复调遣大批海陆空军侵占我淞沪,得寸进尺,有加无已。且又怂恿汉奸在长春设立傀儡政府,希图以亡韩故智亡我东北。复向国际间作种种虚伪宣传,谓东北组织政府系当地人民本意,借以混淆听闻而蒙蔽各国,似此种种毒辣手段无所不用其极。窥其居心,无非以期实现其所谓征服中国、征服世界之传统大陆政策。至对于国际公法、非战公约、九国公约,早已毁弃不顾,暴行无忌。我愈示弱彼益强硬,我愈退让彼益进逼,以我地大物博之中国岂屈服日本三岛耶?！我国素称信义之邦,又系国联会员国之一,为保全非战公约与国际公约之尊严,竭力忍耐,不与宣战,种种纠纷全赖国联而解决。

今幸诸公奉命东来,调查中日真相,主持公道,大公无我[私],深为我四万万人民所欢迎,尚盼诸公本公正之态度,作的确之调查,具切实之报告,明真正之是非,早日制止日本侵略,以保我中国领土之完整,而期世界永久之和平,实我全国人民所企踵而盼祷者也。至于日本唆使少数汉奸及废帝溥仪在东北设立傀儡政府借资侵我领土,我全国民众誓死反对、决不承认！若至和平绝望、忍无可忍之时,不能不有最后之准备,决以宁为玉碎不为瓦全之心,以保我民族生存、国家人格。敝会谨率全县十一万民众誓以竭诚欢迎主持公道之国联调查团。

临电迫切,不胜翘企待命之至。

中国国民党河南广武县党务指导委员会(印)叩　微

资料来源:日内瓦国联与联合国档案馆藏李顿调查团档案,卷宗号:S38。

78. 清丰县抗日救国会等团体来电

收文第一三八号

万急！北平市政府转国联调查团诸君公鉴:

诸君为努力人类幸福而来,为实现世界和平而来,谨致十二万分之欢迎和感谢！窃自九一八事变,日本挟其残暴、无人道之举动,夺我东北,复扰我上海。半年来,我沪沈同胞受日本之惨杀、焚烧,无论在我国为奇耻大辱,誓有以报之;其对国联盟约及决议,早已摧毁无余。是以日本此行此举,非特中国之耻,亦世界之辱。我国始终尊重国联,以和平方式解决。盖此和平集团、人道保障,绝不容任何蛮性国家所得而破坏。日本竟不自惭愧,反捏造事实,期以蒙蔽国联,使国联自身堕其尊严。洞达如诸君,务请不为所蒙蔽,其用技[伎]俩、不光明之手段造成东北傀儡政府及用暴力挟制下所造成之一切事实,我民众绝不承认。纵国联有所顾忌,不欲对暴日施正当之裁判,我民众当以铁血精神为政府后盾,与暴日周旋。须知华族一日不亡,奋斗即一日不止。敝国所以如此呼号者，为人道而呼号，为世界和平而呼号，非求国联对我国有所偏袒，果而肇事在我，请加以严重之裁判，当所欣受。

今者东省，我国之领土也，日本已夺为己有矣。上海，我国之腹心也，日本已炸毁无余矣。南京、江浙，我国之首都、畿辅也，日本已肆其毒机到处抛弹矣，满目疮痍，尽成灰烬。设反之日本，日本能受否耶？反假口我国反日为其因，须知我国反日工作是日本侵华不已所造成也，岂我国故意而为之也？远者无论，近者万宝山之惨案、沈阳之袭击、沪上之掠夺与各大商埠之挑衅漫辱，在在均有事实可指，谁直谁曲，尽人皆知。

我尊严之国联能以公正之裁判，为有效之措施，挽和平于既倒，扶人道于将倾，固为我全国民众所馨祷。反之，我国为自卫而战、为民族争生存而战、为实现世界和平而战，与暴日周旋，已具决心，宁为无头鬼不作亡国奴，早为我民众所坚持者也。国联【调查团】——国联和平之使者、国联人道之保障者，国联将如何以裁制暴日也，诸君实负以上之重大使命。

谨翘首以待。

清丰县各机关各团体　歌　叩

清丰县抗日救国会（印）

清丰县旬刊社（印）

清丰县教育局（印）

清丰县建设局（印）

清丰县财务局（印）

清丰县保卫团（印）

清丰县农会（印）

清丰县商会（印）

清丰县教育会（印）

清丰县工会（印）

清丰县民众教育馆（印）

清丰县乡村师范学校（印）

清丰县第一高级小学校（印）

清丰县两级女校（印）

清丰县第一工厂（印）

清丰县农业试验场（印）

清丰县度量衡检定所（印）

中华民国二十一年四月□日

79. 中华民国河南省鄢陵县农会等团体来电

国联调查团公鉴：

　　顷闻贵团远越重洋来调查日本侵略我国东三省及上海情形，不胜欢迎之至！溯自去年万宝山日警戕杀华人案件发生后，又唆使鲜人排华，惨杀华侨，更捕风捉影，借口中村事件，于九月十八日以炮火政策侵略我辽宁、吉林、黑龙江三省，公私财物劫掠一空，宫室房屋延烧殆尽，而三千万无辜同胞受其惨杀者成千累万，穷凶极恶世无其匹。国联公约视若废纸，九月三十日、十二月十日各决议案置若罔闻。我国信赖国联公约与国联决议，步步退让；而彼则节节进逼、日甚一日：一面怂恿溥仪成立"满洲独立国"，用掩耳盗铃手段攫〔攫〕取东北一切权利；又一面派大批海陆空军攻夺商业中心之上海，各地举凡公私建筑、实业文物及生产机关、人民生命财产均轰炸毁伤无遗。我十九路军驻防淞沪，不得已起而抵抗。日本乃复增调大兵十余万布满上海，兵舰数十艘行驶长江，战区扩大数百里，杀戮惨状虽欧战亦难比拟，此为上海各邦友人所共见共闻者。野心不死，犹复狡计百出，宣传【于】国联，反诬我国为排外，淆惑友邦之听闻，借口出兵以保侨，掩饰侵略之野心。其种种阴险行为，实世界人类所共弃，国际公约所不容。

　　幸贵团负有维持世界和平之伟大使命，当能站在正义公理与本身职责之义务上，实地调查其侵略我国之种种情事及人民生命财产之损失，速采有效方法制裁暴行，以维持国际盟约之神圣，使双方事件公平解决，东亚和平不至再破裂，世界和平永久存在。则不惟我中华民族感激，即世界人类亦受贵团主张公道之实惠矣。

　　临电迫切，诸维垂察！

中华民国河南省鄢陵县

农会（印）、工会（印）、教育会（印）、商会（印）

妇女协进会（印）、学生自治会（印）、民众教育馆（印）同叩　俭

80. 河南广武县教育会及农会来电

国联调查团钧鉴：

中国素为信义之邦，向以和平友睦为国际交谊之基础。当一九二四年日本地震成灾，中国踊跃捐款，极力赞助，谅为世界所洞悉。而日本不顾国际公法、人道正义，乘我国天灾人祸、世界经济恐慌之际，假借中村事件侵我辽吉。中国政府为遵重[守]国联盟约，迭次退让，以求公理之裁判。日本大用欺骗外交，以调防为撤兵，以侵略为保侨，忘[妄]发谬论，蒙蔽国联。国联大会乃派贵团切实调查，借明真相，以便依法解决。但日本为掩饰其侵略行为、避免国联制裁起见，借其优越武力，勾结汉奸，怂恿溥仪组织傀儡政府，希图以亡朝鲜之故技[伎]亡我东省。此种暴行不但破坏中国主义[权]独立与领土完整，且将国联盟约、九国公约毁弃无余。

望贵团根据事实，秉公澈[彻]查，主持公道，详报国联，使各会员国各出海陆空军之实力，组织军队，以维护联合会盟约之尊严，以完成其伟大使命。否则，我国民众为保存国家主权、民族生存，必发挥自卫能力，抵抗到【底】，宁为战死鬼，不做亡国奴！

临电翘企，不胜盼祷。

河南广武县教育会（印）、广武县农会（印）叩　虞

资料来源：日内瓦国联与联合国档案馆藏李顿调查团档案，卷宗号：S38。

81. 新乡县农会等团体来电

上海吴市长转国联调查团钧鉴：

慨[盖]自欧战而后，世界列强咸以战争危害人民生命、阻碍社会进步，乃有国联盟约、非战公约及九国公约之同盟，借以维系世界和平，增进人类福利；敢有犯者，必共弃之，大法明章，人所共知，法至善而意至美。不料，日本野蛮性成，强暴有素，竟于中华民国二十年九月十八日，恃其武器之锐利，甘冒不韪，破坏和平，出兵据我东省、扰我平津，我人民之死丧、财产之损失不知凡几，丧权失利、可耻可辱，孰过于此！但我当局为维持东亚和平、尊重国际盟约起见，始终容忍。彼乃野心不已，又于二十一年一月二十八日攻我金融中心之淞

沪,得寸进尺,靡有已止。我中华民族为争生存计,为维持世界和平计,不得已而事抵抗。

溯自事变以来,已及半载。日本之暴力有增不已,和会已因飞机犹复示威,嗟神圣盟约推翻,自尔世界和平破坏,亦自尔国联调查团不忍世界正义永远沦湮,毅然远涉重洋来华调查,以期明察真相。必能站在正义公理与本身职责之立场上,秉公查报国联,采有效之手段,制裁日本之暴行。不然,则中华民族为自卫计,必继续抵抗,宁为玉碎不为瓦全!

敝会等谨率全县二十万民众,誓以十二万分之诚意,欢迎我东亚和平使者之国联调查团。

临电迫切,不胜翘念待命之至!

新乡县农会等(印)　叩　陷

新乡县农会钤记(印)、新乡旅馆同业公会(印)

新乡时货同业公会(印)、新乡食品同业公会(印)

新乡□□□□工会、新乡县杂货同业公会(印)

新乡县商会(印)、新乡县药商同业公会(印)

新乡布业工会(印)、新乡县蛋腐产业工会(印)

新乡县建筑业工会(印)、新乡县煤商同业公会(印)、新乡县教育会钤记(印)

资料来源:日内瓦国联与联合国档案馆藏李顿调查团档案,卷宗号:S38。

82. 中华民国南京市农会全体农民欢迎国联调查团来华书

国联调查团诸委员钧鉴:

强邻日本数十年来无日不处心积虑侵略我国,如民国四年(一九一五年)之强据青岛,迫袁世凯签订"二十一条"丧权条约,民国十七年(一九二八年)之济南惨案,去岁之万宝山案及主使韩民惨杀华侨案,以及九一八之侵占东三省及今年之攻占上海,等等。其肆无忌惮,蔑视国联盟约、非战公约、九国公约,灭绝正义公理,实为人类有史以来罕有之暴行。今更进而利用我东北叛逆,以亡朝鲜之故技[伎],造成傀儡独立国,蒙蔽国际耳目,遂其窃夺吞并之阴谋,破坏我领土主权之完整,冀达田中征服全世界之迷梦,其阴狠毒辣举世无匹。

我中华民族酷爱和平,崇尚正义。东三省事变发生,仍能曲予容忍,诉之国联,以期得到公正平等之解决。幸而国联亦本其所负之职责从事调停,以维持国际神圣条约之尊严。我人对国联为公理、人道、正义、和平之努力,自应表示衷心之感谢。惟日本居心叵测,国联决议案不特不能动其毫末,且对于我国日迫日甚。若国联不再取有效之制裁,必致神圣盟约破坏无余,而日本之暴行将日益扩大,则我人为民族争生存,为国家争人格,为拥护国联盟约、决议与国际正义计,决誓死继续抵抗,宁为玉碎不为瓦全,成败利钝非所计及。但我人此种抵抗,实为被压迫民族不得已之自卫,全世界人士当能共鉴共谅也。

贵团膺国联郑重之付托,为世界和平之信使,远涉重洋实地调查,敝会谨代南京全体农民竭诚欢迎! 深盼主持正义,以公正严明之态度报告国联,以达完成国联维持世界和平之伟大使命,此不特我国联会员国之幸,亦乃国联盟约本身之幸也。

南京市农会(印)常务理事林庆隆(章)、朱芳启、倪光和(章)敬启

中华民国二十一年三月□日

资料来源:日内瓦国联与联合国档案馆藏李顿调查团档案,卷宗号:S38。

83. 通县商会等团体来电

国联调查团诸委员公鉴:

日人逞强,诸公为伸正义、为求公理,受国联之委托,不辞劳瘁,远莅中土。吾通县民众实表无限之欢迎与敬意! 数周来,诸公调查沪滨,视察武汉,备受各地民众欢迎,足见吾华人士信赖国联之切与企望诸公之殷也。今诸公行将东往,特陈数语,借表群情。

溯自九一八事变之后,吾国为维护盟约尊严,顾全东亚大局,将事变提请国联大会,冀求公正之判断。乃日本不顾正义,不服决议,逞其淫威,奋其暴行,掠我三省而不足,又复寇我沪江,破坏文化机关,造成远东危局,淞沪战迹,暴行显然。近日人又欲避免国际耳目,造成傀儡政府,连日报端揭载丑行淫为,指不胜屈。考其背景,莫不为日人所指使。凡此,若以暴力造成之一切事实及协定,吾人绝不承认! 诸公若为其蒙蔽,国联若有所顾忌,则吾人为求领土与主权之完整起见,自不难兴师讨伐,长期奋斗,以求我民族之光荣。若是,国际祸端衅自彼开,远东战局罪在日本。务祈诸公做公正深刻之调查,迅速报告国联,祈得有效之处置。东亚幸甚! 吾人幸甚!

区区之意幸公鉴之。

通县商会(印)、通县财务局(印)、通县建设局(印)

通县教育局(印)、通县教育会(印)、妇女文化协进会(印)

通县中医公会(印)、通县理发工会(印)、通县农会(印)

中华民国二十一年四月□日

资料来源：日内瓦国联与联合国档案馆藏李顿调查团档案，卷宗号：S38。

84. 中华普产协会在平会员王搏沙等来电

国际调查团首席黎(李)顿爵士暨各团员公鉴：

自诸公受命国际联盟来华调查中日纷纠问题，我全国人士对于此事之感想可分两派：

(一)欢迎派

其理由谓：国际联盟为主持世界正义、人类公道之机关。诸公者，代表此正义与公道者也。最后，能为被侵略之中国主张正义公道，以裁抑破坏世界和平之日本者。

⋯⋯⋯⋯⋯

列强为中国主张正义公道，以裁抑破坏世界和平之日本，此乃必不可能之事。试观日本屡次违反国联之议决，而国联迄未能予以盟约条文上有效之制裁。今兹调查，亦不过奉行故事而已。此冷淡派之感想也。

敝会同人等向以第一派自居，对于国联有甚深之信仰，对于诸公具欢迎之热诚者也。兹将去岁(一九三一)九一八以来日本向国际虚伪宣传、自相矛盾之事实，逐项驳正，并附吾人所希望国联对于解决中日纷纠正当之途径，谨为我负和平使命而来之诸公一缕陈之：

(甲)日本向国联虚伪宣传之驳正

一、自卫

"不论国家、社会或个人，对于外来不正当之侵犯，起而抵抗，以谋自己之生存"，此自卫之定义也。而日本对于中国，则前清光绪二十年(一八九五[四]年)中日战将起时，为朝鲜事变照会中国文中，即以"自卫"、"无领土野心"为言。试问：近日朝鲜非早已以为日本之领土乎？去岁九月十八夜之变，日军袭击占我沈阳，又以自卫为口实矣。吾国人一闻此名，且惑且惧，何其与并吞朝鲜时所用之词、口吻毕肖耶！

姑无论其所捏造中国军队拆毁铁路之事实，以为中外人士所洞悉，不俟深辩。纵云沈阳自卫，何解于数小时内占领之长春？何解于日内占领之吉林？更何解于在国联议决撤兵后之占领黑龙江及锦州？更何解于嗾使便衣队扰乱天津治安，派遣大军至上海所酿成世界震惊之大战事？由其所言与其所行比较观之，是日本自卫权所达到之地，即其侵略线所到达之地。日本自卫权一日无止境，及吾华被侵略范围一日无止境。窃意日本政府及其军阀脑海中对于自卫之解释，为强国侵略弱国所用一种手段之代名，只许强国假自卫以侵略他人，不许弱国借自卫以自谋生存也，宁非怪事？

二、独立国

"凡一国家领土与政权表里完整，不受国外任何势力之支配"，此独立国之定义也。今日本所强造之"满洲国"则何如乎？挟迫其号称"执政"之前清废帝溥仪，由天津至大连、至长春也，日本人为之代为制定政治制度，以曾充华官者尸其虚名，以日本顾问操其实权也。日本人为之（今闻日本因诸公将至东三省，为涂饰耳目计，令日本顾问暂解职）其他证据指不胜屈。总之，在日本武力统治下，马占山曾持异议，则战而降之；锦州曾设省政府，则战而驱之。今一无拳[权]无勇且受日本卵翼之溥仪与其左右二三书生，若谓其能以自由意志建设国家而非日本之傀儡，其谁信之！况日本之并朝鲜也，亦以强迫其建独立国为第一步骤，史实俱在，彰彰可考，其视"满洲国"不过为朝鲜第二而已。窃意日本政府与其军阀脑海中对于独立国之解释，乃分割【其】他完整国家之一部而嗾使其一方背叛祖国，一方受他国之支配用作傀儡，以为将来并吞之初步者也，宁非怪事？

三、民族自决

"民族自决"一语，为欧战告终时美前总统威尔逊氏所提议十四原则之一，而为全世界所公认、为正义人道之主张者也。然所谓民族自决者，自决之民族，必须具备整个的民族意识，本其绝对自由而不受【其】他野心者之操纵，以此义衡之，吾国辽吉黑三省，今之"满洲国"，古之肃慎。其民族，本为吾炎黄子孙一脉所绵衍；其境域，则吾国历代设官统辖，史册昭垂，斑斑可考。至满清入关后，旧日满族之言语、文字、风俗、制度，久已与我汉族同化。近数十年来，河南、河北、山东、山西诸省人民出关就食者日多，已占三省居民之最大多数。乃日人既占据我三省，又欲扬清室之死灰，使其脱离我中华民国，假"民族自决"之名义掩蔽世界耳目。试问：以历史上、事实上统一文化、毫无分离意识之三省居民，而谓其有自决建国之思想，使非至愚，孰能信之！吾恐威尔逊氏在天之灵必叹息痛恨于当日所倡导之民族自决供近日日本侵略中国之工具也。

窃意日本政府与其军阀脑海中"民族自决"之一名词，为割裂他国整个民族之一部分，强迫其借自决之名而建国，以便受己之支配。易词言之，即"他族代决"之谓也，宁非怪事？

四、生命线

日本欲并吞我三省，乃创造满洲为日本人生命线之说。内以鼓煽其国民，外以淆惑世界之观听。近日《北平晨报·东北问题号》，某氏曾撰"'满洲国'为日本之生命线耶"文，列表详说，证明其谬。纵让万步言，满洲生产果为日本人生活所必须，然世界通商本系以有易无，甲国所产货物原可供乙丙丁各国人民生活之用。倘如日人之说，则美国所需之树胶多取给于南洋群岛，美国即可指南洋群岛为其生命线而夺取之乎？日本所需之石油多取给于美国，所需之棉花多取给于美国及印度，日本即可指美国之石油矿及美国、印度之棉田为其生命线而夺取之乎？即就中日关系言之，日本所需之铁矿矿砂取给于长江者，实较满洲为多，然则我中国沿长江各省亦为日本之生命线乎？此种扩充己国之生命线于邻国之境内，实世界有史以来之创闻，充其说之所至，必强者之生命线可以扩至无穷，而弱者之生命线将断绝无余，豪取强夺，天壤间尚复有弱国存在之余地乎？

窃意日本政府与其军阀脑海中所认为生命线者，乃强国欲侵吞弱国某一地方时所划定之势力范围也，宁非怪事？

五、非战行为

国与国之战争，必履行宣战之手续，此国际通例也。此次日本侵略我中国，始终战而不宣，尤以系地方局部冲突而非战争行为之谎言欺骗国联。试问数百万方里之土地，数千万人口之居民，以武力并吞之，日皇裁可内阁，议决南北出兵，数逾十万，此非战争尚有何事可为战争？利用租界大举进攻，飞机、重炮轰坏我繁盛市场，毁灭我文化机关。我方财产损失至十余万万之巨，双方兵士伤亡皆在数万人以上，此非战争，人间尚有何事可为战争？

窃意日本政府与其军阀脑海中绝不知近世文明国家间正式宣战之意义，与国际公法上应守之战时规约，而但知有部落时代之野蛮斗争及海盗之掠夺行为而已，宁非怪事？

六、对国联表决案

国际会议之适用表决，所以表示某国对于某事赞成或反对之宗旨也，故所投之票即其国家人格之表现。乃去岁九月三十日国联表决日本撤兵也，日本代表投赞成票。十二月六日，国联表决派遣调查团时并声明前两次撤兵议决依旧有效也，日本代表亦投赞成票。试问：自此之后日本撤兵乎？抑进兵乎？吾人诚不知其置该国对于国联之信用于何地。

窃意日本政府与其军阀脑海中觉对于国联所赞成之表决案，事实上赞成与否仍有自由选择之余地，对于所投之票固无丝毫顾虑之价值也，宁非怪事？

七、对于国际声明

凡国家对外有所声明，所以表示其真意也。自去岁九一八以来，日本代表在国联屡有所声明，声明逐渐撤兵而增兵如故也，声明不使对华事变形态扩大而扩大愈甚也，声明对华无领土野心而占据中国土地有加无已也。

窃意日本政府与其军阀脑海中觉日本对于国际所有声明，声明如何者即不如何亦无妨，声明不如何者即可如何亦无妨。但求有利于己，声明与行动符合与否不足道也，宁非怪事？

八、条约权利

此次日本侵略吾华，其向世界宣传最振振有词而易于淆惑观听者，即以中国不履行条约义务为言。其代表且在国联提出五项基本原则，亦斤斤然于条约权利，一若日本对于吾华之条约权利受有重大之损失也者。及考其实，则除民国四年（一九一五）在欧战期中，日本强迫定立之"二十一条"，既为中国合法之国会所否决，且为民国十年（一九二一）华府军缩会议时各国所否认其效力者外，其余所有合法之条约，中国无不履行其义务。反观日本之对于我东三省，则不但条约内之权利尽量享受，至条约未载而侵犯中国主权之事实，举其最显明者言之，如南满铁路沿线之驻兵，本根据清光绪三十一年（一九零五）日俄议和后，中日所订之善后条约，按该条约所规定，东清铁路沿线，俄兵撤退时日兵亦应撤退，而日本迄不履行，仍驻重兵以为此次侵略中国之张本，此其一也；郑家屯并非南满铁路沿线而日本强驻警察，侵犯中国之警权，十余年来屡与交涉，迄未撤退，此其二也；抚顺煤矿附近有储藏大量石油之矿石，而日本未得中国许可即自由经营之，此其三也；此类事件不胜枚举。

窃意日本政府与其军阀脑海中必以为弱国独有条约内之义务而强国可任意享受条约外之权利而不受条文之拘束，且可随时以弱国不履行条约义务为借口而以武力侵略之也，宁非怪事？

九、侨民安全

此次日本对于撤兵之延宕，大率以必俟其侨民有安全之保障为言。骤闻此语似觉动听,及考其实,则如去岁万宝山事件,日本煽动韩人杀伤华侨至数千百人。我华人在日本统治下之安全何如?反之十余年来,因受日本侵略所激动,我华人对日恶感已达极点,然而为尊重社会之秩序及国际与人类之道义计,我全国各地方人民犹能抑制感情,从无寻仇报复之举,日人在我中国统治下之安全何如?两相对勘,安危判然。且此次日本之对华用兵,除华人之损失不计外,据报章所载:上海日侨于开战后归国者十余万人。是日本之对华用兵,不惟不增加侨民之安全,反而增加其侨民之不安全,使非别有野心,何致如此!

窃意日本政府与其军阀脑海中所谓侨民安全者,乃强国侵略弱国时无论侨民之安全与否,皆可借此口实,以达侵略之目的。虽明知欲达此目的或反增加侨民之不安全,亦悍然焉为之,不足恤也,宁非怪事?

十、排货即排外

日本此次侵略吾华,其向国际宣传以中伤吾国者,尚有抵制日货出于排外心理之一种之谎言。其实,自欧战之后,日货之销于中国,已驾各国而上之,此在吾国海关贸易册及各国年鉴皆可查考者也。因日本侵略吾国有加无已,人民怵于亡国之痛,始有相约不购买日货之事,此固吾华人爱国心理所表现,且亦人民买卖自由之一种正当权利也。解铃系铃全在日本,彼若停止侵略,则排货事件自然停止。今日本不但不自反省,而反以排货即排外心理表现之危词耸动世界之观听,何其颠倒是非、蔑弃人权至此极也!窃意日本政府与其军阀脑海中必谓日本之国际贸易乃基于以武力强迫购买,而不基于自由购买之通商原则,且随时随地皆可以他国人民不购买该国货物,故而为其出兵侵略之理由也。宁非怪事?

十一、剿匪

日本在东三省之不撤兵,盖借口于剿匪。然彼所谓匪者,据吾人所知,在辽宁省多系民团;在吉林、黑龙江两省多系正式军队,皆激于爱国热诚而抗日者。观日军未占领东三省以前,除南满铁路附近日人庇纵之小部分土匪外,并无大股土匪,至日军占领东三省后始有之,此最显明之证据也。且彼既以剿匪为名,试问江桥之战以进取黑龙江省、锦州之战以攻击辽宁省政府,何故?得毋认两省之军队皆匪乎?若充其说,日本欲占领全中国,指全中国之兵皆匪可也;日本欲占领全世界,指全世界之兵皆匪可也。窃意日本政府与其军阀脑海中谓日军所到之处,服从者虽匪亦兵,抵抗者虽兵亦匪也,宁非怪事?

上举十一端皆其荦荦大者，日人之欺蒙世界可谓至巧，欲盖弥彰又可谓至拙，而彼政府与其军阀竟公然如此主张者，其心目中自始即蔑视国联，无如彼何故也。故国联主张道德制裁，而彼辈知有强权耳，何尝知有"道德"二字之存在？国联主张和平调解，而彼辈知有武力耳，何尝知有"和平"二字之存在？日本逼迫中国已至最后之一瞬，吾国人已无再行让步之余地，故敝会同人今日所希望于国联者则为：

（乙）解决中日纷纠正当之途径

（一）望国联注意永久和平，勿使日本凭借吾国东三省为根据【地】，以造成东亚战争、太平洋战争而为引起世界第二次大战之导火线。

（二）望国联注意世界情状，勿敷衍因循、久无办法，致使吾国人民铤而走险结第三国际为援助，以造成东亚之危机而促进世界大战之爆发。

（三）望国联注意国联本身威信，联合美国，依据国联盟约及非战公约、九国公约等，对于破坏国际条约之日本为切实有效之实力制裁而促和平之实现，俾吾国得于国际同情下维持其独立繁荣，本国民和平之思想、中庸哲学之文化，调和世界资本主义、共产主义两极端思潮，以产生最合人性之新政治、新社会，为世界人类最后幸福之努力（按此即敝会同人主张普产主义之理想）。

吾人对于国联所负世界和平使命之希望，既如上述，故敢以质直之言敬告诸公曰：今日之事，惟有"日本屈服于世界之公理，停止侵略行为，以保持国联威信乎？抑世界屈服于日本之强权，制造世界大战，以自断国联之生命乎？"两言而已。昨阅报载：黎[李]顿爵士代表诸公在南京招待席上曾有"国联绝不赞成会员国为任何违背条约之行动"及"国联对于中日纠纷之解决，无论如何必以保全中国领土与治权之完整为主要条件"二语，此诚足代表国联及美国向所主张之正义公道而为我中华民族所永矢弗忘者。然若谓不用实力制裁即可达此目的，不惟同人等对此怀疑，即诸公亦必知其为必不可能。吾华先哲有言："凡事勿为亲者所痛而仇者所快。"吾华始终亲信国联，而玩弄国联、仇视国联者谁乎？国联当能自辨。诸公既代表国联赍正义公道而来，必能根据事实的调查，携正义公道而返。将来受其赐者岂惟中国一国，又岂惟今日一时！世界和平之保障，人类心理之改造，历史光荣之永垂，国联皆得著其功而绵其泽矣。然其基础之基础，故由于诸公此行肇之。

同人等深信诸公必有以慰告吾侪热烈欢迎者之心而杜冷淡漠视者之口也。任重而道远，诸公勉旃！敬祝诸公健康，并颂诸公所代表之国联及美国全体幸福！抑同人等尚有所附陈者,诸公不日出关调查,欲知该地真相耳。然关外在日军统治之下,不但"满洲国"为其傀儡,且必强迫一部分人自称代表民众,虚伪宣传,倘居民敢有向诸公陈述日军暴行之真相者,后必有大祸临其身,此等惨无人道之事,实在东三省已屡屡见之,此则诸公不可不特别注意者也。

中华普产协会在平会员

王搏沙、胡石青、汤铸新、傅铜、唐瑞铜、张镜铭、陈嘉异、李光忠

王幼侨、王文俊、丁雄东、王廷弼、郭涵、梁海亭、孙广居、吴可亭

许志平、廉志、郑合成、苑毓魁、刘清芬、李振铎、马宝珍、李树华

柳树人、李植青、邓乃昌、翟吉哲、侯乃东、靳思洵、朱端、尚宗周

孟宣三、罗展青、刘光汉、周孝长、关琪桐、李微尘、范景琦

中华民国二十一年四月十四日

资料来源:日内瓦国联与联合国档案馆藏李顿调查团档案,卷宗号:S38。

85.中国国民党山东省茌平县党务整理委员会来电

国联调查团钧鉴:

维自九一八变后,东邻倭邦强占我辽宁,屠戮我同胞,其丧心病狂不堪言状,固为吾国国民所切齿,即列邦人士亦靡不愤慨。而倭邦外则佯言撤兵以施其欺骗世界之伎俩,实则进而遣派兽兵犯我经济中心之沪上,倭奴罪恶昭彰,世界金知。惟吾国当局以国际公法尚在,天理人道犹存,对倭邦之称兵犯我,深恐有扰世界之和平,绝未明张挞伐,只取正当之防卫,听国联予以相当之公决。讵倭奴豺狼成性,天良丧尽,于此狞恶之面目顿露,竟敢违背国际公法,冒世界之大不韪,挟诱叛逆组织伪政府,暗盗我辽宁,破坏我领土,尚向国际公然声明。查辽宁为我国领土,当为世界所公认。此次倭邦所组之伪政府,【我国】绝对否认！冀贵团为维持世界和平计,应秉承国际公法,主持人道正义,对倭邦祸变之事迹切实调查,公诸世界,予以相当之惩处。不然,破坏世界和平者将见接踵而至矣！

临电迫切,不胜翘企。

中国国民党山东省茌平县党务整理委员会(印)鱼　叩

中华民国二十一年四月□日

资料来源:日内瓦国联与联合国档案馆藏李顿调查团档案,卷宗号:S38。

86. 安徽省各业工会联合会等团体来电

国联调查团公鉴：

诸君受国联委任，不辞海陆长途跋涉之劳，来华调查此次中日事件真相。敝会等于贵团驾临上海之初，曾陈效电敬，致欢迎与感谢之热忱。现以道经皖省，敝会等又得躬亲接待，面倾所怀，益深荣幸。

慨[盖]自去年九一八以来，日本不断以暴力占我东北、侵我淞沪，不惜毁弃国际间一切神圣公约，破坏普世人类幸福所系之世界和平，悍然弄兵，以谋其实行建国大陆之梦想，种种经过情形，举世共鉴。虽日本外交手段素以狡黠著称，诪张雌黄，企图掩其暴行，但事实胜于雄辩。吾人观夫国联历次会议中各友邦代表之仗义执言，抨击暴行，以及美国国务卿史汀生君致参议员波拉君函，坦然表示其公正见解，深信世界各国并未以是受欺，更深信世界各国并未以自国利害关系而失其是非判断。须半载以还，举世之努力与舆论尚不足以制裁日本非法暴行者，其或必有待于诸君之调查报告乎？则吾人不能无所疑也。兹当诸君过皖之际，敝会等尚有不能已于言者，盖有数义：

1. 我中华民族素重和平谦让之德，常抱"己所不欲，勿施于人"之旨。九一八案发生以后，我国深恐世界大战之惨祸或将于此爆发，是以暂忍须臾之耻辱，求全大局之平安，曾依法诉之国联，期得正当解决，此乃为我国信任国联尊严之诚意表示，并非依赖国联组织之懦弱行为，人或不察，视为气馁；尤以日本为甚，得寸进尺，愈行猖獗，既囊括东北，更觊觎淞沪，直使我国遭受超出为和平正义所能暂忍者。以上之压迫乃不得不奋起抵抗，为正当之自卫，鏖战逾月，足使日本小受穷兵黩武之教训，更足使世人认识中华民族之力量。诸君乎：当九一八事变之初，我国倘即采取武力自卫，不为消极之容忍与退让，则今日所谓中日事件者果将如何？世界局势又果将如何？如此盖无庸设想而得者矣。今日中国人民深信忍辱求全之非计，皆有一致之愤懑，而欲与暴日偕亡。诸君乎：世界或有束手待毙之个人，但世界必无甘心灭亡之民族！我四万万华人今已以极大之决心不惜粉身毁家，准备为民族求生存而奋斗。敝会等现对诸君此行亦正以最关切之注意，乐观其答复而为最后之期待。

2. 诸君尚未到东北，而东北已在日本暴力劫持下，唆使少数无耻叛逆汉奸，公然设立傀儡组织，希图以亡韩故智亡我东北。我全国人民无不痛心疾首，日以督促政府毅然武力讨伐叛逆、收复失地为请。夫东北隶我版图，始于距今数千年以前，凡治东亚历史者无不知此。居民三千万，汉人占百分之九十以上，所谓满洲土著，迄今不足二百万之数。乃日本唆使逊清余孽，滥提"民族自决"之名，以为窃据张本，不但无丝毫另立国家之理由，抑且重违当地三千万东北人民不愿脱离祖国之本意。诸君亦闻得东北叛逆组织只有少数汉奸参加，而日本浪人却成批累队，非特为顾问客卿且正式充任伪官之事乎？诸君更曾日日闻得东北人民因反对傀儡组织，不愿为日本臣奴，已一致奋起，自动武装讨伐叛逆之战讯乎？东北为我国之领土，并非为我国之属地，于历史上、地理上、民族上已无疑义；而于法律上，外有列国之承认，内有约法之记载，更属千真万确。吾人敢坚决表示，凡今日由日本之狡计所造成之东北局面，我国人民誓死不承认！

3. 溯自日本肆暴以来，国际联盟历次开会多所决议：十二月十日之宣言，二月十六日之劝告，以至特别大会之召集，今复有三月四日及十一日之决议。凡此世界各国伟大人物之绝大努力，日本始终对之蔑如也。吾人见其每于国联之决议，或投一反对票、或不投票、或拒绝接受、或不答复，对于友邦之调停则虚以委蛇，反复无常，而暴行则日以加甚焉。自十二月十日故白里安氏东省事件之宣言发出，至一月二十八日而上海之难作，二月十六日复有理事会之劝告，而日益增大军，猛攻急进，淞沪被占而意犹未足。今三月四日与十一日国联特别大会又有决议矣，吾人所见者则为黄渡、太仓等，距离上海逾20基罗迈当[千米]以上之地，日军于扬言相当撤退之中益施积极的战争工事而已，凡举世所有之宣言、决议、劝告、调停，几曾稍值日本政府之一顾？吾人感觉：被侵略蹂躏者虽为吾中国，然即此一国之被侵略与蹂躏，已足使国联盟约毁坏无余，国联尊严扫地以尽矣！他日者，日本必更进而扩充其贪婪残暴之习性，贯澈[彻]其明治称雄全球之遗策，则所被侵略蹂躏者宁仅中国已耶？第二次世界大战势将由此而起，全世界人类和平幸福又将重遭浩劫，言念及此，不寒而栗。吾人敢言：诸君此行当不专为中国之事而来，实负有维护整个世界和平之神圣使命也。诸君以高尚之人格，代表其各个伟大之民族与光荣之国家，而受国联盟会之委任，其使命之重大莫可伦比。诸君必能发挥其伟大之人格，竭其智虑，尽其责任，以真实与公平归报于国联，此固敝会等所愿敬而信之者也。吾人今兹之所以不嫌辞费而屡渎者，盖欲诸君了然我四万万中国人民之意志所在耳。

书不尽意，只祝旅途健康！

安徽省各业工会联合会（印）

安徽省会附郊各乡农会联合会（印）

怀宁县妇女救济会（印）

安徽省会新闻记者联合会（印）

怀宁县律师公会（印）

中华民国二十一年四月二日

资料来源：日内瓦国联与联合国档案馆藏李顿调查团档案，卷宗号：S38。

87. 中国国民党湖南省大庸县党务指导委员会来电

南京外交部转国联调查团列列先生勋鉴：

暴日垂涎东省，蓄意谋夺，已非朝夕。自去岁九一八以武力占领后，蹂躏之加，残酷备至。敝国为尊重国联盟约，含痛忍辱，一再诉诸国联，请其制裁。近复狡计百出，以亡韩之故伎，威胁东省叛逆，组织非法机关，破坏敝国行政、领土之完整，妄称出自民意，淆乱世界听闻。一面倾全国之师转攻淞沪，扩大战争，移换目标，以图满其无涯之欲壑。诸公明察秋毫，自能洞烛其奸，敬恳将此次实地调查暴日之诡计阴谋及一切惨酷行为，一秉大公，直陈国联，请求维持盟约尊严，出以正义制裁。否则，我全国民众惟有誓死抵抗，相与周旋也。

临电迫切，敬祈垂察。

中国国民党湖南省大庸县党务指导委员会（印）叩　世

民国□年□月□日发

资料来源：日内瓦国联与联合国档案馆藏李顿调查团档案，卷宗号：S38。

88. 中国国民党湖南省安仁县执行委员会来电

南京外交部译转国联调查团诸公钧鉴：

窃查日本帝国主义既以武力侵略我东三省，又增兵进犯我淞沪，以期并吞华夏，称雄世界，野心勃勃，天人共鉴。兹国际联会为伸张公理起见，委派调查团实地调查，以明真相，法良意美，举国欢迎。惟日本狡诈多端，变本加厉；近复唆使我中国少数叛逆组织所谓"蒙满洲国"之傀儡政府，反向世界妄称出自东北"民意"请求，希图混乱视听而遮掩天下之耳目，此种欺骗行为，言之尤为痛憾！本会为国家争自由平等计，用特代表此地民众誓死反对东北伪组织，应恳诸公主持正义，制裁暴日，以保我国领土之完整。

临电迫切，毋[无]任感祷。

中国国民党湖南省安仁县执行委员会（印）叩　东　印

民国二十一年四月一日

资料来源：日内瓦国联与联合国档案馆藏李顿调查团档案，卷宗号：S38。

89. 中国国民党博爱县党务整理委员会来电

外交部转国联调查团公鉴：

查日本乘我天灾"匪祸"，侵我疆土，违反人道正义，破坏国联盟约。我政府为维护人类和平，尊重国联决议，忍气吞声，一再退让。乃日本竟不惜为人类和平之公敌，继续其强盗行动，进逼不已，以致我沪沈各地直接、间接蒙受极大之损失。近因贵团来华，彼佯示撤退，籍[借]以作反宣传而秘密运送大批军队与军火，积极备战，其破坏和平毒辣阴险之面目已完全暴露。夫东省、淞沪均为中国领土，世界所公认也。日本实行其战而不宣主义，强行占据，并炮毁我文化机关，惨杀我无辜同胞，极力发挥其凶暴残酷之兽性，此实证明日本之无端开衅，应负完全责任。近且屡派飞机队扩大范围，飞机载距淞沪甚远之苏杭抛掷炸弹，伤害我居民；因此，中国各地皆成恐慌状态，中国与各国间贸易几无不受其威胁。似此不顾一切、悍然为人类和平公敌，实有引起世界大战之可能。

贵团为世界和平使者，负有维护神圣的国联盟约之责任。此次亲临为日本炮火所轰毁之中国各地，必能察知真实状况以贡献国联大会，使得根据公理与正义制止日军之暴行，以企中日问题获有趋向正当解决之途径。我中国民众愿始终信赖国联，诚意接受其公正严明之裁判以维持世界和平。倘国联鉴于日人之强暴，不顾及决议案之尊严有无损毁而不予日本以迅速有效之制裁，则我中华民族为争生存计，惟有采取自卫手段，继续抵抗，誓为拥护公理正义而死，不为强权屈辱也！

临电神驰，勿[无]任企盼。

中国国民党博爱县党务整理委员会（印）叩　冬

资料来源：日内瓦国联与联合国档案馆藏李顿调查团档案，卷宗号：S38。

90. 广西省党务整理委员会宣传部来电

中华民国廿一年七月廿四日收到

来报纸　　　　　　　中国电报局　　　　　　本局号数

RECEIVING　　　　　　　　　　　　JOURNAE. NO. _____

THE　CHINESE　TELEGRAPH　ADMINISTRATION

局

_____ OFFICE

由 From	COPY　24/7			附注 —REMARKS— PL PI TRY DEL 7357 0108 5903 4950 6874 FOR US CTF LESS 6 1STBP		交 TO		
时刻 Time	12	点 H	54	分 M		时刻 Time		点 H		分 M
签名 By	WONG					签名 By		

原来号数 TELEGRAM NO.	R2033 1645	等第 CLASS	S	字数 WORDS	203
发报局	NANKING	日期	23　点　13　分　30		
				NANKING	

2232	6623	7357	0108	5903	4850	6874	7230	6567	0361
探	送	顾	代	表	维	钧	请	转	公
6337	7003	3067	4583	2639	0171	3635	0735	1627	0037
赐	鉴	公	等	东	来	为	和	平	之
0169	0013	3954	0086	7252	1328	0008	2529	0111	2974
使	世	界	人	类	孰	不	景	仰	此
2945	2480	2609	0108	2053	2639	0554	0604	1364	6678
次	日	本	占	我	东	北	危	害	远
2639	0735	1627	6602	2577	2172	0169	3352	1169	0447
东	和	平	近	更	指	使	汉	奸	劫
1161	2639	0554	3189	7070	6785	1398	0011	2589	2110
夺	东	北	海	关	邮	政	且	有	承

（续表）

6126	0254	8085	4809	4930	5887	3635	1788	2301	2995
认	傀	儡	组	织	行	为	复	摧	残
2639	0554	2403	5148	7852	6816	2639	0554	0348	4547
东	北	教	育	麻	醉	东	北	儿	童
7359	0190	6672	0646	0057	0948	3061	4766	4257	1095
显	系	违	反	万	国	公	约	破	坏
2053	0948	7225							
我	国	领							
0960	5887	2398	0037	1346	2419	3536	2053	0356	0948
土	行	政	之	完	整	为	我	全	国
0918	3064	2076	1016	3082	0646	1417	5074	3061	4583
国	民	所	坚	决	反	对	者	公	等
6289	4850	2170	6670	2639	0735	1627	0037	6850	6307
负	维	持	远	东	和	平	之	重	责
2413	2017	6067	5268	0948	5114	0613	6643	2231	0648
敢	恳	代	致	国	联	即	速	采	取
2589	2400	6586	3127	0455	2972	2480	2609	2552	5887
有	效	办	法	制	止	日	本	暴	行
2327	0622	2639	0553	2480	6511	0110	1359	3807	0948
撤	退	东	北	日	军	以	实	现	国
5114	1459	2945	0037	3082	6231	0693	0463	6678	2639
联	屡	次	之	决	议	否	则	远	东
0735	1627	0037	0604	2894	2972	2455	5261	2607	1570
和	平	之	危	机	止	方	自	未	已
5259	7193	2001	1896	1919	1585	2231	4180	1684	6007
临	电	愤	悲	惟	希	采	纳	广	西
4164	7825	0523	2419	3810	1201	0765	2585	1357	0378
省	党	务	整	理	委	员	会	宣	传
6752	0776	SL							
部	哿	SL							

资料来源：日内瓦国联与联合国档案馆藏李顿调查团档案，卷宗号：S38。

91. 中华民国铁道部直辖南浔铁路工会来电

南京外交部转日内瓦颜代表惠庆译转国际联合会诸委员公鉴：

自去岁九月十八日以还，日本军阀以武力侵占我东三省，我东北同胞受其残暴之宰割者已半载矣。近顷日本军阀凶横更甚于前，阴谋益行暴露，竟不惜实行威胁，利用亡清废帝溥仪与少数东北汉奸组织所谓满蒙伪国，并向国际妄称此系出自东北民意，冀惑世界听闻。

查满蒙为中国领土，历史悠久，其人民亦以汉人居多数，此乃我整个中华民族之土地民众，早为世界所共知。且观此次日人所御用之满蒙伪国各部皆聘有日本顾问，是其所谓伪国之领袖，虽为溥仪等少数叛逆，而其实则显然为日人所操纵，日本军阀此种掩耳盗铃、欲盖弥彰之破坏我国领土完整、狡诈欺饰国际之阴谋已昭然若揭。敝国人民对此为日人傀儡之伪政府必绝不承认，并誓死反对到底！兹者贵会已派调查团东来，关于满蒙伪国事实真相必能具［据］实报告，务望诸公本过去为世界公理正义努力之光荣精神，对日本此种破坏中国领土完整之阴谋，迅作切实有力之制裁，则世界和平实深利赖。

临电翘企，敬祝努力。

中华民国铁道部直辖南浔铁路工会（印）叩　虞

中华民国二十一年四月七日发

资料来源：日内瓦国联与联合国档案馆藏李顿调查团档案，卷宗号：S38。

92. 金乡县农会来电

国联调查团诸公勋鉴：

此次诸君奉国联之委托，远风尘、涉航海，披日带［戴］月，不辞劳苦，驾临敝国，悉查中日纠纷真像［相］，以谋中日两国之和平，责任之大有关世界之安危、人类之祸福。与夫我东省伪政府傀儡丑剧是否出于我东省民众民意，亦系内中有重大黑幕，正义公理能否献于国联，皆与诸君有莫大之关系。

敝会同人素仰诸君之伟名，必能将事实真相供［贡］献国联，则国联悉得破坏和平之所在，方能得有公平之处置，以完成重大之使命。敝会谨承全县三十万民众之意旨,除绝对否认东省伪政府成立外,并竭诚表示热烈之欢迎。

金乡县县农会(印)

四月四日午□点□分自发

资料来源:日内瓦国联与联合国档案馆藏李顿调查团档案,卷宗号:S38。

93. 北平各民众团体招待国联调查团筹备会来电

国联调查团主席里[李]顿勋爵乞转调查团全体代表勋鉴:

吾人对于调查团诸君之来企盼已久。北平与河北省之居民,甚愿一借热忱欢迎诸君之机会,以昭告世界:渠等于努力国防中,仍怀维持世界大同之志愿,盖吾人对于国联之拥护,迄未稍衰;而在吾人眼中,诸君确能代表此全球仅存之正义与公理的机关也。诸君之来,其任务盖在搜求事实,夫事实者,真理也,亦即人类文化、世界进步之基础也。东京方面固已责吾人轻视任何国际信守矣,固已责吾人蓄意以平等互助之所约,代替过时或"不平等"之旧约,罪在不可赦矣。然而诸君明知:违犯条约之例,未有过于最近之事件者——我方未有丝毫动员,而彼乃侵我东北三省;彼又不经宣战,而突然在上海开火。此实一举而撕毁三约——九国公约、开[凯]洛【格】公约、国联盟约,在彼视之,俱已成为废纸。夫日人所称之"满洲特权"、"特殊权益",不惜犯极大不韪以护守者,处于今日,焉能充为借口? 盖"势力范围"一词,由于过去远东造过若干纠纷,在现今又为外交界所唾弃。至于中国与人缔结之正式条约,又无一未经交由日内瓦注册,受有联盟各国之公认,则任何"特殊",任何"隐衷",良无存在余地之可言。

夫日本一举而强占大于全帝国两倍有余之中国领土,未尝不自诩为能谐惩中国,然则中国所犯者究为何条,岂两国之间尚有一不许抵货之条约乎? 再者,去年七月朝鲜华侨之被屠又属何罪? 诸君固已明知,中华全国国民之自动起【来】,即以和平手腕抵制日本货物,盖直接感于东京政府之不断的侵犯与挑衅。抵货者,一正当的、和平的自卫运动也,一民众的、普遍的、自卫的运动也,吾国政府既已避免以任何方式援助此运动,实未处于能压止之之①地位,盖事实上,此运动实未尝碍及国内秩序及中外间之任何条约。且也,中国民众既为雇主,实有选择货物之自由。夫日本所产,大都仿之欧美,货料之劣,又为人所尽知,未可讳也。

---

① 编者按,原文如此,"之"为衍文。

时至今日,中日间谁为戎首,谁造成现在之危机,责任问题,已非一问题矣;万一国联之和平努力失败,中国之将继续其武力抵抗,又非一问题也。当今急务,要在防免二次大战,以确保和平及各国之均势,日本一日尚有侵略吞并之自由,一日决不退让。有效之方法,其惟强制仲裁与经济绝交乎?

至于中国人民,则固将坚持其自卫与爱护和平之主义也。中国乃一整个而独立的国家,自远古以来,盖不知业已渡[度]过若干次之外来侵寇矣。今整个民族既已兴起矣,整个世界既已起而援助吾人以向日本之背信绝义相决战矣。诸君识之:吾人无所惧也!

以上所陈,虽为说辞,本身亦一事实。盖其所代表者,乃全体华人之意见,诸君其许吾人尚有言乎?则此全体华人在另一点上意见亦复相同,即彼等对于诸君人[之]公正,实有甚深之敬意;对于诸君拥护和平之热心,亦有不可动摇之信任也。

签名者:北平各民众团体招待国联调查团筹备会

资料来源:日内瓦国联与联合国档案馆藏李顿调查团档案,卷宗号:S38。

94. 江西南昌市教育会来电

九江探投国联调查团诸先生鉴:

台旌过浔,敝省民众深信:诸先生调查任务,必能一秉大公至正之态度,报告此事之真相于国联,以达到维护东亚和平与世界和平之目的。谨以十二分诚意,表示欢迎与信赖国联之诚意。日本利用溥仪建立满蒙伪国,其手段系袭用亡韩故智以并吞东三省,实行侵略中国领土,敝国万难承认!此应请诸先生特别注意者一。淞沪一带横被日军轰击,东三省被日军久占,天津被日军扰乱,因此,中国所受之损失,殆不可以数计,应保留中国要求赔偿损失之部份[分],此应请诸先生特别注意者二。诸先生爱护和平,扶植正义,对于日本之恃强凌弱事实及任意蹂躏、惨无人道之处,当已调查明晰,务乞主持公道,认识此次责任所在,以挽回人类浩劫,维持国联威信,则中国幸甚!世界幸甚!

谨希区区,诸维鉴察为荷。

江西南昌市教育会(印)叩　冬

中华民国二十一年四月二日□午□点分送邮

资料来源:日内瓦国联与联合国档案馆藏李顿调查团档案,卷宗号:S38。

95. 中国国民党睢县党务整理委员会暨各人民团体来电

上海吴市长转国联调查团公鉴：

查日本自去岁九月十八日无端出兵沈阳，遂长驱直入，进占吉林、黑龙江等地，烧杀轰炸，事实俱在，惨状犹存。本年元月，又扰我淞沪，我十九路军以守土有责，不得已乃采取自卫行动，起而抵抗；然仍诉请国联，冀图解决，初未敢一度进攻，此又全世界各国所共知者也。讵意日本藐视公法，虽当英、美、法三国公使调停之际，竟突向吴市长下哀的美敦书，迫令我驻沪军队完全退出，以图战事扩大；复一面在东北竭力唆使、组织满蒙伪政府，以袭用吞并朝鲜之故智，此又昭昭然在人耳目，而各国舆论界亦时表不满者也。

贵团为和平使者，负调查中日纠纷之责。而日本违反国联盟约、非战公约及九国条约，一经调查，当然澈[彻]底明晰。

深盼贵团勿畏强御，切实报告，俾国联得以依据盟约与世界正义公理，对日本暴行采取迅速有效之制裁。非然者，则我中华民族惟有以自卫手段抵抗到底，宁为玉碎不为瓦全！

临电迫切，无任翘企。

中国国民党睢县党务整理委员会（印）暨各人民团体同叩　养

资料来源：日内瓦国联与联合国档案馆藏李顿调查团档案，卷宗号：S38。

96. 中国山东省滕县农会等团体来电

国联调查团赐鉴：

查日本以暴力侵占我东省，后复威胁利诱少数叛逆成立满洲伪组织，希图以亡韩故技[伎]亡我东北。近且闻日人向国际间作种种虚伪宣传，谬称东北伪组织系基于当地民意，借以混淆国际耳目，以遂其并吞阴谋。夫东北，系我国领土；我东省同胞，久受日人之践踏，岂能甘居日本强暴制驭下之叛逆组织以永蹈水火乎？我全国民众对日本之野心人俱共愤，对东北之傀儡组织誓不承认！敬祈贵团以公法正义切实调查，制裁日本之野心侵略，以复我领土而维我主权。

不胜盼祷之至！

中国山东省滕县农会（印）、中国山东省滕县商会（印）

中国山东省滕县面业分会(印)、中国山东省滕县木业工会(印)

中国山东滕县缝纫工会(印)、中国山东省滕县理发工会(印)叩　虞

中华民国□年□月□日□午□点分发

资料来源:日内瓦国联与联合国档案馆藏李顿调查团档案,卷宗号:S38。

97. 湖南省平江县教育会来电

万急!南京国际调查团列列团员公鉴:

倭寇冒天下之大不韪,出兵东省,袭陷名城,破坏交通,屠杀军民,穷凶极恶,罄竹难书!近更得寸进尺,侵扰淞沪,欲以其亡韩故智而亡中国,进而鲸吞世界,野心早已暴露。近复实行威胁,利用少数叛逆组织所谓"满洲政府",假借东北民意,淆乱世界听闻,此种奸诈行为阴狠手段,实人类之蟊贼、公理之所不容。本会谨代表全县教育界人士通电反对,请贵团主持正义,伸张公理,将日本帝国主义者此次在华所演种种暴行及虚构事实,提请国际联合会,速予制裁,戢彼凶焰,还我领土。

临电迫切,诸维垂察!

湖南省平江县教育(印)

中华民国二十一年三月二十八日

资料来源:日内瓦国联与联合国档案馆藏李顿调查团档案,卷宗号:S38。

98. 蚌埠各界来电

国联调查团诸位先生:

此次以中日间发生不幸,造成世界和平之危局,劳诸位远涉重洋、实地调查情况,以解决东亚的纠纷,维护国联的威信,保证公理与和平。尚幸能于强权炮舰下偷生的我蚌埠民众,于悲痛无告的黑暗中,得见受国联郑重付托的曙光,实感到无限的荣幸和愉快;血泪纵横的我蚌埠民众,当谨以挚诚表示非常的敬意与热烈的欢迎。调查团诸位先生,均为世界上有数学者、为二十世纪和平与公理的救星。此次肩负国联的重大使命,定早有爱护人类文明的决志,然亦为全世界无数酷好和平的人们热烈的愿望,诸位此行确即能获公正廉明的答案。我蚌埠民众除竭冀诸位此次光临、不负诸位真正之初心和维护国联信

用之决志外，当诚恳的略供下列数点，希诸位指教与参考：

一、自九一八日军袭取我沈阳后，我当局始终相信国联有解决中日间争执的权威，有保证世界和平与公理的使命。故对武力占领我东北的日军绝不抵抗；对炮洗我淞沪、惨杀我人民、势欲于数小时内抢夺我苏杭的强邻，除为民族生存略起相当防卫外，亦无具体的如日军之大规模军事行动与计划。此点颇足证明我当局信赖国联的诚意。而所以致世界和平之局势，触着暗礁者，即日军绝未放弃固有的野心而迷信炮舰政策耳。此于九一八后占领我东北，可以证明；进攻我淞沪，可以证明；暗建叛逆政府、助我内乱，可以证明；于调查团诸位先生光临敝国后，日军仍继续暗中积极备战，尤足以证明！诸位先生，九一八后已造成的局势，咸为日军炮舰所赐，其责任固宜由日方完全肩负；即今后任何严重情态，如日方不肯放弃其侵略野心，日方亦无法可以自解决人［之］。

二、此次上海惨剧，原为日军占领东北之余波，故欲解决上海问题，必须兼重东北；欲根本解决中日纠纷，更须以解决东北问题为先决条件。但欲根本解决东北问题，非国联实施有效之制裁，不足以觉醒日军之错误，更不能维系世界永久真正和平与非战公约。盖自九一八后，日军之屡屡欺骗行为，已暴露其无诚意接受国联议决案的真面目。

三、我全国民众，自沪案发生后，始起正当之防卫者，原为挣扎民族生存、拥护国联决议，以及伸张公理、揭破和平世界的危机，此不特为我全国民众应有的责任，亦当为国联所谅解者。今后，日方如仍无澈［彻］底觉悟，我全国民众，宁为玉碎而尽人类的天职，不愿瓦全而接受任何丧权辱国的条约！

四、此次我全国民众不得已的相当表示，当为日军之炮舰所迫使，绝非排外行为！因就性质与事实言，此两者绝非一事，此可于我当局屡次保护外侨生命财产之声明中证其真伪。故日方之蒙蔽世界耳目的宣传，调查团诸位先生当早知其用意之所在。

五、此外尚有不忍言而又不能不言者，即自九一八后我东北与上海的空前重大损失。在此非常损失中，尤堪痛心者即文化机关的摧残，无辜徒手老幼的被杀，以及东北日变相政府的成立。

国联调查团诸位先生，我蚌埠民众、我全国人民，悲痛极矣！我们对诸位此行，只希望和平重现、公理能伸、国联的威信永存、人类的道德不灭。

诸位先生：我全蚌埠十万民众谨祝前途明光，并颂康健！

蚌埠各界同启

资料来源：日内瓦国联与联合国档案馆藏李顿调查团档案，卷宗号：S38。

99. 南京市教育会全体会员来电

国联调查团诸委员钧鉴:

自一九一八年沉痛残酷之欧战结束以后,世界各国莫不厌恶战争,思永弥兵祸于将来。于是有一九一九年国际联盟会之设立,及一九二八年复有凯洛格非战公约之签订,世人深信兵祸可由此永弥焉,名[民]族可由此自觉焉,劳资阶级可由此调和焉,国际文化可由此协进焉,总【而】言之,即可由此而谋各民族、各国家,日即[基]于正义人道而渐趋于人类康乐、世界大同之域焉。乃我东邻日本不守信义,违反盟约,仍希一逞其黩武主义,一九二八年五月三日之济南事件即其铁证。然犹以为未足,于是又于一九三一年九月十八日出兵我东省。我政府以遵守盟约、维护和平,乃训令守土将士退让,以待国联之处断。孰料狡日益逞,竟于今年一月二十八日侵占我上海。我人民为自卫计,不得不从事抵抗,以求国土之保全。讵知暴日残忍,无所不为,肆意屠杀,纵火焚烧,使我人民之肝脑尽膏原野,沪上之民居俱成焦土,惨目伤心,笔难罄述。其最悖妄者,摧残我国文化,致沈阳之《四库全书》转徙飘散,不知所止。上海之东方图书馆为我国唯一藏书机关,亦即东方文化之总枢纽;商务印书馆为我国唯一出版机关;同济大学等校为我最高学府,今者遭此摧残,致我国文化陷于危境,即世界文化亦莫不受相当之影响。吾人深盼国际明此大义,重责日人,使世界文化得以继续发扬。

我国素以礼仪之邦著于历史,酷爱和平之精神早为世人所深许。矧值中国国民党执政之秋,素本总理"博爱和平"之遗教、"天下为公"之遗训,报[抱]人不犯我我不犯人之主旨,以期人类进于平等世界、跻乎大同,绝无所谓"排外"之心理,一切唯有听诸国联之公正裁判,盖吾人坚信国联为有力之组织,公约为有效之法规。今国联遣派诸公远涉重洋来华调查,本会以十二分热忱,代表全市教育人士恭仁欢迎,深冀诸公本公正态度,实地调查,报告国联,获公平之解决,中国文化与世界文化实利赖之!

南京市教育会(印)全体会员叩　俭

资料来源:日内瓦国联与联合国档案馆藏李顿调查团档案,卷宗号:S38。

100. 中国国民党宜章县执行委员会及监察委员会来电

南京外交部转国联调查团列列代表先生勋鉴：

暴日以武力侵我东北，占我领土，自知违反盟约，破坏和平，为世界之戎首，抑国际之罪魁，于是诡谋百出，异想天开，一面胁迫溥仪组织傀儡政府，背叛民国；一面急攻淞沪，希图扩大战争，移转视线。而对于东北叛逆，声言不负责任，仅表同情云云，冀以涂饰耳目，蒙蔽国联；我国联明目达聪，狡词罔听，特派诸公来华调查。诸公皆一时人杰，谅已洞烛奸谋，明了真相，迅恳将暴日种种罪恶报告国联，即请国联以严重方法制裁暴日，庶盟约尊严不至坠落，民国领土亦得完整。倘国联任其横行、不许制裁，我国惟有团结民众、誓死抵抗，东北叛逆誓予剪除，务期还我河山、完我主权而后已。

迫切陈词，敬希鉴纳。

中国国民党宜章县执行委员会（印）、监察委员会（印）同叩　阳　印
中华民国□年□月□日

资料来源：日内瓦国联与联合国档案馆藏李顿调查团档案，卷宗号：S38。

101. 南昌市工联会及各业工会等团体来电

国联调查团代表公鉴：

贵团赴汉调查，道出浔阳，欣悉之余莫名忭舞！此次暴日无端启衅，东北被蹂躏者七阅月；上海为敝国经济及文化中心，亦为日人重炮摧毁，半成瓦砾；复恐国际干涉，师亡韩故智，胁持废帝溥仪，建立满蒙伪国为其傀儡。敝国人民自九一八事件发生以来，忍辱负重，以待国联为正义之制裁。今幸贵代表团翻然莅止，耳闻目睹，对于上海事件之真象［相］及东北伪国之建立，谅必有正确深切之认识。敝会谨代表南昌市全市民众向贵代表致无限之欢忭并贡献事实三者，以供采择：（一）满蒙伪国确为日本制造之傀儡政府，因东三省人民种族、语言、文字、风俗、习惯，处处可以证明系敝国完全领土。（二）上海、东北及天津之损失，应保留要求赔偿损失之部份［分］。（三）和平应建筑在正义之上，贵代表负保全东亚和平之重任，当能广采群言，维持正义，匪特敝国实蒙其庥，即国联威信亦赖以永保。

临电不胜迫切之至!

南昌市工联会及各业工会东叩、南昌市工联会筹备委员会(印)

南昌市码头工会筹备会(印)、南昌市中西菜馆厨司业工会(印)

中华民国二十一年四月一日□午□点□分发　送邮

资料来源:日内瓦国联与联合国档案馆藏李顿调查团档案,卷宗号:S38。

102. 中国国民党江西省新建县党务整理委员会来电

南京中央党部留京办事处转国联调查团诸公勋鉴:

日本凭其暴力,逞其凶悍,初则强占我东北,继则扰乱我淞沪,摧残文化,破坏交通,凡系日军所至,莫不庐舍坵[丘]墟,国民无辜死于日军锋刃者盈千累万,公和[私]财产毁于日军炮火者何啻亿兆!此种暴行,凡海外人士均有目共睹,有耳皆闻,实无可讳言者。我国为谋民族之生存,为争国家之人格,自卫抵抗,世所同情。今幸诸公莅临敝国,视察真相,消息传来,举国欢腾,我中华民族愿以血诚拥护,尚希本公正严明之态度调查一切,俾国联得明真相而予暴行之日本以有效之制裁,以慰我前方为拥护和平死者之英魂,而戢破坏盟约、肆行侵略者之凶焰,世界和平庶乎有豸。

特电欢迎,诸希亮察!

中国国民党江西省新建县党务整理委员会(印)叩　世

中华民国□年□月□日□午□点□分　送邮

资料来源:日内瓦国联与联合国档案馆藏李顿调查团档案,卷宗号:S38。

103. 中国国民党湖南耒阳县党务指导委员会来电

国民政府行政院外交部转国际联合会及国联调查团勋鉴:

查日本无故侵占我东省,唆使帝制余孽溥仪组织伪政府,以为灭亡东省之张本,此种组织在日本为侵略,在溥仪为叛逆,本会誓死否认!并请主持正义,维持我国领土之完整,以免破坏世界之和平。

无任盼祷!

中国国民党湖南耒阳县党务指导委员会(印)叩　世　印

中华民国二十一年三月卅一日下午三点□分发

资料来源：日内瓦国联与联合国档案馆藏李顿调查团档案，卷宗号：S38。

104. 南京市商会主席濮仰山等来信

国联调查团诸公均[钧]鉴：

当中国正被强邻劫持、暴力凌乱之严重时期中，而为主持正义、维护公道之和平使者——国联调查团诸公适于此时连翩入我国门，使我人于惊魂甫定、沉痛万分之余，得表示诚挚恳切之欢迎，殊觉荣幸而愉快！

诸公或系世界著名学者，或系世界军事政治专家，此次受国联之付托，来华调查中日事件，责任之重，使命之大，世界和平之能否保全，人类正义之能否继续存在，国联盟约之能否发生效力，均系于诸公之双肩。惟诸公远道而来，于中日事件之实际情形，容或稍有隔阂。我人为爱护诸公，爱护国联，爱护世界之正义与公理，自不能不作良心上质朴之陈述，以供诸公之参考。

日本自明治维新以来，其所抱对华侵略之一贯政策，数十年如一日，其目空世界之田中奏折，想必早为诸公所熟知。故其此次之强据东北，侵占淞沪，实为实行其一贯政策之手段，而非偶然之事件也，昭然若揭；乃日本狡黠成性，犹复虚构事实，摭拾浮词，淆乱世人之观听，所谓"排外"，所谓"抵货"，无非为其掩饰无故侵略之烟幕弹，兹特分别引据事实，以证明其对我任意之污蔑。

中国近数年来，无论政府与人民之言论行动，对于世界各国均抱和睦亲善之友谊，即政府对外政策亦一本"平等"、"互惠"为原则，如废除不平【等】条约及废除领事裁判权等等之请求，皆在保持领土与主权之完整，而与世界各国，期达共存共荣之目的，亦即为国际公法及国际条约所保证其应享之平等待遇。日本之诬我排外，果何所指而云然？如谓对于外侨有未重视耶？则中国年来变乱频仍，人民虽常受牺牲与损害，但对外侨之生命财产，则必竭忱保护，从未使有丝毫之损失也。不宁惟是，即当日本每次侵略中国之炮火凶焰中，我政府对日侨亦仍未放弃保护之职责，则我国非特无排外之观念，亦且无排日之表示。再就中日两国而言，我国当东京地震之时，尚不惜予以友谊上之接济，今日本乘我全国水灾之际，竟出兵夺我东北，此其为我排日乎？抑为日本排华乎？诸公明达，无待烦赘。

至于中国人民抵货之运动，实为激于日本暴力侵略，迫不得已之所致，此种运动乃系被压迫者一种反抗之消极表示,被击荡之静水必起微波,被宰割之驯羊必思挣扎,于理于情,皆难加以禁止,盖此非水之不静、羊之不驯,乃击荡之、宰割之者有以致之也。我人深知日本无时不剑拔弩张,跃跃欲试,向我人挑衅,以期引起冲突,而为出兵侵略之借口。故我人每当横遭日人蹂躏摧残之际,均能一本爱好和平之天性,忍痛沉着,不与计较,间或因创巨痛深,不无愤慨,亦仅从事于消极之抵货运动。苟日本能稍敛其步步进逼之暴行,我人亦即缓和此种消极之运动,此证之已往之事实,更可了然。试观日本自迫我承认"二十一条",而至济南惨案、万宝山惨案、朝鲜惨案,以及现在之东北事件、上海事件,我人每经一次残暴之惨祸,于悲愤之余,乃不得不有一次抵货之消极表示;而日本向国际之宣传,是否倒果为因,诸公智者,尤其可想象而知。

总之,日本此次之强据东北,侵占淞沪,无论其若何善为掩饰,巧与致〔置〕辩,亦终不能一手掩尽天下人之耳目。今诸公亲临其境,行踪所至,尤可目睹欧战以后世界未有之惨劫,要知此次日军所发之一炮一弹,直接受其炸毁者虽为我国之土地、人民、财产,而间接受其炸毁者则为国联之盟约条文。我人故应为争民族生存之勇士,诸公尤应为保护盟约之战将。

抑尤有进者,贵团主席李顿爵士在东京时之演说,曾谓"此来系为收音器,非为播音台"。我人则望诸公不仅为收音器,尤应为摄影机,盖我东北数省,自被日军于枪炮轰击之下占领以后,其公私财产之损失、人民生命之糜烂,实属惨不忍睹,惟今为时已久,日人必极力设法,灭除其惨迹。兹幸淞沪战痕尤新,数十里繁盛市场尽成焦土,数百万无辜生命化为腐尸,血迹炮痕,斑斑刺目。诸公已经实地调查,谅必早已摄入诸公之脑海。他日遄返国联,据直报告,则此次之事实真相,将必毕呈于世人之前,日本虽百喙亦难置辩矣。

我人始终为爱护正义与公理之国民,亦即始终为爱护国联盟约之国民;诸公固亦爱护国联者,当不使国联神圣之盟约竟殉一国之强权,是诸公之荣誉将与国联之威信同为世人所敬仰。

南京市商会主席濮仰山(章)、常务委员徐明扬(章)

冉锡竜(章)、穆华轩(章)、陈心言(章)

南京市商会筹备会(印)

中华民国二十一年三月□日

资料来源:日内瓦国联与联合国档案馆藏李顿调查团档案,卷宗号:S38。

105. 中国国民党湖南省平江县党务整理委员会来电

上海南京探送国联调查团各委员钧鉴：

日本抱其传统之大陆政策，于去年九月以暴力占领我东三省，焚烧杀掠，损失不可以数计。敝国政府为尊重国联盟约，维护世界和平，忍痛退让；同时，诉之国联，冀得有效方法之制裁。乃日本欲壑难填，得寸进尺，愈发挥其兽性，一面以巨大之武力复进占淞沪，所有人命财产及文化机关尽为其炮火所毁灭蹂躏；一面威迫利诱敝国废帝溥仪为其傀儡，组织东北伪政府，破坏敝国领土及主权之完整，毁灭国联盟约、九国公约及非战公约之尊严，实为人类之公敌。

诸公负维护世界和平之使命，远涉重洋，苟止是邦，想必能一秉公理正义，将日本过去之暴行直陈国联及公诸全世界，俾得适当而有效之严厉处置。否则，敝国人民为民族争生存，为国家争主权，为世界求和平，为人类谋幸福，决全体动员，虽以最大之牺牲，与暴日相周旋，亦所不惜也。

临电迫切，敬系[希]鉴纳。

中国国民党湖南省平江县党务整理委员会（印）叩　感
中华民国□年□月□日

资料来源：日内瓦国联与联合国档案馆藏李顿调查团档案，卷宗号：S38。

106. 湖南人民抗日救国会来电

南京探送国联调查团列列先生勋鉴：

暴日以武力占领东北，实行其满蒙大陆之一贯政策，遂不惜违反国际盟约，破坏世界和平。又复狡诈百出：一面组织东北傀儡政府；一面称兵，向淞沪进攻，冀图转移世界目标，遂其并吞东北毒计。

诸公此次实地调查，一切当了如指掌。乞本大公无私，力持正义，将暴日阴谋详陈国联，维持盟约尊严，迅以有效办法，予日本以严厉之制裁。否则，敝国人民为保主权、领土之完整，为谋人类之和平，誓死抵抗，决不甘为暴日武力所屈伏[服]也。

临电迫切，敬希垂察。

湖南人民抗日救国会（印）叩　感　印

民国二十一年三月□日

资料来源:日内瓦国联与联合国档案馆藏李顿调查团档案,卷宗号:S38。

107. 湖南平江县商会来电

南京外交部转国联调查团列列先生勋鉴:

我国不幸,灾祸频仍。乃暴日竟昧救灾卹[恤]邻之义,妄逞下井投石之凶,出兵东北,强占辽沈,违背非战公约,破坏东亚和平,焚烧屠戮,天日为昏。我国政府素重礼让,静候国联仲裁,不愿轻起干戈。

讵暴日变本加厉,肆意横行,抢夺津锦,进扰淞沪;近复诱胁少数叛逆份[分]子,组织满蒙傀偏儡政府,逆世界之政潮,复胡虏之冠裳,伪造民意,混淆听闻,迹其侵略野心,势非并吞东省不止。

诸公此次实地调查,当能洞烛其奸,敬恳将暴日图占东省诡计阴谋详程[呈]国联,并请国联维持盟约,主持正义,制彼凶焰,还我河山。万一希望无效,则我全国人民惟有共挥反日之戈,以雪敷天之愤。

临电迫切,伏维垂察。

湖南平江县商会(印)叩 感

民国二十一年三月二十七日去报

资料来源:日内瓦国联与联合国档案馆藏李顿调查团档案,卷宗号:S38。

108. 九江各界救国会来电

上海市政府吴铁城先生转国联调查团诸君均[钧]鉴:

由九江数十万民众自动组织之本会,对于负有实现公理与和平使命之国联调查团,谨以十分诚意致其欢迎之忱;同时,并祝其工作前途能如今日全世界人士所切望者,卒有圆满之成功。调查团诸君类皆国际间政治的、外交的、军事的权威者,此次接受国联付托,前来远东调查九一八事变以来一切不幸事件之真相,深信必能本其公正态度,运其犀利眼光,不为任何宣传所朦[蒙]蔽,不为任何势力所左右,将国联之一会员国以其残暴之武力行为加于另一会员国之事实,及其所造成之一切非人道的、非会[合]法的现象,深刻观察,多方搜罗,做成不偏不倚之精确报告,以为国联对于与世界和平、人类文化为敌之日本加以严厉制裁之有力根据。

日本借口预先虚构之种种事实,于极短时间内武力占领我东省,并继续在中国本部沿海各重要口岸,不断对中国作挑衅之暴行,中国人民之生命财产被其牺牲、破毁者不可估计。自进攻淞沪、沪宁两线以来,此种惨状较诸大战后之比利时更有过之,而其一贯目的乃在实现其占领东省之野心。日本蓄谋并吞东省已非一日,至田中内阁而益急进,田中奏折中且谓"……欲征服'支那',必先征服满蒙;欲征服世界,必先征服'支那'……"日本对满蒙、对中国以至于对世界之野心,从此数语中赤裸裸暴露无遗;但日本抱此危险野心,每向世人宣传东省为其生命线,同时宣传中国排斥日本。最近更侮辱中国为无组织之国家,以图掩饰其野心之具体化。吾人试以日本现在之人口与土地作一统计,则所谓满蒙生命线是否有成立之根据,乃不容辩论之问题。中国非数十年前之中国,中国人民反抗日本之行为,乃日本对华加紧压迫侵略之结果,此种为争生存之自卫行动,中国人民绝不放弃。

正在向上转变中之中国为国联之一会员国,亦为非战公约、九国公约之一签字国,对于国际间所应遵守之义务素来尊重,并履行之。各友邦在华之合法权益,中国从未加以蔑视。而日本竟谓为"无组织之国家",此种侮辱友邦所发之狂言,除欲侵略中国外,实无其他理由。

至谓日本在南满利益近年来发生危机一节,凡属明了远东情形人士,殆无不加否认。盖日本如无满洲土地野心,决无足以使其地位动摇之意外事件发生也。现在日本在其进攻淞沪、沪宁一带之扩大暴行中,正重演其灭亡朝鲜故技[伎],在东北成立"独立国",以昔日并吞朝鲜者并吞满洲。

调查团诸君于兹世界和平开始打破之严重关头,为挽救人类浩劫,维持世界和平,发挥国联权威,必将尽其全力以赴。惟中国人民固爱和平,但尤爱公理,绝不愿为和平而牺牲公理,更不愿建筑于非公理的基础上面之虚伪和平,此点应请诸君加以特别注意者也。

本会谨代表准备为公理的和平而奋斗到底的九江数十万民众,热烈欢迎调查团诸君,并述诚实意见于诸君之前以为诸君此次工作之助。

九江各界救国会(印)叩　马
中华民国□年□月□日□午□点□分送邮

资料来源:日内瓦国联与联合国档案馆藏李顿调查团档案,卷宗号:S38。

109. 湖南省平江县立乡村师范学校学生自治会来电

万急！南京探交国际调查团钧鉴：

暴日挟其侵略政策，既以武力强占我东三省，复威胁我少数败类，组织所谓"满洲国"之傀儡政府，并向国际妄称出自东北民意，以图淆乱世界听闻，遂其侵吞之野心。此种暴行，我全国同胞莫不发指！但为顾全世界和平计，我政府犹令国民静候国联公判，不忍肆诸武力。

乃彼暴日，不自悛悔，逞其兽性，称兵犯沪，破坏我交通，杀戮我同胞，蔑弃国际公法，罔顾人道。

今幸贵团亲临敝国，实地调查。极盼主持正义，斥彼凶寇，还我河山，庶公理得以声张，公法不致破坏，世界和平深利赖之。

临电不胜盼祷之至！

湖南省平江县立乡村师范学校学生自治会（印）叩　沁
中华民国二一年三月二十七日

资料来源：日内瓦国联与联合国档案馆藏李顿调查团档案，卷宗号：S38。

110. 中国湖南耒阳人民纪念革命先烈大会来电

国民政府外交部转国际联合会及国联调查团勋鉴：

东北叛逆溥仪等受日本之指使，不惜丧权辱国，甘负卖国之名，组织伪政府。本会及全县万①六十万民众誓死否认！并请主持正义，维持我国领土之完整，即所以维持世界之和平。

区区布意，敬惜[希]鉴纳！

中国湖南耒阳人民纪念革命先烈大会（印）叩　冬　印
中华民国二十一年四月二日上午九点□分发

资料来源：日内瓦国联与联合国档案馆藏李顿调查团档案，卷宗号：S38。

---

① 编者按：原文如此，"万"为衍文。

111. 湖南耒阳人民抗日救国会来电

南京探送国联调查团诸先生公鉴：

暴日挟其大陆政策破坏世界和平，无故以武力侵占东北，轰击淞沪，残酷野蛮，愈演愈烈。敝国为尊重盟约神圣，始终诉请国联为公理与正义之制裁。乃暴日不仅置国联迭次决议【于】不理，继续增兵侵略，复效灭韩故智，在其武力占领东北之下，实行威迫，利用亡清废帝及少数叛逆，组织东北傀儡政府，朦[蒙]向国际宣传，图淆世界耳目。其实，此种伪政府一切组织完全出诸日人阴谋与主动，举世早已熟知，丝毫不能掩饰其为破坏中国领土主权完整，违悖国联盟约、非战公约及九国公约，事实至为明显。

诸先生此次前来实地调查，敝国人民深切信赖，为世界正义与和平信使之降临，表示极诚挚欢迎！乞一本大公，将调查所得日本横暴真相直陈国联，迅采有效方法制裁暴日，以维持盟约尊严。否则，敝国人民唯有誓死抵抗，以为世界人道与公理而奋斗。

迫切电恳，敬祈赐察！

湖南耒阳人民抗日救国会(印)叩△冬　印

中华民国二十一年四月二日上午九点▢分发

资料来源：日内瓦国联与联合国档案馆藏李顿调查团档案，卷宗号：S38。

112. 开封各业工会抗日救国联合会来电

国联调查团诸先生赐鉴：

暴日破坏世界和平，蔑视国际信义，以武力侵略我中华民国领土之一部，即我东三省。近复实行威胁，利用少数叛逆，组织所谓"满洲国"之傀儡政府，并向国际妄称出自东北民意，大散放其浓密的政治烟幕，冀以迷惑世界视听。凡我国民，对于暴日此种狡诈行为，激愤万状，誓死反对并与决斗到底！

兹幸贵团诸先生莅华，为国际公约谋兑现，为人群除蟊贼，公理终不可灭。此次中日事件之公正解决，于此卜之，特此电达，至盼毅然主持正义，制裁强暴，以还我国领土之完整而保东亚和平。

引领翘望，不胜迫切！

开封各业工会抗日救国联合会（印）　冬

中华民国二十一年四月□日□午□点□分电报

113. 湖南全省商会联合会来电

南京国民政府外交部译转国联调查团委员李顿爵士、克劳特［德］将军、麦考益将军、希尼博士、史高蒂伯爵暨列列先生勋鉴：

暴日以武力侵占我东省，轰毁我淞沪。近复唆诱叛逆组织伪满洲国，师亡韩之故智，逞略地之野心，淆乱国际听闻，违背世界公理，置国联盟约及屡次议决案于不顾，举非战公约及华府条约而渐［撕］灭无遗。我国始终容忍，一听国联之正义主张。

今幸各委员联翩戾［莅］止，实地调查，目击我繁盛商场惨被焚烧殆尽，明知我中国领土任他自由逞兵，阳以议和为名，阴行备战之实，犹声言上海可稍让步，满洲绝不放松！此种诡计、暴行已为世人所共见，各委员具真确之眼光，谅不为狡日所蒙蔽，异日胪举事实以贡献国联，必足为制裁张本。

本会代表湖南全省商业民众誓不承认订立丧权辱国条件［约］！誓不承认破坏我国土地完整！望各委员伸张中国正义，即所以维持世界和平，制止暴日横行，亦即所以保障国联威信也。

迫切电陈，无任盼祷！

湖南全省商会联合会（印）叩　俭　印

民国□年□月□日发

114. 重庆市服装业同业公会主席彭肇龄来电

国联调查团公鉴：

查日本不守盟约、肆意横行，侵略我地土，惨杀我同胞，掠夺我财产。更复近窥平津，阴谋日甚，惨我华族，无辜受其屠戮者何可胜计！往者，日本火山暴［爆］裂，我国本救灾恤邻之义，尽量资助，殊竟以怨报德于我。客岁洪水泛溢、惨遭浩劫之际，兴兵犯境，乘我于危，世界暴徒，宁有公理！矧彼日人，与我同文同种，尚且如是，其蚕食列国之心可以见矣。

我国为拥护国际公理与维持东亚和平计，不得已出师抵抗，固非无端肇祸、开衅彼国也。素谂贵团衡量宇宙之巨观，抱持世界和平之宏愿，尚望主张公道，维系和平。

敝会同仁无任馨香祷祝之至！

重庆市服装业同业公会（印）主席彭肇龄（章）叩　俭　印

资料来源：日内瓦国联与联合国档案馆藏李顿调查团档案，卷宗号：S38。

115. 汉口市工人代表王锦霞等意见书

国际联盟调查团诸位先生：

日本此次乘我国空前水灾及"共党未清"①的时候，挟着强大的武力来侵占我广大的土地、蹂躏我水深火热的人民，其凶横残暴固使人痛愤，而其阴谋野心更令人发指！现在，乘贵团莅汉之便，谨将吾人意见略为分陈于下：

一、日本怀有征服世界的野心，所以，侵略我国为实现其迷梦的必要步骤，而侵略我国又必从我东北着手。这种政策自日本明治皇帝经田中内阁而迄于今，莫不是一贯的运用着。从灭亡朝鲜、强提"二十一条"、皇姑屯事件，以及九一八而至沪案，都是这一贯政策的反映，世界人士莫不深知，而我全国人民认识得尤为深刻。日本既有这种野心，故无时无刻不以我国土地为其囊中物、以我国人民为其奴隶。日本人民皆用一种傲慢骄横的态度，使吾人皆感着愤怒和不安；然而，我们未尝不作深长的忍耐。但当日本每一回残暴压迫时，我们不能不作一回正当的反抗，以促日本的迷梦的警觉。欧战结束后，日本乘各国疲困时，要挟我国正式承认其"二十一条"，我们曾开始作强大的抵制日货运动，以促其反省；【民国】十七年，日本欲干涉我国内政而【在】济南演出"五三惨案"，我们又曾作过抵制日货运动；去年九月十八日，日本乘各国经济疲惫，我国天灾剧烈的时候，侵占我东三省，暴露其全部之野心，我们为图民族之生存，乃作更大的对日经济绝交运动，这几次大的和几次较小的抵制日货运动，都是日本残暴的压迫我国人民之结果。我们对日本暴行忍无可忍，不能不用自己力量所能作的施行和平的报复，这在稍为留心近年来中日纠纷的人，都是明若

---

①　编者按：此处来信者政治立场有问题。

指掌的。然而,我们并未尝有过一次像日本人在我国内地,如汉口、长沙、厦门、泉州、青岛……惨杀我国工人或学生,在东北各地惨杀我国无辜的同胞,像这样的暴行案件,近年来日本人在我国已经作了二百余件,我们曾有过一次同样的报复吗?! 这是要请贵团注意的第一点。

二、日本此次以迅雷不及掩耳之手段,有计划的如风驰电掣的在一个极短的时间内,占据我沈阳、长春、营口、葫芦港,以及东三省全境。虽然借口甚[什]么中村案,甚[什]么炸毁其防线内之铁路案(这些自然有明亮的眼睛的贵团去看出的,我们不须[需]多说),而实在原因,不过是他们精密的观察着世界各国经济都陷于困难的境地,而中国则因连年共党的"流毒",以及全国空前大水灾之损害,经济更陷于悲惨的命运的时候,乃是他们准备多年的吞并满蒙的时机到了。所以一方面进行其预定□□,以武力继续进占东三省各地;一方面空唱撤兵撤兵,以敷衍国联。然□ □ □人民愤怒之下,在世界人士众目睽睽之下,不能长是[时]行为与言词□□ □□骗国联及世界人士,所以再来一个声东击西的更毒辣的举动,就是摧毁□□ □商埠上海,一方面借交通的灵便,将世界人士的目光及中国人的注意力都吸移在上海,而他们便在东北畅利的进行其巩固占据的工作;一方面图威胁相隔密迩的我中央政府。果然,东北傀偶政府于日人在上海暴动后便成立了;而破坏上海的第二个目的,欲借上海案件对我国以及有关之列国故作讨价还价之迁延,以图有利于东北占据之条件。所以,上海问题与东北问题不能分开,要解决上海问题,必先要解决东三省问题,至少上海问题是应该与东三省问题同时解决的。我们坚决的反对单独解决上海问题,这是要请贵团注意的第二点。

三、东三省人口二千七百万,至少有二千万属于汉族,其余占小部分之满人,亦早同化于汉人,两族间早已无芥蒂之存在,即汉人虽推翻满清之专制,而衣服、制度仍袭用满制,而满【人】亦多用汉人之文字、语言。民国以来,满人更多与汉人通婚姻、杂居,此可见满人实无与汉人脱离而另组国家之需要,东北之伪组织实为日人玩的傀偶戏,我们不须乎看见伪组织的各机关都要接受日人顾问的指挥,就早已料到的这计划是非常鲜明的。日本人不好直接就将九国公约所公认中国领土一部分的东三省拿到自己手中,于是,第一步:威胁几个无权无力而没有健全思想的人出来组织伪政府,使东三省不但实际上在日人的掌握,而名义上亦与中国脱离关系;第二步:仍将东三省的一切权利由他们操持的傀偶过渡到日本,以便有力量来建树更强大的武力,然后即如吞并朝鲜一样而吞并东三省,而以更强大的武力,来对付中国及其他各国。这种计划,是我们三岁小孩子也知道的,东三省的人民也无一个不清楚。所以,徒手的人民因慑于日本残暴的屠杀,仅敢怒而不敢言;稍有武器的人民莫不纷纷起来,反抗日人操持的伪组织。于此,还有一点证明,就是东北人民反对伪组织时候,伪组织的武力不能取胜时,日本军队就来替伪政府出力,这种用日本本钱开满州[洲]店的傀儡式的伪组织,我们誓死也是要反对的,这是要请贵团注意的第三点。

四、日本之野心及其企图,既如上所述,负有和平使命而公正严明的贵调查团,对之当有适当之处理方法。然我们亦不能不将自己的意见贡献出来,以全市工人的血诚,希望贵团予以接纳:第一、希望贵团离武汉后,速赴东北,将水深火热的东北情形迅速作确切的、真实的调查,迅报国联,以便国联得以迅速解决中日事件;第二、希望贵团到东北,不与日人所操持的傀儡政府作任何接洽,并严防日人以金钱和恐怖所收买的少数人的虚伪的意见,而要【在】不被日人掣肘的情形下作真确的调查;第三、要调查我国水灾的惨情和我东三省的男女同胞被日人奸淫和奇异的残杀的惨状,向世界作详细的暴露,使世界人士知道日人的野蛮与残暴;第四、要调查我东三省因日人侵略直接、间接所受的巨大损失及予世界经济之影响;第五、我们要求调查团监视日本立即撤兵,恢复东三省一切经济、政治如去年九月十八日以前状况;第六、我们要求国联为维护人类正义、和平及盟约之尊严,严令日本赔偿我东三省及上海公私方面的庞大的损失,对横暴者示以惩戒;第七、假使日本不遵守撤兵及赔偿的责任,我们要求国联立即采用盟约第十五、十六两条以制裁日本,只[直]到他遵守撤兵、赔偿并保证以后的行为为止。以上是我们对贵团及国联最低的要求,希望贵团注意的第四点。

贵团此次远临敝国,我们极希望能够完成伟大的和平使命而留历史上不磨的奇迹。然我们虽受祖宗先哲之教训酷爱和平,设日本不遵国联决议、不顾人类惨祸,那末[么],我们亦有以四万万同胞的头颅来维护我们有五千年文化的民族,必不使亡于野蛮残暴之日【本】也。

贵团行将远去,我们谨以汉口市二十万劳苦工人的心灵为贵团祝福!

汉口市工人教育协进会(印)代　印

资料来源:日内瓦国联与联合国档案馆藏李顿调查团档案,卷宗号:S38。

116. 河南省会抗日救国会来电

汉口绥靖署转国联调查团钧鉴：

查中国与日本同为国际联盟会员国，负有尊重盟约以保障和平、杜绝战争之义务。而今，不幸两国间竟然发生战争行为！此次东北战争行为之发生，中国方面实无何等之责任，中国实因受日本不断之攻击，不得已而出于正当之防卫。

自去年九月十八日，日本进兵侵占东北以来，中国为遵守国际联盟会员国之义务，以此重大事件取决于国际联盟，所有国际联盟行政院之决议中国无不诚恳接受；而日本对于国际联盟行政院之决议悍然违反，故日本不仅为中国民族主权之破坏者，而且为国际联盟公约之破坏者。自东北事件发生以来，日本并唆使中国无赖张景惠等组织所谓满蒙傀儡政府，以作灭亡朝鲜之同一手段，然中国对此决不能容忍！

贵团受国际联盟之重大使命来华调查，用特电陈贵团，希尽良心之主张，切实调查，以作将来解决之依据。

临电不胜迫切之至！

河南省会抗日救国会（印）冬　叩

资料来源：日内瓦国联与联合国档案馆藏李顿调查团档案，卷宗号：S38。

117. 中国国民党江西省党务整理委员会来电

九江探交国联会调查团诸先生钧鉴：

贵团负维护世界和平之使命，调查中日间纠纷之实际情状，以谋公正而有效力之解决方法，不避辛劳，道出赣省。本会于企望和平曙光之余，竭诚表示欢迎，并深信国联必能以其最大之努力达到维护和平之目的，对于贵团之莅临，益当一致其敬礼。

日本自去年九月十八日以武力袭占我辽宁之后，秉承其侵略满蒙之传统政策，对于绝未抵抗之军队与人民施行其残暴劫杀之手段；并继续挟其暴力以强占我东北三省，迄今时逾半载。一面布置军备以遂长期占领之欲望；一面利诱、威迫、挟持满清余孽及一班汉奸以为其傀儡，用亡韩之故智制造所谓满蒙之伪政府。如溥仪远避天津，竟为其挟去；马占山久经抗战，又为所利诱。须知东北三省为我国领土,历史悠久,久经世界所公认,居住当地人民汉人实居其八九,满人仅少数,亦早经同化,且同文同语。而谓为成立伪政府系出于当地民众之公意,其谁信之! 此应请贵团注意者一。

至于"一·二八上海事变"之发生,实以日军突攻驻军而起,所有闸北、江湾、吴淞及日军所达,加以轰击之地区,中国所受之重大损失,经贵团亲莅视察,当已得有正确之证明。至于侵占东北、扰乱天津,中国所受之损失亦极为巨大。日本违反国际公约,对于未绝国交之中国施以重大之残害,自应负绝对之责任,应保留要求其赔偿损害之部份[分],此应请贵团注意者又一。

中华民族酷爱和平之心理及此次拥护国联、维护和平之事实,已昭然于世界人士之前,但吾人深知世界和平应建筑在正义之上。贵团既受国联之重托来华调查,希望本其公正之态度及确实之状况,以报告于国联而解决之,使世界和平永有保障,公理正义得以伸张。此则本会所热烈希冀于贵团者也。

敬布区区即维鉴察!

中国国民党江西省党务整理委员会(印)东　叩

中华民国廿一年四月□日□午□点□分　送邮

资料来源:日内瓦国联与联合国档案馆藏李顿调查团档案,卷宗号:S38。

118. 中国国民党山东省直属广饶县区执行委员会及各民众团体来电

南京外交部转国联调查团钧鉴:

暴日入寇侵我无已,始则强占东省,进复袭击淞沪。我方为遵守国联盟约及维持世界和平起见,一再容忍,希图和解。无如日方屡增大军,竟挟其炮火之利、军势之凶,日向我华地肆意轰击,其焚毁劫掠及残杀暴行,实属灭绝人道,公理难容!

兹闻钧团现已莅沪,民众聆悉之下,举国欢腾,除电请政府热烈欢迎以表真诚外,务请钧团切实调查,报告国联主持公义,依据盟约予暴日以严厉有效之裁制,俾中日纠纷早日解决,以保国联威信而维世界和平。倘日方仍怙恶不悛,不思悔改,我全国民众惟有采取自卫手段,誓死抵抗到底。

临电神驰,不胜翘企之至!

中国国民党山东省直属广饶县区执行委员会及各民众团体企叩　宥

资料来源:日内瓦国联与联合国档案馆藏李顿调查团档案,卷宗号:S38。

119. 全国学生抗日救国联合会函

迳启者:

　　顷致国联调查团意见书一份,祈即译转国联调查团为荷。此致! 外交部南京办事处。附意见书原文,全国学生抗日救国联合会,廿一·三·卅。

意见书

南京外交部译转国联调查团诸公钧鉴:

　　侵略满蒙为日本对华外交之积极政策。昭和二年,田中氏之奏章,想友邦人氏洞悉久矣。"欲征服世界,必先征服'支那';欲征服'支那',必先征服满蒙。"是故攫取我东省者,即所以亡中国,亦即予世界以严重之恫吓,日本惟具此项政策与野心,故非战公约视如废纸,九国公约且视为大陆北进政策之障碍,非设法打开不足以快乐者意【即于】此;去岁九一八事件所原来[来源]也。事起之后,国联经几番之考虑,有三度之决议。

　　乃贵团奉命首途之时,日本复于一·二八海空并进,挑衅淞沪,杀戮我人民,侵害我主权。近更欲掩盖天下耳目,指使东省独立矣,其视国联决议不几弁髦之不若耶! 中国为新兴之民主国,国联为新兴之国际政治组织,与日本迷信武力、并吞世界之旧梦根本不能相容于此时也。日本一方【面】利用中国之天灾内乱,一方【面】利用世界之经济衰颓,故不顾一切悍然出此[兵]。中国之抗日,在本身为维持其酷爱和平之民族之生存,亦即为维护其新兴之民主势力之发扬;在国际为维持世界和平总枢机——国联——之信用,亦即为保有世界公法、公约之存在,此我全国学生敢开诚为贵团告者也。

　　贵团之来华,其使命纯为调查事实,则横行我东省淞沪领土者为谁? 蹂躏我生命财产者为谁? 谁为侵略、谁为自卫,不待调查而已昭然。我全国学生希贵团认明日本侵略中国之国际性,更希贵团认明中国抗日行为为国联会员国应尽之义务。我中华处此场合,惟愈酷爱和平,愈不畏横暴;同时,国联对此次事件之处理,实亦国联本身之试验。我全国学生深冀主持国联之重要会员国,努力维护盟约,与中国同具制裁横暴之精神,不使热忱维护公理者失望;甚致[至]改易其态度,不使摧残盟约者得志而益坚定武力可恃之主张,则幸甚矣。

　　资料来源:日内瓦国联与联合国档案馆藏李顿调查团档案,卷宗号:S38。

120. 浙江省杭县教育会来电

第二三二号

五月卅一日

国际联盟调查团诸公钧鉴：

日本恃其炮舰之精利，无故进兵东北、蹂躏淞沪，破坏我完整之领土，损伤我独立之主权。全国国民无不怒发切齿，攘臂奋起，誓歼强敌，以报国仇。我政府为尊重国联盟约、顾全世界和平计，含痛忍辱，勉事镇抑以处，决全责付之国联，以期正当公平之解决。

讵彼日本蔑弃公理，违反正义，国联决议置若罔闻，调舰增兵，一意孤行。近更劫持我少数无赖，伪造民意，组织其所谓"满洲国"者，外以掩饰国际之视听，内以分化我整个民族之精神，欲以遂其袭用亡朝鲜故智以亡我东北之野心，用心之狠，一至于斯。夫东北为中国之领土，东北人民为中国之国民，东北之与中国有数千年之历史，在此种日人一手制造之伪组织，无论其内容若何，主持者为谁某，中华全国国民一息尚存，誓不承认！

诸公跋涉重洋，远临敝国，热忱毅力，举国同钦！尚望坚持正义，洞烛阴谋，归报国联，作公平之决议，为有力之制裁，则蒙福利者岂惟中华人士？世界和平前途实利赖之。非然者，我全国国民为民族争生存、为国家争自由，誓必以热血兑回列祖列宗世世相传之东北。世界和平破坏，惟日本实负其全责。

迫电陈词，伏维亮察。

浙江省杭县县教育会（印）叩　铣

中华民国二十一年五月□日

资料来源：日内瓦国联与联合国档案馆藏李顿调查团档案，卷宗号：S38。

121. 国民党四川隆昌县第三区第二区分部胡家镇 反日救国会暨民众团体来电

第二三二号

五月卅一日

国际联合会国联调查团钧鉴：

窃日蛮不顾扰乱世界和平，无端举兵入寇，强据我东省，更扰我淞沪，且实行威胁，利用少数叛逆组织所谓"满洲国"之傀儡政府，并向国际妄称出自东北民意，以淆乱世界听闻。查日蛮此种狡诈行为，不外行使其唆使朝鲜独立而灭之之惯技［伎］，以完成其侵略之野心。

盖辽宁、吉林、黑龙江三省，乃我国领土，而日蛮竟敢擅自更名"满洲"，欲使我东北与中部各省化分疆域，妨碍我民族团结精神若斯，故我民族为保持领土完整计，为主权所在计，除一致绝端反对外，并举发此种狡诈阴谋，使世界各国不致为此朦［蒙］蔽。尚希贵团会主持正义公平的裁判，予以否认，还我国土；并饬日蛮刻即撤兵，以尊重我国领土完整，巩固世界和平。若斯，匪特我国幸甚，即世界各国亦幸甚焉。

中国国民党四川隆昌县第三区第二区分部

胡家镇反日救国会（印）暨民众团体（印）同叩　庚　印

资料来源：日内瓦国联与联合国档案馆藏李顿调查团档案，卷宗号：S38。

122. 湖南宜章县教育会来电

南京外交部译转国联调查团列列先生公鉴：

日本帝国主义者挟其炮舰政策，无法【无天】，占据我东省、进攻我淞沪，违盟背约，总期达到大陆传统之野心。我中华民族本和平之天性，尊联盟之威严，一再容忍，以求责任攸归。乃日本帝国主义者不但不之［知］觉悟，且以灭韩之故智师亡中国，威胁、利诱少数叛逆，建立"满洲国"傀儡式之政府，妄称东北民意，淆乱世界听闻，阴谋毒辣，举世罕有；此不独破坏中国领土、行政之完整，亦即诚意向世界各国为敌也。

今诸公亲临调查，定能洞烛其奸。敬恳将暴日阴谋、侵略手段及残酷行为直陈国联,俾得主持正义,速采合法之事实,急用有效之手段制裁日本,以还我中国领土之完整,而见世界和平之乐观,中国国民即可感谢。如或失此希望,我华民族对于东北伪政府之组织始终反对,对于暴日无法进攻,惟有取自卫手续[段],继续抵抗,宁为玉碎鬼不作瓦全奴。

临电迫切,不尽愤慨,幸乞垂察。

湖南宜章县教育会(印)世　印
中华民国□年□月□日

资料来源:日内瓦国联与联合国档案馆藏李顿调查团档案,卷宗号:S38。

123. 中国国民党浙江省崇德县执行委员来电

南京国民政府外交部转国联调查团李顿爵士勋鉴:

日本违反九国联盟公约及非战公约,突然进兵,破坏吾国领土,事实昭彰,全球皆知;乃犹诬为保护侨民,无占领土地之心,冀以一手掩尽天下耳目,遂其蚕食鲸吞之谋,其用意诡谲,不堪闻问。

今幸诸公承国联之命,翩然惠临我国,目睹焚毁劫杀惨状,则曲直是非所属,谅能明若观火。还望秉公道与正义,予暴日以制裁,则国际公约不致视若具文,而世界战祸可以永不发生矣。

谨此电陈,伏维亮察。

中国国民党浙江省崇德县执行委员(印)叩　虞
中华民国□年□月□日

资料来源:日内瓦国联与联合国档案馆藏李顿调查团档案,卷宗号:S38。

124. 重庆市丝业同业公会主席李奎安率丝业工商八万数千人来电

上海市长吴铁城译转国联调查团钧鉴:

此次暴日肆逞凶恶,蔑视公约,强占疆域,始而侵略我东北数省,继复估①占我精华淞沪,惨害我同胞,蹂躏我民族,损毁我财产,奸掳[掳]烧杀,无所不用其

---

① 编者按:原文如此,"估"为衍文。

极。甘为戎首,世界公敌,其惨无人道实为有目所共睹,碧血未干,伤心已极!

今幸贵团诸公关怀正谊[义],远道来沪,调查实况,凡我同胞莫不欢欣感佩,遥臆睹此惨酷,当亦坠泪。务恳诸公一秉大公,速将调查实情转达国联,请早裁制暴日,以维国际公约而重国联威信,不胜盼祷之至。

迫切陈词,祈为朗鉴。

重庆市丝业同业公会(印)主席

李奎安率丝业工商八万数千人同叩　有　印

资料来源:日内瓦国联与联合国档案馆藏李顿调查团档案,卷宗号:S38。

125. 中国国民党河南确山县执行委员会等团体来电

南京国际联盟调查团招待委员会转国际联盟调查团公鉴:

中华不幸灾患频仍,日本横暴乘机侵略,既破坏我领土主权之完整,复摧残我文化经济上之建设,弁髦国际公约,毁灭人道信义,似此穷凶极恶,实人类之公敌,世界和平之大障碍。

贵团受国际联盟之重托,负维持和平之使命。务望坦白无私,秉公澈[彻]查,使中日事件得到公平之裁判,以维护国际公约之神圣与尊严。

临电不胜悲愤盼祷之至!

中国国民党河南确山县执行委员会(印)

确山县农会(印)、确山县商会(印)

确山县教育会(印)、确山县建筑业工会(印)叩　支　印

资料来源:日内瓦国联与联合国档案馆藏李顿调查团档案,卷宗号:S38。

126. 湖南水口山人民抗日救国会来电

五月廿一日

第二一八号

国际联合会调查团诸君勋鉴:

此次日本幸灾乐祸,无端占我东北数省,一面从事永久之经济、政治、军事、文化等建设;一面聚集汉奸、叛徒、溥仪等,假称民意,组织伪满洲国。迹其用心,原欲转用亡韩故智攘我东北数省,以增厚其将来雄长太平洋之上实力。

此种侵略暴行与叛逆组织,本会誓死反抗,永不承认! 即希秉持和平重任,公正调查,毋为强权屈服,毋为奸邪朦[蒙]蔽,庶得以使大战惨祸消弭于一纸也。临电愤极,毋[无]任盼祷!

湖南水口山人民抗日救国会(印)叩　齐

资料来源:日内瓦国联与联合国档案馆藏李顿调查团档案,卷宗号:S38。

127. 益山县农会干事长李凤楼等代表全县民众来电

收文第一六一号

国联调查团各委员均[钧]鉴:

　　见连日报载,贵团来华,勿[无]任表示欢迎之至! 查日本侵占我东北、轰击我淞沪,残忍横暴,难以言喻。又复唆使贼团,组织东北伪政府,明似满人自治,阴则把持操纵,甘为戎首,破坏远东之和平;不顾信义,违犯应守之条约,罪有攸归,责无旁贷。我民众忍辱含痛以待者,实为维护国联盟约之尊严,想贵团早已洞烛是非,分明屈[曲]直。希即主持公道,严予日本以制裁;设有不济,则我民众誓以铁血精神为政府后盾,与暴日长久奋斗,抵抗到底,宁为玉碎不为瓦全,必期公理得伸,我中国之领土完全恢复而后已。

益山县农会干事长李凤楼(章)

教育会常务干事周竹溪(章)

商会主席刘钟年(章)

保卫总团副团总刘之桢(章)

公安局局长喻建藩(章)

建设局局长赵凤梧(章)

财务局局长宋菁莪(章)

教育局局长张子涛(章)

民众教育馆馆长王延建(章)

第一区公所区长刘炳华(章)

度量衡检定分所主任张毓钧(章)

县立初级中学校长(印)

县立第一高小学校校长(印)

乡村师范学校校长胡维均(章)

育才高初两级校长隋文正（章）

县立模范小学校长唐学俭（章）

代表全县民众同叩　齐　印

资料来源：日内瓦国联与联合国档案馆藏李顿调查团档案，卷宗号：S38。

128. 中国国民党江苏省直属扬中县区执行委员会来电

北平顾代表维钧转国联调查团钧鉴：

　　案查本会第五次会议讨论事项第九项决议：报载日本政府承认傀儡政府，显系违反国际公约，破坏我国领土、行政之完整，亟应电请国联调查团转咨国联，从速采取有效办法，制止日本暴行；并促其急速撤退东北日军，以实现国联屡次之决议等。因记录在卷，为特电请贵团，迅即转咨国联，从速采取有效办法，制止日本暴行，并撤退东北日军，以维国联决议案尊严而保我国领土之完整，不胜迫切待命之至！

中国国民党江苏省直属扬中县区执行委员会（印）铣　叩

中华民国二十一年七月十六号发

中华民国廿一年七月廿四日收到

资料来源：日内瓦国联与联合国档案馆藏李顿调查团档案，卷宗号：S38。

129. 湖南学生抗日救国会湘潭分会来电

上海吴市长转国际调查团公鉴：

　　吾国不幸祸乱频仍，客岁水灾为害尤烈，灾区之广、损失之巨，诚世界历史中前此所未有。且济南之血迹未干，万宝之泪痕犹在，而残暴之日帝国主义者竟乘我天灾人祸交迫而来之际，无故强占我土地，屠杀我同胞，烧焚则庐舍为墟，炸毁则市场为烬，穷凶极恶，肆所欲为。而又暗中利用溥仪，组织东北伪政府，假"民族自决"之美名，行初步亡韩之故技［伎］。似此故意挑衅，其蔑视国际公法、破坏世界和平、摧残人类正义，诚未有甚焉者矣。

　　贵团此次来华调查双方真相，是非曲直固已了如指掌。惟愿主持公道，歼彼强权，还我完整之旧河山，否认东北之伪组织，庶国联之威信以立，和平之正义以伸。

临电神驰，不胜迫促待命之至！

湖南学生抗日救国会湘潭分会（印）叩
中华民国二十一年四月二十三日

资料来源：日内瓦国联与联合国档案馆藏李顿调查团档案，卷宗号：S38。

130. 中国国民党福建省霞浦县党务指导委员会来电

第二〇六号

北平顾维钧代表转国际联盟调查团钧鉴：

查日本以武力侵略东三省，占我领土，夺我国权。近复实行威胁，利用少数叛逆组织满洲国伪政府，并向国际妄称"出自东北民意"，以遂其狡诈阴谋，淆乱世界听闻。恶耗传来，举国同愤！诚恐各友邦受其蒙蔽，特电举发，万祈主持正义，揭破奸谋，以还我国领土之完整，保障世界之和平。

临电不胜迫切翘盼之至！

中国国民党福建省霞浦县党务指导委员会（印）叩　寝
中华民国□年五月十三日发

资料来源：日内瓦国联与联合国档案馆藏李顿调查团档案，卷宗号：S38。

131. 四川泸县教育会等团体来电

来报纸　　　　　　　　　　中国电报局　　　　　　本局号数

RECEIVING　　　　　　　　　　　　　　　　JOURNAE. NO.　357

THE　CHINESE　TELEGRAPH　ADMINISTRATION

局

_____　OFFICE

由 From	CP　7.5			附注 —REMARKS—	交 TO			
时刻 Time	16	点 H	55	分 M		时刻 Time	点 H	分 M
				CDDE				
签名 By	S. YU.			CTF		签名 By		

（续表）

原来号数 TELEGRAM NO.	X29 37	等第 CLASS	SSS	字数 WORDS	352
发报局 Office from	LUCHOW	日期 Date	28/4	点 H	20	分 M	0

中华民国廿一年五月七日收　五月十日第 200 号

0948	JRGENT	PEIPING							
国	急	北平							
7193	2398	1444	6567	0948	5114	6148	2686	0957	2621
电	政	局	转	国	联	调	查	团	李
7319	3635	1102	0644	0677	0957	0765	6874	7003	2552
顿	爵	士	及	各	团	员	钧	鉴	暴
2480	3541	6670	2976	0500	2897	2457	0748	2053	3341
日	无	道	武	力	横	施	占	我	满
3166	2371	2053	3247	3337	5282	0948	2001	1980	6129
洲	扰	我	淞	沪	举	国	愤	慨	誓
5280	0253	0072	2053	0948	3046	2398	1650	0110	0361
与	偕	亡	我	国	民	政	府	以	公
6670	2973	6146	6083	6153	0948	5114	2053	5282	0948
道	正	谊［义］	诉	请	国	联	我	举	国
3046	4191	0076	5423	5388	0698	6580	2650	2047	0110
民	众	亦	茹	苦	含	辛	枕	戈	以
1769	3541	7236	3634	1415	6850	0948	5114	0966	0143
待	无	非	为	尊	重	国	联	地	位
5659	0110	4850	6233	0013	3954	0733	1627	0626	7236
藉［借］	以	维	护	世	界	和	平	原	非
5261	3927	0828	0072	1661	2032	1845			
自	甘	丧	亡	庸	懦	怯			

来报纸　　　　　　　　中国电报局　　　　　　本局号数
RECEIVING　　　　　　　　　　　　　　JOURNAE. NO. __357__

THE　CHINESE　TELEGRAPH　ADMINISTRATION

局

_____ OFFICE

由 From				附注 —REMARKS— X29/2ND PG		交 TO			
时刻 Time	点 H		分 M			时刻 Time	点 H		分 M
签名 By						签名 By			

原来号数 TELEGRAM NO.				等第 CLASS			字数 WORDS		
发报局 Office from				日期 Date		点 H		分 M	
2069	0035	2552	2480	0008	1835	1833	4393	2577	6642
战	乃	暴	日	不	思	怙	祸	更	逞
6851	1820	5173	6612	0871	2639	0554	1169	3046	4809
野	心	并	迫	喉	东	北	奸	民	组
4930	3341	3166	0298	0948	0120	9956	2237	4146	0013
成	满	洲	伪	国	企	图	掩	盖	世
3954	5101	4158	5659	6659	1730	0148	7325	0960	7113
界	耳	目	藉[借]	遂	强	占	领	土	阴
6180	2053	0022	5478	3747	4539	2948	1367	1346	2419
谋	我	中	华	独	立	国	家	完	整
0037	0031	2938	0960	0966	3082	7236	1851	0149	2552
之	主	权	土	地	决	非	任	何	暴
0500	0668	0110	3547	4551	0187	1161	1417	2974	0264
力	可	以	无	端	侵	夺	对	此	傀
8085	0651	6627	0037	0298	3341	3166	2450	0948	6129
偏	叛	逆	之	伪	满	洲	新	国	誓

（续表）

0110	2976	0500	6062	0127	2483	4842	2398	1650	2494
以	武	力	讨	伐	早	经	政	府	明
4101	1357	6056	5079	2584	6602	2962	5019	0645	6720
白	宣	言	而	最	近	欧	美	友	邦

来报纸 　　　　　　中国电报局 　　　　　本局号数

RECEIVING 　　　　　　　　　　JOURNAE. NO. ___357___

THE　CHINESE　TELEGRAPH　ADMINISTRATION

　　　　　　　　　局

　　　　　_____ OFFICE

由 From				附注 —REMARKS—	交 TO		
时刻 Time	点 H		分 M		时刻 Time	点 H	分 M
签名 By					签名 By		

原来号数 TELEGRAM NO.		等第 CLASS		字数 WORDS	
发报局 Office from		日期 Date	点 H	分 M	

2974	3341	3166	0298	0948	2861	0056	2147	4815	2110
【对】此	满	洲	伪	国	概	予	拒	绝	承
6126	1429	1429	6015	4850	6233	2973	6146	0367	2589
认	尤	尤①	见	维	护	正	谊[义]	具	有
0681	1906	1919	2508	2552	2480	4790	1853	1730	2733
同	情	惟	是	暴	日	素	恃	强	梁
0790	2757	0207	5030	8437	6101	2665	4393	1169	3701
唾	弃	信	义	捏	词	架[嫁]	祸	奸	狡

---

① 编者按：原文如此，"尤"为衍文。

(续表)

5502	4551	2076	1630	6311	0957	5887	0169	0117	0523
万	端	所	幸	贵	团	行	使	任	务
0366	1571	0427	6070	2508	2508	7236	7236	3981	0668
其	已	出	访	是	是	非	非	当	可
1129	4101	2051	7445	0008	7181	0522	1353	0361	3810
大	白	戎	首	不	难	勘	定	公	理
0344	0455	1730	2938	0013	3954	0735	1627	6850	3759
克	制	强	权	世	界	和	平	重	获
0202	6140	0575	3747	0022	5478	3046	4191	4411	4376
保	证	非	独	中	华	民	众	祷	祝
7451	7449	0028	1466	5877	3051	0037	0243	0076	3981
馨	香	凡	属	血	气	之	伦	亦	当
7313	1949	2071	4248	7189	1131	0961	2598	0008	0524
【称】颂	感	戴	矣	云	天	在	望	不	胜
5062	0120	0126	4850	2597	7003	0934	1557	3472	4905
翘	企	伏	维	朗	鉴	四	川	泸	县
2403	5148	2585	6593	2585	1562	2585	0794	2585	1774
教	育	会	农	会	工	会	商	会	律
1597	0361	2585	1244	1166	0588	2585	1331	3932	5114
师	公	会	妇	女	协	会	学	生	联
0678	2585	2429	0553	0191	6651	4357	4583	0661	0661①
合	会	文	化	促	进	社	等	叩	叩
0313									
俭	SEAL								

资料来源：日内瓦国联与联合国档案馆藏李顿调查团档案，卷宗号：S38。

---

①　编者按：原文如此，"叩"为衍文。

132. 中国国民党陕西省长安县党务指导委员会来电

五月七日

第一九九号

急！沈阳国联调查团顾代表维钧译转调查团各委员公鉴：

日本凭借暴力，恣意侵略，乘我水旱天灾，实行占领，沈吉陷落、东北沦亡，奸杀掳掠，开创历史恶例；蔑[灭]绝公理，破坏世界和平，弁髦公法，毁弃条约，漠煞[视]国联决议。继续扩大暴行，锦黑之炮火未息，沪淞之战烟又起。九一八以来，日人之阴谋诡计，早已司马之心路人皆知，犹欲掩耳盗铃，遮蔽视听，抄亡韩故智，造东北伪国，傀儡登场，日庆得计。恶耗腾传，群情奋起，盖维护领土、主权之完整，我人早已具有最后之决心，宁甘牺牲性命，不让丧失寸土，与国疆共存亡，与主权同死生，决不令日军暴行危及国家独立、大和倭寇扰及民族生存也。抵制日货，情出自卫，日竟诬为"排外"，不知究作何解？

惟幸国联仗义执言，贵团远道来华，拥护世界公理，维持人类和平，一发千钧，悉在此行。尚望主持正义，公平调处，弭国际未来之危机，奠中外永久之和平。须知东北伪国乃日本之傀儡，三省土地乃我国之领域，人虽满族，同化已久，爱护祖国，不亚汉族。九一八后，各地义军纷起，即为民气表现；沪上停战会议，在不丧权辱国条件之下，我人为贯澈[彻]爱好和平之习性，避免国际战争之惨祸，尽可言归于和，消除战云。不然，困兽犹斗，将来万一纠纷扩大，我人惟有本生存之原则，作正当之防御，决不稍示畏难，污我民族历史。但确信国联排难解纷之心始终如一，拥护贵团主持正义之志，乞无二致。当此贵团抵沈之日，即中日是非立辨之时。本会谨代表五十万长安民众，致其恳切之忱，务希鉴察。

临电激昂，不胜迫切之至！

中国国民党陕西省长安县党务指导委员会（印）叩　陷
中华民国□年□月□日□午□点□分发

资料来源：日内瓦国联与联合国档案馆藏李顿调查团档案，卷宗号：S38。

133. 中国国民党浙江省临安县第八次全县代表大会来电

五月五日

第一九五号

外交部转国联调查团代表勋鉴：

诸公荷国联之重命，作和平之使者，远涉重洋，而沪、而宁、而汉口、而天津、而北平、而辽吉哈黑，亲历其境，目击耳闻，借武力以侵略者谁？危害他国领土及行政完整者谁？扰乱世界和平者谁？破坏国联盟约者谁？明达如诸公，当已洞若观火，而毋待词费矣。第二次世界大战争是否能免于引起，全视太平洋和平之能否维持；太平洋和平之能否维持，全视中日两国事端之能否消减；中日两国争端之是否能消减，则全视诸公调查是否严明、是否公正，及国联是否能尊重盟约、是否能制裁强暴，不难一言而决也。否则，太平洋之战云恐弥漫于全球，此不仅敝国之不幸、亚东之不幸，抑且为全世界人类之不幸。停战会议则枝节横生，出关调查则刁难百出，推其存心之卑鄙、手段之奸险，诪张欺诈，势必无所不用其极。以诸公眼光之严明、宅心之公正，固不致堕其彀中。惟世界战祸是否能免爆发、和平幸福是否得能维持，全视诸公此行结果。诸公之责任綦重，而世人之望诸公也愈切。故本会于竭忱欢迎之余，敢贡千虑一得之见。

冒渎陈词，伏希亮察！

中国国民党浙江省临安县第八次全县代表大会（印）叩　有　印

资料来源：日内瓦国联与联合国档案馆藏李顿调查团档案，卷宗号：S38。

134. 陕西凤翔县教育会来电

五月五日

第一九三号

顾代表维钧转国联调查团钧鉴：

我国不幸，水旱各灾相继为虐，欧美友邦捐赀赈济。惟东邻日本喜灾乐祸，乘我之危，本其大陆一贯政策，袭攻我东北，侵占我土地，杀戮我人民，焚烧掳掠，惨无人道；且唆使东北叛逆张景惠、熙洽等组织东北伪政府，破坏我领土、主权之完整。又复变本加厉，进兵上海。希图破坏东亚和平，蔑视国联盟约,此人类之所共愤,亦公理之所不容。

国联为维护世界和平、主持正义公道起见,特派贵团赴中国东北调查真像[相],将用有力之裁制。倘日人再不履行国联盟约,仍前狯展,本会愿率二十万凤民与倭寇效死疆场,誓雪国耻,不达目的不止。

陕西凤翔县教育会(印)叩　径

资料来源:日内瓦国联与联合国档案馆藏李顿调查团档案,卷宗号:S38。

135. 陕西凤翔商会来电

五月五日
第一九四号

迳启者:

日本满清同恶相济,占我领土,侵我主权,凡我胞泽,不共戴天! 为此函请贵代表转请调查团,本诸公法,主持公道,杜彼奸谋,复我固有,非徒我中国之幸甚,实各友邦之幸甚!

谨请顾先生钧鉴。

陕西凤翔商会谨启四·二二

资料来源:日内瓦国联与联合国档案馆藏李顿调查团档案,卷宗号:S38。

136. 云南全省民众团体来电

五月四日
第一九〇号

天津度转东三省各局探交我国顾代表维钧勋鉴:

请译转国联调查团各调查员公鉴。日人谋我满蒙,匪汇①伊朝夕,自田中内阁奏定大陆政策以来,彼国朝野上下皆汲汲然共抱征服世界之野心。去岁九一八事件,其所他[以]甘冒不韪,违反国联盟约、九国公红②约,乘我全国潦水泛滥之日,突然进攻沈阳,殆为实现大陆政策之初步。

---

① 编者按:原文如此,"汇"为衍文。
② 编者按:原文如此,"红"为衍文。

及我国赴诉愕①国联,要求主张正义,日人自知理屈,亟欲掩饰其武力侵略之种种行为,于是利用溥仪组织所谓"中和国家"为其傀儡,谬谓满蒙全境非我幅员,假托民族旌②自决之美名,以破坏我领土之完整;揆其处心积虑,是以并吞朝鲜之手段,并吞我之满蒙,狼子野心,路人皆见。吾滇民众誓死反对日人卵翼下之东北傀儡组织,虽至石烂海枯,亦不承认!

诚以日人阴谋异常毒辣,琉球、高丽可为前车【之鉴】。我国今日惟信仰国际间必有主持正义、维护盟约之国家,尚望贵团一致主张公理,切实贡献国话[联],使强暴不仁之日本知世界尚有各国,难以一手掩尽天下人之耳目,不敢为所欲为,以稍戢其侵略我国之野心,此岂特吾华之幸,抑亦世界各民族之幸也!

时机紧急,迫切陈词,诸维亮察是荷。

云南全省民众团体叩　寝

资料来源:日内瓦国联与联合国档案馆藏李顿调查团档案,卷宗号:S38。

137. 中国国民党江西上饶县党务整理委员会来电

五月三日
第一八六号

北平探送顾代表维钧译转国联调查团委员长李顿爵士暨诸委员公鉴:

诸公此次负联盟之重托,秉公正之意态,远道来华,调查日本在敝国强暴侵略之真相。本会暨全县民众于无任欢迎与敬佩之余,更抱有最迫切之期望。盖日本近年以来,侵害敝国政治之独立与领土之完整,无所不用其极。最近,强占我东北,蹂躏我淞沪,事实已昭然若揭,当为诸公调查所得之结果,足资证明。惟日本此种蔑视国际信义、扰乱人类和平之种种强暴行为,若非与以公理裁制,不惟敝国遭其扰攘,抑恐为世界战争之嚆矢也。

务恳诸公根据事实,主张正义,为正确之报告,昭示世界,借伸公理,则敝国幸甚、世界幸甚!

中国国民党江西上饶县党务整理委员会(印)叩　养　印
中华民国□年四月廿二日□时

资料来源:日内瓦国联与联合国档案馆藏李顿调查团档案,卷宗号:S38。

---

① 编者按:原文如此,"愕"为衍文。

② 编者按:原文如此,"旌"为衍文。

138. 江西上饶各界救国会来电

四月卅日
第一八〇号

来报纸 RECEIVING	中国电报局 THE CHINESE TELEGRAPH ADMINISTRATION	本局号数 JOURNAE. NO. __122__

局

_____ OFFICE

由 From	P1 3014				交 TO			
时刻 Time	5	点 H	35	分 M	时刻 Time		点 H	分 M
签名 By	?				签名 By			

原来号数 TELEGRAM NO.	1. 294	等第 CLASS	S	字数 WORDS	183

发报局 Office from		日期 Date	29	点 H	14	分 M	00

2232	6623	7357			
探	送	顾			
0108	5903	4850	6874	6230	6567
代	表	维	钧	译	转
0948	5114	6148	2686	0957	1201
国	联	调	查	团	委
0765	7022	2621	7319	3635	1102
员	长	李	顿	爵	士
2555	1201	0765	0361	7003	2480
暨	委	员	公	鉴	日

2609	6672	5154	0948	5114	2585
本	违	背	国	联	会
4545	0046	0948	0361	4766	0644
章	九	国	公	约	及
0418	6174	2760	7236	2069	2742
凯	洛	格	非	战	条
4766	1880	3544	0110	2976	0500
约	悍	然	以	武	力
0148	2053	2639	0554	0005	4164
占	我	东	北	三	省
4949	1412	7378	2894	1129	3519
继	将	飞	机	大	炮
6575	3498	2053	3247	3337	2589
轰	炸	我	淞	沪	有
1942	0187	3690	2053	0948	2398
意	侵	犯	我	国	政
3112	0037	3747	4539	5280	7325
治	之	独	立	与	领
0960	0037	1347	2419	3927	0155
土	之	完	整	甘	作
4275	1095	0013	3954	0735	1627
破	坏	世	界	和	平
0037	2051	7445	2411	0948	2634
之	戎	首	敝	国	为
6807	0947	0735	1627		
酷	爱	和	平		
6060	1919	2589	5721	0230	0948
计	惟	有	听	候	国
5114	6043	3082	6175	0361	2974
联	解	决	诸	公	此

（续表）

2945	6298	0948	5114	0037	6850
次	负	国	联	之	重
6067	4426	0361	2973	0037	1942
讬[托]	秉	公	正	之	意
1966	6678	6670	0171	5478	2609
态	远	道	来	华	本
2585	2456	2970	6601	0037	7411
会	於[于]	欢	迎	之	余
0523	2017	6175	0361	1412	6148
务	恳	诸	公	将	调
2686	2076	1779	0057	1395	0031
查	所	得	事	实	主
1728	2973	5030	0155	2973	4315
张	正	义	作	正	确
0037	1032	0707	2507	4355	0013
之	报	告	昭	示	世
3954	5659	0135	0361	3810	3810①
界	藉[借]	伸	公	理	理
3634	1630	3068	6007	0006	7437
为	幸	江	西	上	饶
0677	3954	2405	0948	2585	0661
各	界	救	国	会	叩
0313					
俭					

资料来源：日内瓦国联与联合国档案馆藏李顿调查团档案，卷宗号：S38。

---

① 编者按：原文如此，"理"为衍文。

139. 湖南省慈利县教育会来电

四月卅日

第一七九号

国联调查团诸公勋鉴:

窃暴日毁弃九国公约及非战公约,悍然破坏敝国领土之完整与主权之行使,乃凛世界众怒之难犯,遂唆使满洲叛徒组织傀儡伪政府,用亡韩国之故技[伎],仍侵占我东北,以极其横蛮狡猾之能事。

今诸公来华调查,对彼唆使叛徒组织伪政府之毒计,惟恐暴露于天下,故多方伪造民意,以图掩饰。其实,暴日唆使为之,非真出于民也! 务希诸公不为暴日蒙蔽,详细调查,并将调查所得真相直陈国联,作极公平有效之制裁。敝国全体民众酷爱和平,静候国联解决,且抱誓死不屈之决心,保全领土主权。

特电奉闻。敬祈鉴察!

湖南省慈利县教育会(印)叩　马　印

民国二十一年四月廿一日

资料来源:日内瓦国联与联合国档案馆藏李顿调查团档案,卷宗号:S38。

140. 中国国民党江西省鄱阳县党务整理委员会来电

四月卅日

第一七八号

上海探投国际联合会调查团诸先生赐鉴:

日本恃其暴力,蔑视公理正义,毁弃国际间一切神圣公约,强占我东北辽宁、吉林、黑龙江三省,越货杀人,焚庐毁舍,综其罪恶,罄竹难书! 此皆天下之所共见共闻,事实俱在,不容毁灭。自去年九一八以还,我东北三省被日军强占,半载有余,人民在暴力压迫之下完全失却自由,不得伸其意志。日人乃于此时卵翼汉奸,唆使废帝树立伪政府,假"满人治满"为名,用遂其并吞朝鲜之故智,此司马昭之心路人皆见,度亦在诸先生洞鉴之中。查满洲人民之极大多数均为汉人,伪国名义上之领袖溥仪,以前从未至满;此次参加此项组织者,均为性质可疑之以前官僚与军阀,受恫吓与贿赂之胁迫,成为日人之傀儡:伪行政院系受日人熊井之操纵,每部均聘有日人为顾问,以日方之傀儡视作中国人民之代表,此不仅一种损害,且为甚大侮辱。

自伪国成立以来,东北义勇军之抗拒战争益见激烈,此亦可见东北真正民意之表现。我国自九一八以来,完全信任国联;同时,深信世界和平定能战胜暴力! 国联为世界和平主宰,伏希大力主持;对东北日人威胁下成立之傀儡政府,受日人及其傀儡之干涉或操纵,不使用独立方法,世界和平公理,实利赖之。

中国国民党江西省鄱阳县党务整理委员会(印)叩　印
中华民国二十一年四月七日发

资料来源:日内瓦国联与联合国档案馆藏李顿调查团档案,卷宗号:S38。

141. 中国国民党江西省铜鼓县党务整理委员会来电
(第一七六号)

四月卅日
第一七六号

国联调查团各委员勋鉴:

日本此次违反国联盟约,破坏世界和平,以暴力侵占敝国东三省。近复变本加厉,实行威迫,利用少数叛逆,组织"满蒙国"之傀儡政府,并向国际妄称"出自东北民意",冀惑世界听闻,敝国人民对此暴日狡诈行为莫不发指!

查东北三省系敝国之领土,历史悠久,早为世界所公认。此次贵委员受国联之重托,来华调查真相,不难明晰。敝国人民除表十二万分之欢迎外,尤请本其公正之态度及确实之状况,报告国联而解决之,使世界和平永有保障,公理正义得以伸张。

敬布区区,诸希亮鉴!

中国国民党江西省铜鼓县党务整理委员会(印)叩　庚　印
中国民国二十一年四月□日发

资料来源:日内瓦国联与联合国档案馆藏李顿调查团档案,卷宗号:S38。

142. 中国国民党江西省铜鼓县党务整理委员会来电
（第一七七号）

四月卅日

第一七七号

国际联合会勋鉴：

日本此次违反国联盟约、破坏世界和平，以暴力侵占敝国东三省。近复变本加厉，实行威迫，利用少数叛逆，组织伪满蒙国之傀儡政府，并向国际妄称"出自东北民意"，冀惑世界听闻，敝国人民对此暴日狡诈行为莫不发指！

查东三省系敝国之领土，历史悠久，早为世界所公认。此次贵会派员来华调查真相，不难明晰。尤请贵会本其公正之态度，制裁暴行，以还中国领土之完整，使世界和平永有保障，公理正义得以伸张。

临电迫切，诸维鉴察！

中国国民党江西省铜鼓县党务整理委员会（印）叩　庚　印

中国民国二十一年四月□日发

资料来源：日内瓦国联与联合国档案馆藏李顿调查团档案，卷宗号：S38。

143. 江西省贵溪县各界救国会来电

四月卅号

第一七五号

南京外交部转国际联盟会调查团诸公钧鉴：

顷闻诸公受国联会之重大使命，远来敝国，调查中日事件，更不辞劳瘁，遍视各地，佳音逖聆，曷胜欢欣！

查日本以亡韩之故技［伎］而亡我满洲，复侵扰淞沪，残杀我同胞，损失之惨，莫逾于此。日本积极侵略中国，即侵略世界之先声。诸公乃和平使者，希望对于日本蹂躏中国之真相切实调查，并恳转请国际会应站在正义、公理与本身职责之立场上，制止日本之暴行，以维持国际之神圣盟约。否则，中华民族为争生存计，不得不采取自卫手段，继续抵抗，宁为玉碎不作瓦全！

谨此电达，聊表欢迎之意。

江西省贵溪县各界救国会（印）叩　佳　印

中华民国二十一年四月九日

资料来源：日内瓦国联与联合国档案馆藏李顿调查团档案，卷宗号：S38。

144. 中国国民党江西浮梁县党务整理委员会来电

四月卅日

第一七四号

国联调查团诸先生均[钧]鉴：

贵团负和平之使命来华调查，举国同欣，敝会代表全县民众致最敬礼以申谢诚。唯日本破坏中国领土、主权之完整，昭昭在人耳目；尤其是日人威胁少数汉奸，在我东北组织傀偏政府，袭用亡韩故技[伎]，以遂其侵略之野心，此种破坏领土、主权完整之举动，凡我国人誓死不能承认！伏望贵团本调查之真相，维护公理与正义，裁制暴日侵略之野心，则世界和平实有赖焉。

中国国民党江西浮梁县党务整理委员会（印）佳　叩

中华民国二十一年四月九日下午一点十分发

资料来源：日内瓦国联与联合国档案馆藏李顿调查团档案，卷宗号：S38。

145. 湖南人民反日救国会常德县分会来电

四月卅日

第一七三号

南京国民政府外交部转国联调查团李顿爵士、克劳特将军、麦考益将军、希尼博士、史高蒂伯爵暨列列先生勋鉴：

察日本以武力侵占我东省，轰炸我淞沪，人民惨遭杀戮，财产横被损失，很[狠]心毒手，备极凶残！近复师亡韩之故智，逞胁迫之淫威，利用少数卖国汉奸，组织所谓傀偏政府，并妄称出自东北民意，淆惑世界听闻。此种自欺欺人之狡诈行为，凡我国人极端反对，特此表示，幸勿为彼狡日所欺蒙，并恳主持正义，以还我领土之完整。

临电神驰，毋[无]任盼祷之至！

湖南常德县人民抗日救国会（印）叩　久　印

民国□年□月□日□时

资料来源：日内瓦国联与联合国档案馆藏李顿调查团档案，卷宗号：S38。

146. 湖南大庸县人民抗日救国会来电

四月卅日

第一七二号

南京外交部转国联调查团列列先生勋鉴：

暴日蓄意侵略、谋夺敝国，一再以武力压迫我方。为尊重盟约计，曾诉诸国联，请求公理制裁，以维护东亚和平。不意彼欲壑难填，我辽吉黑被其无故侵占，劫掠不已；近复诡计百出，利用少数叛逆，组织东北傀儡政府，一面调遣大军攻我淞沪，希图转移世界目标，行其亡韩故智，居心险恶，言之滋痛。

此次诸先生翩然莅止，实地调查，当能洞明其奸。务恳将调查实在情形，转达国联，出以正义制裁，俾公理不为强权所屈，则幸甚矣。否则，敝国为保持领土完整，亦惟有以我头颅相与周旋也。

谨电呈闻，敬乞垂察！

湖南大庸县人民抗日救国会（印）叩　齐

资料来源：日内瓦国联与联合国档案馆藏李顿调查团档案，卷宗号：S38。

147. 中国国民党江西省丰城县党务整理委员会来电

四月卅日

第一七一号

汉口探交国际调查团诸先生公鉴：

贵团受国联之重命，调查中日间之纠纷，远涉重洋，不辞劳瘁，道经敝省，无任欢迎！

日本秉承其传统之大陆政策，逞其侵略野心，于是有九一八之暴行，东省横被占据；有一·二八之战事，淞沪惨遭蹂躏，置国际公法与非战公约于不顾。兹复演亡韩之故技［伎］，制造满蒙傀儡伪国，藉［借］为实行侵吞东省之初步，直欲以掠夺行为、欺朦［蒙］手段，遂彼大陆政策之迷梦。

敝国酷爱和平之心性及信赖国联之诚意昭然若揭。诸先生奉命调查，负托重大。务祈将日本为鬼为蜮之诈计，及扰害天津与淞沪等处，违背公理之事实，本其公正之态度，完毕其任务，据实报告于国联，为一严明而有效力之解决,以维护世界和平,保持国联威信。

引领遥望,曷胜盼切!

中国国民党江西省丰城县党务整理委员会(印)叩　微　印

中华民国二十一年四月五日□午□点□分钟译发

资料来源:日内瓦国联与联合国档案馆藏李顿调查团档案,卷宗号:S38。

148. 中国国民党湖南省资兴县执行委员会来电

四月卅日

第一六九号

南京国民政府外交部译转国联调查团李顿爵士、克劳特将军、麦考益将军、希尼博士、史高蒂伯爵暨列列先生勋鉴:

日本自去岁九月十八日无故出兵,强占我东北;今复称兵淞沪,逞其强暴手段,实行其大陆一贯政策,将国联盟约、非战公约及华府条约破坏无余。近更以亡韩故智,唆使中国国贼溥仪、张景惠、熙洽、袁金铠等组织东北傀儡政府,使中国国土分崩离析,实深痛恨!惟纷争之解决,基于调查之结果。

久仰贵团公道为怀,素敦邦谊,望本大公无私,主持公道,将日本暴行之事实详呈国联,并恳以有效方法予日本以严厉之制裁。否则,敝国人民为保全我国领土计,为维护人类和平计,誓死抵抗,绝不甘为日本暴力所屈伏[服]也。

临电迫切,至深企祷。

中国国民党湖南省资兴县执行委员会(印)叩　佳　印

资料来源:日内瓦国联与联合国档案馆藏李顿调查团档案,卷宗号:S38。

149. 湖南资兴县人民抗日救国会来电

四月卅日

第一七〇号

南京外交部转国联调查团主席李顿爵士暨列列委员勋鉴:

世界自物质科学进步以来,强权伸张,公理淹没,兽欲流行,人性丧失。因此,弱肉弱[强]食、互相撕杀之惨剧频仍不已。在此惨剧之中,弱者固被牺牲,而强者亦猛虎相斗,不免两败俱伤。欧战而后,世界列强均感武力撕杀之惨无人道,掉头思返,共谋世界和平。于是,九国协约也、非战公约也,应运而生;一纸条约恐难生效,更组织国际联盟会以负执行此种条约之专责,其谋和平之法可谓尽矣。世界和平之约既立,执行和平之约的机关已成,大多数之国家果能如约履行满期,世界各强弱民族由此可达共存共荣之境。

孰料日本帝国主义者终不稍杀其侵略之野心。去年九一八,一举侵占我东省;侵占我东省犹未足,且倾其全国之师,夺取我淞沪,横行我长江各省。近更唆诱叛逆,组织伪满洲国,师亡韩之故智,实行其满蒙大陆一贯之政策,此种横行,尤为世人所共见。

自日本大举侵略以后,国联屡次决议,嘱其停止侵略,实行撤兵。而日本终不一顾,违背世界公理,而所谓九国协约及非战公约,均被渐[撕]灭无余矣。

现在,贵团奉国联之使命,来敝国调查日本侵略之实况。日本巧计百出,借口停战无期,观其会议席上无耻之要求,战区生力军之增援,不时向我方作小规模之袭击者,可以知其概矣。敝国酷爱和平,素持世界大同主张。此次日本来侵,而我始终信赖国联,希望国际作正当解决者,即我民族性酷爱和平、主张大同之具体表现也。

贵团此次驾临敝国,调查日本在华穷凶恶极之成绩,所在皆有。贵团为世界慈祥之神,目睹斯况,当不能任斯万恶之战魔起舞东亚而破坏世界和平也。万恳贵团详察日本侵略之事实,作报告国联之材料;还恳贵团力促国联,根据国际条约,将此战魔作最有效力之制裁,务使敝国领土复归完整,政治依然独立,此非特敝国感戴,世界永久和平实深利赖。敝会同人远隔湘隅,未能亲躬欢迎,无任怅惘,乘风布意,恳祈垂察!

湖南资兴县人民抗日救国会(印)叩　齐　印

资料来源:日内瓦国联与联合国档案馆藏李顿调查团档案,卷宗号:S38。

150. 大中华民国江西鄱阳国难宣传委员会来电

四月卅日
第一六七号

上海吴市长转国联调查团钧鉴:

我国以文明立国,对外素抱和平。此次日本违反公约,无理起衅,犯我东北,延及东南,残杀我同胞,强占我领土,人神之所同嫉,天地之所不容!谁为戎首？为属之阶？贵团秦镜高悬，主持公道，请实地调查用照事实。本会谨以至诚，静候公决。

特此电陈，诸希垂鉴！

大中华民国江西鄱阳国难宣传委员会（印）佳　叩

中华民国二十一年四月十日发

资料来源：日内瓦国联与联合国档案馆藏李顿调查团档案，卷宗号：S38。

151. 湖南永明县人民抗日救国会来电

四月卅日

第一六八号

国联调查团诸公勋鉴：

日本横暴，违反国际盟约，破坏东亚和平，悍然以武力强占我东省领土，并利用少数叛逆组织傀儡政府，显然袭用灭亡朝鲜故智以灭亡我东省；尤复诡计百出，倾全国军队侵扰淞沪，以冀转移世人目标，而遂侵略野心。

诸公远道来华，备极艰辛，敝国人民毋[无]任欢迎，务希调查实际情况，秉公报告国联，主持公理，以有效方法，制裁日本暴行，维护世界和平，保持国联威信。否则，敝国人民为自卫计，为自救计，誓死与暴日作长期抵抗，以保全领土，维护主权。

临电神驰，务祈察鉴。

湖南永明县人民抗日救国会（印）鱼　叩

中华民国二十一年四月□日

资料来源：日内瓦国联与联合国档案馆藏李顿调查团档案，卷宗号：S38。

152. 甘肃省教育会来电

四月卅日

第一六四号

南京外交部转国际联盟会调查团公鉴：

去岁暴日无端出兵关东，扰乱华北，侵犯我国主权，蔑视世界公理，虽衅由彼开，而我政府始终抱定和平宗旨，不肯遽尔诉诸武力，期待国联和平公正之解决,促醒暴日蛮横狡诈之迷梦,忍痛含垢六月于兹。在此六月之中,日人恣意肆行,伎俩百出,华北之隐忧未解,而沪上之战端又启矣。慨[盖]自一月二十八日以后,暴日在长江吴淞沿岸添加军队,渐次扰害内地,杀戮我同胞,焚毁我庐舍,文化机关为彼破坏,经济基础为彼摧残,种种阴狠手段愈演而愈出不穷。虽经国联一再劝告,彼仍置若罔闻,推其用心,非捣乱东亚局势、破坏世界和平不止。

嗣近,国联会以暴情势日趋极端之故,选派代表组织调查团,来华调查详情,以作最后判断之标准。贵团受职任事,不惮重洋而来,其为扶持人道、主张正义而维护公理,当然是唯一不二之使命。此等精神,不惟敝国人士同声感谢,即世界上具有公理之民族,亦必以手加额,为贵团所负之使命以及东亚和平之局面而致贺也。

敝会僻处西徼,声气闭塞,遽聆佳音,莫名感佩!惟有一事于贵团申请者,日人性情狡狯,行为伎俩早为世界所深悉。贵团此次来华调查真像[相],在我,自当依据事实,静候公理之判断;而在彼,为掩饰耳目计,难保不无捏造是非、散布谣诼、蛊惑人心、扰乱听闻之种种卑劣手段,以逞其历年觊觎之野心。甚望贵团所至之处,亦宜注意及之。

特此电闻,伏祈垂察!

甘肃省教育会(印)覃　　叩

资料来源:日内瓦国联与联合国档案馆藏李顿调查团档案,卷宗号:S38。

153. 广西省岑溪县农民协会整理委员会等团体暨全县十七万民众来电

四月廿九日
第一六二号

北平探送国联调查团鉴:

此次日军违反国际公约,强占敝国东北,突攻敝国淞沪,种种强暴横行,甘为世界人类公敌。乃日人竟借沪战之突起,使各国对于东北事件减少注意,而唆使东北叛国汉奸组织傀儡政府,以转移国际视线,欲以亡韩故智以亡敝国东北,此种侵略狡谋实难掩饰。夫东北乃敝国之领土,所有叛逆傀儡政府,敝县十七万民众誓死否认!

尚望主持公道，勿为日人所欺骗，以伸正义为祷。

广西省岑溪县农民协会整理委员会（印）

商民协会整理委员会（印）、妇女协会（印）

学生联合会暨全县十七万民众同叩　删

资料来源：日内瓦国联与联合国档案馆藏李顿调查团档案，卷宗号：S38。

154. 中国国民党河南省嵩县党务指导委员会来电

国际联盟调查团公鉴：

我国不幸，灾祲频仍；日本幸灾乐祸，乘机侵袭。客岁以莫须有之中村事件，突开大兵，攻我东北，杀我军民，掠我文物，轰炸我兵营，夺取我炮艇，奸淫掳掠，无所不为。凡日军所到之处，尽换挂日本旗帜，俨然以朝鲜待我，更批陆海空军轰炸淞沪，我全国精华会粹[荟萃]之上海大半悉成焦土，人民生命财产之损失约达十五万万元。

当时我国政府所以不抵抗者，系尊重国联条约，拥护非战正义，于是隐忍退让，惟一请求国联，遵照盟约，给日本以相当之制裁；而日本竟得寸进寸、得尺进尺。我驻沪十九路军目睹日人之暴行，忍无可忍，为取自卫计，始起而抵抗。此次抵抗之行为，完全系有血气、有人格之国民最底[低]限度应有之举动。不然，任日军操快斧以切断吾人之咽喉，持利刃以刺吾人之心腹，只准吾人忍痛负屈而不与之抵抗乎？且此次日本出兵我东省与淞沪，实欲实现其大陆政策。此种行为，不惟破坏东亚和平，世界和平亦将从此破坏。而日人反在国联会议席上信口雌黄，妄发谬论，诬我排外，淆乱听闻，似此狡诈百出，诚为人类所不齿。

我国际联盟调查团集合各国杰望，跋涉东来，实地调查。对于万恶日本纯用阴政贼策暨其残暴行为，一经视察，自能烛照诸公耳目。日本决不能一手掩盖，被其所蒙也。且贵团诸公受国联付托之重大与各国人民之硕望，必能秉公澈[彻]查，具实报告国联，俾东北与淞沪事件能依据国际盟约及世界正义，同时解决，是所祈祷。本会除率全县党员暨全县二十六万民众准备为抗日后援外，翘盼诸公秉公澈[彻]查，迅采有效之制裁，驱逐恶暴之日军完全撤退。

不胜感戴，盼祷之至！

谨此电达，至祈鉴察。

中国国民党河南省嵩县党务指导委员会（印）叩　有

资料来源：日内瓦国联与联合国档案馆藏李顿调查团档案，卷宗号：S38。

155. 兖州各界欢迎国联调查团欢迎词

第一一五号

令人望眼欲穿的世界和平使者——国联调查团,远涉重洋,降临中国! 在日本炮火下的中国人民,是如何的欢呼求救! 相信贵团定有方法解救他们。

现在,贵团北上过兖,全县各界民众,除推我们少数代表到站表示十二万分的热烈欢迎诚意外,全体民众心弦上都鼓着"公平的国联调查团万岁"的呼声!

自九一八惨变以后,中国仍抱着和平精神,不予抵抗,退兵关内;天津日军暴动,中国兵又退出津沽;南京日舰威胁,中国又迁都洛阳。而日本反如疯如狂,炮击中国经济中心、军事重镇的上海! 强占吴淞,火焚闸北,文化机关,商业胜区,均荡然无存!

现在,东三省的伪国,在日本诱惑卵翼之下产生子[了],天津被日本便衣队惨杀的民众,仍然含冤于地下。上海还是在日本武装占领中,并且上海以外的各地,如苏杭、南翔、嘉兴、太仓、浏河等处,每日犹被日本飞机掷弹,或炮火轰击。

以上种种的事实告诉我们:足证明日本暴行有加无已。近来,日本更露骨的蔑视国际公理,积极的破坏世界和平! 希望贵团根据调查所得,公平报告国联,以便申张"正义"、维持"和平"!

中国始终拥护"国际公约"、"和平公约"和"九国协约"。更始终相信国联有制止暴行、主持公道的"力量"和"勇气"!

于是,我们谨祝贵团诸公:一路福星,万寿无疆!

兖州各界欢迎国联调查团代表团

中华民国二十一年四月十九日

资料来源:日内瓦国联与联合国档案馆藏李顿调查团档案,卷宗号:S38。

156. 常德县农会来电

南京国民政府外交部恳转国联调查团列列先生勋鉴:

查日本恃其武力,违反国际盟约,破坏世界和平,竟敢举兵侵犯我国,占我东北,寇我东南,屠戮我人民,强掠我财产,残酷凶横,莫此为甚。

近复异想天开,复用侵占朝鲜之惯技[伎],利用少数叛逆,组织满蒙傀儡政府,并妄称"出自东北民意",希图淆乱世界听闻,此种鬼祟行为,我国誓死反对!

本会代表全县农民特电表示,务乞贵调查团主张正义,保持和平,幸勿为日本所欺蒙也。

临电毋[无]任盼祷之至。

常德县农会(印)叩　齐　印

资料来源:日内瓦国联与联合国档案馆藏李顿调查团档案,卷宗号:S38。

157. 庆云县教育局等团体及全县民众来电

北平市政府转国联调查团诸位先生钧鉴:

贵团诸位先生,此次膺受国联郑重付托,远涉重洋,莅华实地调查中日纠纷,显然是负有庄严伟大之使命,此次贤劳工作是为中日、为国联、为全世界爱护公理与和平,在人类文明史上将保有永久不磨之光荣。

自去年万宝山惨案,日兵使韩人屠杀华侨,以致九一八日军突然暴行,袭取我沈阳;继则攻陷吉黑两省,利用贼团组织傀儡政府。及此次上海祸变,所造成中日间不幸之局势,此事责任谁属?

俟诸先生实地调查之后,当能主持正义、维护国联盟约之尊严,必能得公正而显明之答案。但国联责任是主张公理及维护和平,我民众决非希求对我偏袒,亦即公理与和平。查国际联盟调停国际间之纠纷,曾积无数不磨之光荣,深望国联常保此光荣,即是全世界之光荣,即是全世界人类之福祉,是以谨率全县十五万民众,为诸先生主持公理与和平热诚欢迎。

庆云县教育局(印)、财务局、建设局
教育会、农会、商会及全县民众叩

资料来源:日内瓦国联与联合国档案馆藏李顿调查团档案,卷宗号:S38。

158. 濮阳县农会等团体来电

国联代表调查团诸公钧鉴:

因为中日纠纷,致劳诸公远涉重洋,万里跋涉,负有维护国联盟约之尊严,

保障正义、人道之神圣,不辞劳苦而驾临中国,吾侪民众无任欢迎之至!

当此欢迎之际,吾侪民众认为有应向诸公告者三点于下:

一、自客岁发生九一八事变,日本无故强占我国辽吉,经国联屡次决议,通知日本撤兵,禁止中日事件扩大,中国遂严格遵守;而日本竟悍然不顾,攻黑省、占锦州,三省占后,更进兵上海,威逼都城,轰炸繁华街市,毁灭文化组织。国联愈决议,日本愈进兵,固然直接侵占中国领土,间接何啻攻打国联,事实俱在,岂容狡辩!故一切责任完全由日本负之。此吾侪认为应向诸公告者一也。

二、自九一八事变以来,今已半载有余。日本知诸公快来调查,乃用暴力,强迫成立俘虏政府,希图蒙蔽诸公之视听,而便文饰强暴之痕迹,请诸公迅速报告国联,要维护国联尊严,根据迭次决议,为有效之措施;不然,则国联盟约将成为废纸,世界从此多事矣!此吾侪认为应向诸公告者二也。

三、在此日军铁蹄之下,凡由日本暴力威逼所造成之一切事实及协定,我国民众决不承认!纵然国联有所顾忌,而不予日本以正当制裁,我国民众当以铁血精神为政府后盾,与暴日作长期奋斗,不达目的不止!此吾侪认为应向诸公告者三也。

以上三点为我国民全体一致之主张,宁为玉碎不为瓦全,为我国民一致共下之决心!敬希诸公主持真理,保障人道,对破坏世界和平、破坏国联盟约者,加以严厉制裁,以警[儆]效尤,不独中国之幸,亦世界各国之福也!谨代表全国民众表示欢迎之忱!

特此电达,不胜迫切之至!

濮阳县农会(印)、土木业职业工会

商会、教育会、妇女生活改进会　寒　叩

资料来源:日内瓦国联与联合国档案馆藏李顿调查团档案,卷宗号:S38。

159. 中国国民党湖南省直属蓝山县区分部
执行委员会来电

四月十九日

第一一六号

南京外交部转国联调查团列列先生钧鉴:

日本恃强,占我东北,暗使少数叛逆组织非法政府,并向国联妄称"出自东北民意"。查东北民众并未别具肺腑，焉忍将完整之国家自行分离？确系日本之狡诈行为，毫无疑义。本会敢代表全县民众，誓死反对此种组织，并恳列位转电国联，不为所欺，主持正义，还我领土之完整。幸甚！

中国国民党湖南省直属蓝山县区分部执行委员会（印）叩　东　印

资料来源：日内瓦国联与联合国档案馆藏李顿调查团档案，卷宗号：S38。

160. 湖南人民抗日救国会来电

市政府译转国联调查团诸公勋鉴：

日本违背国际之各种公约，破坏敝国领土主权之完整，曾经迭恳诸公转陈国联，为有效之制裁，谅蒙垂察。兹闻日人又唆使东省叛逆，拒绝敝国代表顾维钧博士随诸公入东省调查。窃敝国派顾博士为代表襄助调查，系遵照国联议决案；今日本欲掩饰其暴行，且便于欺瞒诸公计，竟拒绝顾博士调查，实属貌视国联，玩弄诸公！务希诸公严辞[词]拒绝，详细调查，并将调查所得真相报告国联，作极公允之裁判，以维世界和平，不胜祈祷之至。

湖南人民抗日救国会叩　无印

资料来源：日内瓦国联与联合国档案馆藏李顿调查团档案，卷宗号：S38。

161. 四川石砫县教育会等团体来电

四月十九日
第一一五号

上海市政府转国际联盟调查团各委员钧鉴：

顷读各报记载，贵团已于铣日莅沪，披读之下，无任欣忭！敝会等远处川东极边，不克亲致欢迎，实深歉仄。

日本为贯澈[彻]其所谓大陆政策，不惜违背国际盟约、非战公约及九国公约，竟乘我灾祸迭见之际，于上年九月十八日无故用兵，占我沈阳暨我东北各地，其屠戮烧杀之惨，亘古未闻。我方为维持世界正谊[义]与公理，及拥护国际各项盟约计，节节退让。乃日本得寸进尺，近更倾全国武力侵我上海，我方忍无可忍、让无可让，有守土责任之第十九路军及第五军等始出而自卫，然前后抵抗至三十余日之久，我方始终采"人不犯我、我决不犯人"之义，为驻沪各国人士所目睹者。乃日本不顾信义，竟乘我方遵守国联决议案，将前线暂为退让之际，袭我上海各地，毁我吴淞炮台，其有意破坏世界和平，更属显然。

此次国联既委托诸公，远临调查，贵团所负责任关系东亚及世界和平者，至为重大。务希作详细之侦查，为公正之报告，俾吾人信赖之国联，得站在正谊[义]公理与本身之立场上，予日本之暴行以有效之制裁，既可维持国际之神圣盟约，复可使敝国人民信赖国联之心愈益坚固。否则，敝国民族惟有采自卫手段继续抵抗。敝会等虽远处边陲，亦当率领我县各界民众誓作政府后盾，与彼暴日周旋，宁作玉碎，勿为瓦全也。

谨此电达，诸维照鉴。

四川石砫县教育会（印）、四川石砫县农会、缝织业职业工会

四川石砫县建筑业产业工会（印）、四川石砫县商会（印）同叩　陷　印

资料来源：日内瓦国联与联合国档案馆藏李顿调查团档案，卷宗号：S38。

162. 河南省淮阳县农会等团体代表五十万民众来电

四月二十一日

第一二六号

国联调查团公鉴：

此次日本乘我国天灾匪祸之际悍然出兵，不顾国际公法，破坏世界和平，甘为戎首，行同兽类，强占我辽吉，复轰我淞沪，恶势汹汹，弃公理如草芥；碧血滴滴，视吾民若牛马，杀戮任性，为所欲为，残暴凶顽至斯已极。近复帮助东北叛逆赵欣伯等组织"满洲政府"，此种狡谋令人切齿！东北为我国之领土，誓死力争，决不承认其傀儡组织。

诸公奉国联之使命，佩虎符，坐皋比，为天下之干城，远道莅止，举国腾欢！尚望诸公慨秉大公，主持正义，制止日本协助叛逆组织，借敦邦交，中国幸甚！世界幸甚！

临电翘企，曷胜感祷！

河南省淮阳县农会、商会、教育会（印）

学生自治会（印）、工会并代表五十万民众同叩　寒

资料来源：日内瓦国联与联合国档案馆藏李顿调查团档案，卷宗号：S38。

163. 中国国民党汜水县执行委员会率合邑民众来电

四月廿五日
第一四五号

北平顾代表译转国联调查团诸委员公鉴:

　　暴日不顾公理,毁灭信义,侵我领土,夺我主权,假吞并朝鲜之故智,利用少数汉奸在东三省组织傀儡政府,强奸民意,破坏中国领土完整,虚伪宣传,谣惑世界听闻。在日人以为可以一手掩尽天下耳目,岂知作伪心劳日拙、愈[欲]盖弥彰。诸君此次来华调查真像[相],到处可见日本残暴行为,证明其虚伪宣传。而暴日仍野心不绪,增兵运械,忙于备战,上海和会枝节横生已陷于绝境;对东北叛逆,竟予以实力援助,破坏中国统一,我国民众……日方复促使傀儡政府拒绝我顾代表随赴我关外调查,似此无理要求,我国同胞除汉奸外闻之无不发指,誓死反对!

　　前阅报章,见贵团已严词拒绝,足证贵团主持正义,惟理是尊,我国人士钦佩莫名。总之,日本野蛮侵略,破坏国际公约,国联虽屡次警告而置若罔闻,并益加剧,非独对中国作战,实对各国共筑保障和平之壁垒,任意攻急[击]。倘国联不急设法制止,非惟东亚和平不能保持,世界大战恐即在目前,时急势迫,本会谨代表汜水十五万民众诚恳希望贵团就调查所得真像[相]报告国联,请国联速采有效方法制止日本暴行,庶国际和平保障不致为一国破坏,东亚幸甚! 世界幸甚!

　　　　　　　　中国国民党汜水县执行委员会(印)率合邑民众叩　巧

　　资料来源:日内瓦国联与联合国档案馆藏李顿调查团档案,卷宗号:S38。

164. 中国国民党辉县党部等团体来电

四月廿六日
第一五一号

北平顾代表维钧译转国联调查团钧鉴:

　　慨[盖]自日本军阀乘我天灾人祸,于去年九一八称兵东北,占领我土地,任意戕杀我人民,破坏我政治经济组织,驱逐诱杀我中央政府所任命之长官,大举扰乱我平津;犹为未足,元月廿八日,复分兵上海,利用现代式军用毒品,焚烧我庐舍、摧残我文化机关、炸毁我实业工厂，我繁盛富庶、世界经济中枢之淞沪，竟在暴日炮火下一旦化为灰烬！似此蔑视国际公法、破坏世界和平之日军暴行，有目共见，有耳共闻，凡我国民无不极端愤恨。

查东三省向为中国领土完整之一部，在经济方面尤为全中国整个经济不能分离之一部。乃暴日为保障攫取我东三省领土之安全，尤复积极实行其威胁利诱之手段，促使少数叛逆组织伪满蒙傀儡政府，妄称出自东北民意，以掩饰世界耳目，实则其狡诈阴谋欲盖弥彰也。此种狠毒计划、军事压迫下之政治组织，敝国国民誓不承认，宁为玉碎不为瓦全！

贵调查团诸君既受国联委托，赴东北调查，即请诸君主持正义，本大公无私之精神从事调查，给国联与世界以正确报告，俾中日纠纷得到圆满之解决。万勿为日方所蒙蔽，致遗祸东亚与世界，强权即是公理之事实永留人间。

不胜迫切盼祷之至！

中国国民党辉县党部（印）

商会教育会（印）、农会（印）

工会、妇女协进会　梗　叩

资料来源：日内瓦国联与联合国档案馆藏李顿调查团档案，卷宗号：S38。

165. 山东省莱阳县农会等团体来电

七月二十七日

第三八九号

北平顾代表维钧译转国联调查团钧鉴：

伪满洲国系日本制造之傀儡组织，早为世人所共见。此次，日本竟又公然承认，不惟破坏中国领土、行政之完整，抑且违反国际盟约及九国公约，此种非法行为，中国国民誓死反对！

惟望贵团转告国联，从速提出有效办法，制止日本暴行，并促使其速撤东北日军，以实现国联屡次决议。

不胜切盼之至！

山东省莱阳县农会（印）

商会（印）、教育会、妇女协进会同叩

中华民国二十一年七月二十一日

资料来源：日内瓦国联与联合国档案馆藏李顿调查团档案，卷宗号：S38。

166. 福建省农会等团体来电

中华民国廿一年七月廿九日收到

来报纸　　　　　　　　中国电报局　　　　　本局号数

RECEIVING　　　　　　　　　　　　　　JOURNAE. NO. <u>511</u>

THE　CHINESE　TELEGRAPH　ADMINISTRATION

局　　　　　由京北分局抄送

_____ OFFICE

由 From	CP　350				交 TO		
时刻 Time	点 H		分 M	附注 —REMARKS—	时刻 Time	点 H	分 M
签名 By					签名 By		

原来号数 TELEGRAM NO.			等第 CLASS		字数 WORDS	
发报局 Office from			日期 Date	点 H	分 M	
7857	0108	5903				
顾	代	表				
4850	6874	6730	6567	0948	5114	
维	均	译	转	国	联	
4148	7686	0957	0341	7003	2552	
调	查	团	公	鉴	暴	
2480	6002	0148	7439	0554	3498	
日	袭	占	东	北	炸	
3607	3247	3337	2053	0022	5478	
毁	淞	沪	我	中	华	
3046	2469	1947	1170	0735	1627	
民	族	爱	好	和	平	

（续表）

4850	2176	0207	5130	4842	6083
维	持	信	义	经	诉
6153	0948	5114	7234	0230	5710
请	国	联	静	候	处
4999	0075	1764	4544	7456	6175
置	乃	彼	竟	于	诸
0689	6384	2480	0037	2514	5903
君	赴	日	之	时	表
4355	1730	4289	1966	1653	2342
示	强	硬	态	度	掳[虏]
0031	2110	6126	0651	4627	4809
主	承	认	叛	逆	组
4930	4602	1788	6575	3498	2600
织	近	复	轰	炸	朝
7122	4651	4529	3583	4164	3927
阳	进	窥	热	省	甘
3634	0013	3954	2051	7445	4672
为	世	界	戎	首	违
0646	0948	【7139】	0361	4766	0948
反	国	际	公	约	国
5114	4145	4766	0644	0948	5114
联	盟	约	及	国	联
3082	6231	2714	2577	0502	2494
决	议	案	更	加	明
7539	0523	2017	0543	1317	7257
显	务	恳	勿	存	顾
1982	1783	4443	2354	1395	1032
虑	从	速	据	实	报
0707	6948	5114	0017	1357	4855
告	国	联	并	宣	示

（续表）

0018	3954	5259	7193	3541	0117
世	界	临	电	无	任
0120	4411	0037	5267	4395	1695
企	祷	之	至	福	建
4164	6593	2585	1562	2585	0794
省	农	会	工	会	商
7585	2403	5148	2585	0681	0661
会	教	育	会	同	叩
0313					
俭					

资料来源：日内瓦国联与联合国档案馆藏李顿调查团档案，卷宗号：S38。

167. 杭州市人力车夫职工俱乐部及市妇女救济会来电

中华民国廿一年七月廿九日收到

交通部无线电台
CHINESE COVERNMENT RADIO SERVICE

来报纸 　　　　　　中国电报局　　　　本局号数
RECEIVING　　　　RADIOGRAM　　JOURNAE. NO.　14
原来号数　　　　　　　　　等级　　　　字数
ORIGINAL RADIOGRAM NO.＿＿　CLASS＿＿　WORDS＿＿
发报号　　　　　　　日　期　28　　时刻 16:50
STATION OF ORIGIN＿＿＿　DATE＿＿＿　TIME＿＿＿
附注
REMARKS＿＿＿＿＿＿＿＿＿＿＿＿＿＿＿＿＿

7357	1421	1557	0341	3932
顾	少	川	先	生
6567	0948	5114	6148	2686
转	国	联	调	查

（续表）

0957	6175	0361	6874	7053
团	诸	公	钧	鉴
2552	2480	1730	5875	1864
暴	日	强	蛮	恣
1942	1174	2634	6672	0646
意	妄	为	违	反
0948	7139	0361	4766	0187
国	际	公	约	侵
1161	2053	0948	7325	0960
夺	我	国	领	土
0028	2974	1730	2552	5887
凡	此	强	暴	行
3634	2403	0961	3159	7003
为	早	在	洞	鉴
0637	0022	0361	4563	5235
之	中	公	等	膺
0013	3954	0735	1627	6850
世	界	和	平	重
0017	2019	6153	0008	0252
任	应	请	不	偏
0008	5917	2354	1395	1032
不	祖	据	实	报
0707	0948	5114	6598	6180
告	国	联	迅	谋
2589	2400	6586	3127	4098
有	效	办	法	限
0109	2480	6511	2327	6622
令	日	军	撤	退
6463	0361	4583	2974	2945
则	公	等	此	次

（续表）

2639	0171	0008	5268	5711
东	来	不	致	虚
0525	6405	2195	5259	7193
劳	跋	涉	临	电
0008	0524	0120	4162	0037
不	胜	企	盼	之
5267	2635	1558	1579	0086
至	杭	州	市	人
0500	6508	1133	5120	1562
力	车	夫	职	工
0215	2867	6752	2635	1558
俱	乐	部	杭	州
1579	1244	1166	2453	3444
市	妇	女	救	济
2585	0104	0661	5213	
会	同	叩	俭	

资料来源：日内瓦国联与联合国档案馆藏李顿调查团档案，卷宗号：S38。

168. 中国国民党河南开封县党部来电

北平顾代表少川转国际联盟调查团公鉴：

溯自强邻日本擅自称兵以来，我东北数省民众生命财产被其戮掠殆尽，而复用其灭高丽之故智促使汉奸组织傀儡政府，吾国民众处于层层压力之下，莫不发指眦裂，咸欲以鲜血涤奇耻，以头颅奠国疆，枕戈待命，誓复国仇！但能含垢［垢］茹辛，节节容忍以至于今者，盖为尊重国联公法，恪守非战公约，而求公理之终有以制裁强暴也。

迩者贵团衔命东下，莅境调查。我邦人士额手称庆，以为贵团必能一本良心主张，将日本残暴情形及我东省民众受害状况详密查报，俾可早日解决东案而保我国领土之完整。惟知日人狡诈成性，鬼蜮为怀，深恐巧词蒙蔽，图掩弥彰，故特电请贵团以本调查所得秉公报告，使国联有所依据，采取有效方法裁判暴日,庶可抑制强权,伸张正义,遏制远东战祸,保持世界和平,斯匪独我国之福,实全球人群之幸也!

临电不胜迫切待命之至。

中国国民党河南开封县党部(印)叩　巧

资料来源:日内瓦国联与联合国档案馆藏李顿调查团档案,卷宗号:S38。

169. 天津特别市党务整理委员会来电

中华民国廿一年七月廿七日收到

来报纸 RECEIVING			中国电报局		本局号数 JOURNAE. NO.　344		
			THE CHINESE TELEGRAPH ADMINISTRATION				
			局 ＿＿＿＿＿ OFFICE		由京北分局抄送 DELIVERED BY NBO		

由 From					交 TO		
时刻 Time	点 H	分 M	附注 —REMARKS—		时刻 Time	点 H	分 M
签名 By					签名 By		
原来号数 TELEGRAM NO.	11/214		等第 CLASS	S	字数 WORDS		345
发报局 Office from			日期 Date	27	点 H 01	分 M	06
1838	7357		0108				
急	顾		代				
5903	4850		6874	6230	6567		0948
表	维		钧	译	转		国
5114	6148		2686	0957	8133		7003
联	调		查	团	勋		鉴

2480	2609	6692	5154	0046	0948
日	本	违	背	九	国
0361	4766	0948	5114	4145	4766
公	约	国	联	盟	约
5280	0948	5114	0037	3082	4231
与	国	联	之	决	议
6602	6642	6575	3498	2600	7122
近	又	轰	炸	朝	阳
6651	4529	3583	3109	4275	1095
进	窥	热	河	破	坏
0013	3954	0735	1627	0037	6851
世	界	和	平	之	野
1800	2507	3544	5387	2263	2598
心	昭	然	若	揭	望
6311	0957	1412	6148	2682	2076
贵	团	将	调	查	所
1779	2354	1395	1032	0707	0948
得	据	实	报	告	国
5114	2507	0707	0013	3954	5502
联	昭	告	世	界	万
0543	2589	2076	7357	1982	6318
勿	有	所	顾	虑	贻
0013	3954	3541	4522	0037	1129
世	界	无	穷	之	大
4393	2053	0948	0207	6351	0948
祸	我	国	信	赖	国
5114	5280	1947	1170	0735	1627
联	与	爱	好	和	平
0037	4739	4677	1492	4907	1172
之	精	神	始	终	如

（续表）

0001	0048	2001	1868	7115	6101
一	也	愤	恨	陈	词
2417	1585	0081	1390	1131	3160
敬	希	亮	察	天	津
3676	0446	1579	7825	0523	2419
特	别	市	党	务	整
3870	1201	0765	2585	0661	1949
理	委	员	会	叩	感
0407					
凌					

资料来源：日内瓦国联与联合国档案馆藏李顿调查团档案，卷宗号：S38。

170. 中国国民党河南省开封县执行委员会来电

上海市吴市长转国际联盟调查团公鉴：

中国不幸频遭灾患，日人阴险，趁机加紧侵略。去年，借口中村事件，出兵东北，强占我领土，屠杀我军民，破坏、掠夺我文物；继复怂恿浪人，扰乱我津沽；更开大批军队、兵舰与空军，轰炸我淞沪，我沪上人民生命、财产损失一时无从计数。我国驻沪军队愤日人之横暴，求民族之生存，不得已起而抵抗，举国军民莫不愤激。然卒以遵守国联决议之故，仍忍气退让。乃日本不顾信义，满口雌黄，竟于国联会议席上妄发谬论，污我排外，蒙蔽视听，似此险恶狡诈，实人类所不齿、国际所共弃！

本会奋激之余，除与全县党员、民众一致准备为抗日之后援外，用敢披肝沥胆，为贵团陈之：想贵团集各国之英隽，跋涉东来，实地调查，定能计量国联委付之重大，与各国人民愿望之深切，而不为狡诈者所蒙惑，秉公彻查，据实报告国联，使中日事件均得持平之裁判，以维国际公约之神圣与世界人类之和平，是为至幸！

谨此电达，伏乞鉴察。

中国国民党河南省开封县执行委员会（印）叩　皓

资料来源：日内瓦国联与联合国档案馆藏李顿调查团档案，卷宗号：S38。

171. 中国警察协会来电

国联调查团各委员赐鉴：

暴日侵华，各国震骇；贵团奉和平之使命，负调查之重任，由沪来京，曷胜欢忭！

溯自九一八事变以来，日本肆其野心，占据我东省，蹂躏我淞沪，繁华商市顿成邱[丘]虚，文化机关悉为灰烬。不顾国联之劝告，力求战事之扩大，举凡国际联盟约章及九国协约、非战公约，均为日本之炮火摧残无余，直接破坏东亚之和平，间接破坏世界之和平，日人虽狡猾多端，焉得不负此重责！

贵团在上海视察战区，已有极深之感想；此后遄赴东北，当更以锐利之眼光窥破一切。敝会深信诸君至正至公，不偏不倚，谨代表警界同人，对贵团贡献者约有数端：（一）日人之宣传大陆政策，首在并吞中国，次则征服列强。此次借端侵华，已实施其初步计划。（二）田中密奏。去岁东三省日本居留民会自主同盟宣言，中外报章尽情披露。今日事变即由其种种阴谋所发生之结果。（三）日本灭亡朝鲜，利诱与威胁并行。现主使我国东北叛徒组织伪政府，宣布脱离中央关系，是以灭亡朝鲜之计策欲灭亡我东三省也。我满洲溥义[仪]辈甘为李完用第二，受其嗾使，他日予取予求，我幅员广阔之东三省，焉得不入日本之版图耶？以上三项可为贵团调查之基本原料。果于此深切注意，再加以实地考察，则日本所谓出兵保侨、所谓排日、所谓满洲之组织与彼无涉种种之遁词、片面宣传，皆可不辩自明、不攻自破矣。

再，去岁日内瓦电讯：国联方面有组织国际警察维持辽吉治安之议，敝会曾有电力辟此说，并由我国施肇基公使译转国联行政院，此后国际警察之议虽未见诸实施，然最近日本竟倡国际共管上海，并共管我五大商埠之谬说；同时，日本宪警亦陆续开赴上海，破坏我国领土、行政完整，实为暴日唯一之企图。

敝会敢于大难当前，危亡立待，不得不誓死抵抗，愿为我政府交涉之后盾也。

谨电奉达，希赐鉴察，并祝贵团诸君完成此次之重大任务。

中国警察协会（印）叩　卅

中华民国二十一年三月三十日

资料来源：日内瓦国联与联合国档案馆藏李顿调查团档案，卷宗号：S38。

172. 津浦铁路员工敬致国联调查团欢迎词

诸君负世界盛名,受国联重托,重洋远涉,辱临敝邦,中国政府及全体人民均不胜感荷欢迎之至! 本路员工借此机会得与诸君相见,甚愧无盛筵以飨嘉宾,惟仅能略述日本在华所造成之恐怖惨怛之事实,以劳诸君之视听耳。

自九一八事件发生以来,日本在中国领土辽宁、吉林、黑龙江诸省境内以武力占据我政府机关,迫逐我政府官吏,杀戮人民,轰炸城市,即至今尚与英国有密切关系之北宁铁路亦遭殃及。近且嗾使亡清废帝溥仪违叛中央,自称执政,截留关税,而实行其建立傀儡政府矣。国联曾数次有令日本撤退南满铁路区域以外之军队之决议,而日本置若罔闻,并每值国联集会一次,日本在东北之暴举愈进一层,其存心欲破坏国联盟约、非战公约、九国公约之野心,应已为世界人士所共见。盖日本对我东北之侵略夙为传统之政策,其前首相田中氏之奏折有云:“我对满蒙之利权,如果真实得到,则以满蒙为司令塔而攫取全中国之利源,以中国之富源而作征服印度及南洋各岛以及中小亚细亚、欧罗巴之用”,此种狂论往昔无人敢信为真实者,今以日本在东北之举措为之证明,实无丝毫可掩饰矣。不特此也,日本以我中国政府对东北事件诉之国联,诉之公道,坚持不屈,据理相争之结果,因欲以威力劫持中国之政府及人民以完成其满蒙政策,遂挟其武力一再在华北之天津、青岛等处挑衅,赖中国官民应付得宜,未酿事变。日乃转施其技,以占领东方商业中心——各国利益牵系之上海。我驻在军队为保全领土起而为忠勇之自卫,日本悍然用其利兵、大炮,遂使繁盛之都市化为瓦砾之场,各国之商业利益遭蒙空前之打击,而中国政府、人民生命财产之总损失遂构成可骇之数字统计。凡此惨怛之状况,诸君来自战地,当一一目击而心伤,决不至视吾人所报告者为诞妄也。诸君之来,道经日本,日本方面当亦有所谓其真实之报告,或者彼目中国人之举动为狂激之排外思想所鼓动,而诬称日本此次残暴之军事行动,由于中国之抵制日货及日本之保护侨民。实则中国人民在现代之智识与见地,已全异于庚子年间,中国人民素尚和平,对睦邻亲善、共谋福利之道向极重视,决不至于盲目的排外。然自辽吉被陷以来,日本在东北之举动实损及中国主权,侵及中国领土,其种种僇辱官民之暴行,凡属中国人民激于民族意识之表现,抑其热情反感,然中国政府尊重国联、爱护和平之意旨时时劝导。我各地民众亦深体此意,向未闻有日本侨民受何种报复、伤害之事实，即偶一有之（如上海日僧被殴），中国官厅亦即迅速采取有效之手段以制止之，此种事实彰明较著，固诸君所熟知者。至于购买货物问题，则日本政府故作张皇，在华日商久经自动停业，而中国民间因日以暴力侵略之原因不愿购用，因之贸易之数量锐减，自为不可避免之事，此种感情既为每个所自有，即政府强迫民众购用日货亦属难能。盖人民在法律范围以内各有自由，政府亦不能丝毫侵犯之也。

本路员工亦人民团体之一，敢以民众之资格正告诸君，即日本之侵略为因华人之不乐购用日货为果，日本苟能觉悟其行为之失误而改善其对华之态度，则抵货云云固丝毫不生问题也。今日中国在日本暴力蹂躏之下，政府以和平奋斗为自卫之步骤，人民以沉着忍耐为对日之精神，继续努力，绝不屈辱。

国际联合会为世界上主持公道、拥护正义、促进和平之惟一机关，中国人民对之尚有极虔诚之信托。其对中日纠纷专派诸君远道来此，并已迭有公正之决议，足见国联未尝漠视中国人民之申述与希望，甚望诸君以锐敏之眼光，为公平之报告，俾国联以信赖诸君之故，对中日事件为有效之制裁。倘日本仍无悔过之诚意，坚不撤兵，续事侵略，则中国人民之忍耐有时而穷，热血有时而沸，仍当合全民之力量以保中国国家领土、主权之完整，以免贻世界未来之隐忧，此心此志，愿共察察。

此祝诸君健康！

资料来源：日内瓦国联与联合国档案馆藏李顿调查团档案，卷宗号：S38。

173. 公函国联之陈诉书

国联调查团各位先生赐鉴：

世界上一切民族所欣爱者，为和平与安全；所痛苦者，为天灾与人祸。然水旱时疫等天灾，虽防范其严，有时亦不能幸免，此无可如何者也。而人祸尤以战争为最，每一战事发生，无论为长期、为短期，牺牲无量数生命财产，使人群受无量颠连、困苦、恐怖；究其原【因】，不过由于少数侵吞、掠夺之野心家而已。

贵会为谋世界各民族之永久和平，作国际间之调解人，以避免战祸，善愿悲心，世界各民族无不感戴。本会谨代表中国国民遥向贵会致其十二万分钦感！

诸公今日来华之使命为贵会所推任，贵会所以推任诸位来华之意旨，为实地调查日本海陆空军对中国侵略东三省、淞沪，轰炸杀害损失之真相及日本野蛮毫无人道之实况与破坏和平之证据，以便转呈于贵会，制止此项惨剧之继续发生。我中国国人今正遭受日军种种惨无人道之侵掠、杀害，损失之时，对于诸公之来华，不啻黑夜中忽见光明，视如和平之神，莫不于含悲忍痛辗然一喜，本会谨代表中国国民致其无量无限欢迎之意。

诸位在上海吴淞、闸北、大场、罗店、浏河一带，已经实地察看；刻下各处虽在日本军队占据之内，但恐亦无法掩蔽其轰炸杀害之形像，而文化机关、慈善团体种种毁坏，日本人虽万分机巧，亦无法蒙蔽而消灭其罪恶之证据，此我国国民深信诸位必有恻然于心、激动悲愤者。以诸位聪明公正之观察，必有详细切实之记录，归而转陈贵会，不负此次来华之责任。而先决问题，即为日本自一九三一年九月十八日以武力侵占中国东三省，以至侵占淞沪，至今日诸位来华之时，其军事进行除暂时停战外，刻下仍借撤防为名，固无一日不增兵积极备战也，事实昭昭，又岂能逃诸位之观察！曲直是非，想诸位亦已明了于心中，不待赘述矣。

诸位乎，我中国之民族向奉孔子仁义之道，乃最仁慈、酷爱和平之民族也。今我爱和平而日本以野蛮武力相逼，此不独我中国民族危险，即最爱世界和平如贵会之一切盟约亦将为日军炮声击碎，是世界各民族之和平皆不可保，而九国协定、非战公约皆为多事。目下所欲开之军缩会议更不必举行，人群之进化本由野蛮进而文明，今恐将由文明退而入野蛮之域，则人道、公理、正义，世界上将永无实现之日矣。诸公果欲谋贵会之健全，保人道之安宁，求永久之和平，自应以人道、公理、正义三者为唯一主旨；而欲贯彻此旨，则此次日本以野蛮武力对中国侵占之惨剧必有公明之态度，为严正之制裁。而能否制裁及结果，以我中国国民观察，似亦关系于贵会本身之存亡问题也。本会今日谨代表中国国民请诸位给一最简明之答复，约有六点：

（一）诸位曾经过日本，受盛大之欢迎宴会，日本国内固完善繁华，而上海吴淞、闸北、大场、罗店一带之种种轰炸毁坏，及东三省之侵夺残害，曲直是非，究应谁属？

（二）以野蛮武力占夺他一国家之领土能否有效？任何国家是否可以用武力随意侵占他一国家之领土？

（三）凭恃野蛮武力，是否可以不按国际公法不宣而战？

（四）用野蛮武力惨杀他一国家之人民生命，毁坏文化、物质、建筑，一切损失应否负法律上责任？

（五）破坏国联约章、非战公法，演成人类不幸的战事，应否受人类之制裁？抑听其凶暴而不究？

（六）用野蛮武力而侵夺他一国家，他一国家应否谋自卫的抵抗？抑将任其侵夺？

以上六项，皆我中国国民今日遭受种种苦痛之下，无以解慰。何幸得诸位负人道和平之使命，携带公理正义而来，用敢贡陈。务乞诸位以聪明正直之人格，无偏无畏之精神，赐以使人了解确当不移之答复，并请诸位将此件带回，转呈贵会以资参考，俾知中国国民之志意。刻下我中国国民因日本仍不断的增兵来华，其军用品且大批往长江内地运送，爆炸飞机又深入杭州、苏州一带，则日本所请撤兵和议实以欺世欺人，毫无诚意。我国四万万人民皆愿为自卫而牺牲，头可断，领土不可有尺寸之损失。倘日本仍不遵诸位和平调停之苦心，再以野蛮武力相逼，则中国国民当根据自卫原理一致团结，以必死自期，为维持人道计，为爱护世界和平计，为拥护贵会及一切和平盟约计，誓当竭全国民力与之奋斗到底，敢布区区，伏维鉴察。

专此敬祝诸位健康并祝世界人道和平万岁！

中国国民外交后援会（印）谨
中华民国二十一年三月卅日

资料来源：日内瓦国联与联合国档案馆藏李顿调查团档案，卷宗号：S38。

174. 浙江省兰溪县反日救国会常务委员沈茂文等来电

北平顾代表维钧转国联调查团钧鉴：

东三省为我中华国土，历史深远。此次日本以暴力侵占我东北，并促使叛逆溥仪组织伪政府，阴谋尽露，荒谬已极。今闻日政府更作进一步之劫略，竟欲公然承认满洲国伪组织，破坏我领土之完整，蔑视国际公约之正义。我全国民众对此誓死坚决反对！恳请转告国联，从速采取最有效方法予以制止，实现国联屡次决议，督促日军速即退出东北，以维远东和平。

临电无任企盼之至。

浙江省兰溪县反日救国会（印）常务委员沈茂文等同叩　皓
中华民国二十一年七月十九日

资料来源：日内瓦国联与联合国档案馆藏李顿调查团档案，卷宗号：S38。

175. 中国国民党江苏省宝山县党部来电

上海市政府转国联调查团公鉴：

　　日军恃强蔑视公理，既侵犯我东北，复扰攘我东南；我军为避免事态扩大，业已退守二十基罗里[千米]以外，静候国联解决。乃日军竟乘我军退守之后，对外宣传撤兵，暗则增兵内地，不特我邑全境屯驻重兵，且最近又在嘉定西门一带高架巨炮，开掘战壕，增兵纷至，其居心作战由此可见。

　　贵团秉承国联推戴，远道莅沪，调查沪变惨状。应请公等于调查战地后驾莅宝山各区及太嘉一行，以明日军无意和平之真相。

　　敬此电开，惟希亮察。

中国国民党江苏省宝山县党部（印）叩　巧
中华民国□年□月

　　资料来源：日内瓦国联与联合国档案馆藏李顿调查团档案，卷宗号：S38。

176. 长沙市工人抗日救国会来电

上海国联调查团诸先生公鉴：

　　日本蔑视国际公约，罔顾正义人道，无端出兵侵占我奉、吉、辽、黑领土，凶残酷虐，蹂躏我无抵抗之同胞。我国本维持世界和平之旨，一再容忍，声诸国联。乃日本不惜穷兵黩武，进占我淞沪，炮轰我首都，我国为谋民族生存，为维护国联盟约，始采不得已之自卫手段。

　　今幸国联接受提议，维护和平，贵调查团诸先生翩然莅沪，战祸有遽弭之可能，全球呈欢腾之景色。本市工友对贵团极表欢迎！并祝努力完成此公正严明之使命，以创造未来之世界和平，尤望依据盟约，迅予日本以适当有效之制裁。惟日本居心叵测，举动狂悖，其破坏东亚和平即意在破坏世界和平。如仍不受制裁，我民族为争生存计，为拥护世界和平计，对此不觉悟之日本誓不屈服！

　　谨电致意，诸维鉴察。

长沙市工人抗日救国会（印）叩　篠　印

　　资料来源：日内瓦国联与联合国档案馆藏李顿调查团档案，卷宗号：S38。

177. 南昌市工联会筹备委员会暨各业工会来电

上海探交国联调查团勋鉴:

此次日本毁弃国联盟约,破坏我国领土,占据辽吉,袭击上海,我国民除正当防御外,深信国际联盟对于会员间之纠纷必有公正之处裁。

贵团受国联委托入境调查,本会相信必能本正谊[义]人道制裁强暴侵略,用敢代表南昌市二万余工人,竭诚欢迎此保障远东和平之神照临我国,深盼贵团一秉大公,到各被兵毁灾区实地调查,尤希对于炸毁商务印书馆、各大学及杭州、苏州各文化机关加以注意,则是非曲直不难立判,使我国受联盟之福荫,亦即贵团之伟大事业也。

谨电欢迎。

南昌市工联会筹备委员会(印)暨各业工会同叩　铣
中华民国□年□月□日

资料来源:日内瓦国联与联合国档案馆藏李顿调查团档案,卷宗号:S38。

178. 浙江省鄞县妇女救济会来电

万急!

上海市吴市长转国联调查团诸位先生均[钧]鉴:

日本帝国主义者怀抱野心、侵略无厌,伺世界经济恐慌之隙,破坏国际和平;乘中国灾荒艰巨之时,违背人道正义,夺我辽东,占我沪北,屠戮我同胞,焚掠我财产,其残暴、惨酷之手段,乃天人同深愤慨,非笔墨所能形容。犹复湮灭真相,散播伪词,是直以一手掩天下之耳目,居心淆【乱】世界之听闻也。

诸位先生负伟大使命,跋涉重洋,本公直主张调查事实,燃犀牛渚,丑恶自可悉呈,悬镜秦庭,是非不难立判。本会除谨率全县三十五万妇女同胞致其最热忱之欢迎外,尚祈迅予野心残酷之日本帝国主义者以有效之制裁,实现世界和平之光荣。否则,我中华民族惟有采取自卫手段,抵抗到底,宁为玉碎不为瓦全。

临电迫切,毋[无]任瞻驰。

浙江省鄞县妇女救济会(印)叩　皓
中华民国□年□月□日

资料来源:日内瓦国联与联合国档案馆藏李顿调查团档案,卷宗号:S38。

179. 中华民国浙江省海盐县商会等团体来电

国际联盟会调查团主席李顿勋爵暨各委员勋鉴：

公等来华，举国欢腾！惟日本侵略中国及违反国联盟约、非战公约、九国公约之事实，已属数见不鲜。而最近竟用武力占领上海闸北，焚烧残杀惨不忍睹，举凡人类所不忍为而不肯为者，日本则悍然为之。敝国军人为拥护国际盟约及维持世界正义起见，不得不出于自卫抵抗。须知：日本之破坏东亚和平即所以破坏世界和平，亦即所以破坏国联威信。

诸公远道来华，亦无非欲依据世界之正义与公理，维持国际间永久之和平，希望本此精神继续猛进，抑强扶弱在此一举。诸公如不能依据国联盟约及世界正义予以有效之制裁，则敝国为民族生存计不得不出于自卫之抵抗。

特电奉达，并祝健康。

中华民国浙江省海盐县商会（印）

教育会（印）、妇女救济会（印）叩　篠

中华民国□年□月□日

资料来源：日内瓦国联与联合国档案馆藏李顿调查团档案，卷宗号：S38。

180. 中国国民党湖南省长沙市执行委员会来电

上海吴市长转国际联合会调查团各委员勋鉴：

顷阅报载，敬悉诸公为明了中日事件真象[相]起见，翩然莅沪作实地之调查，伸国际之公理，福音所播，举国欢腾。

窃日本帝国主义者抱其大陆传统政策，于去年九月袭我沈阳，杀人放火为所欲为。中国国民本我和平之天性，求明责任之所在，一再容忍退让。乃日本帝国主义者一面作污蔑之宣传，一面施强顽之武力，竟师亡韩之故智亡我满蒙，更进而炮击淞沪，迫我首都。我国军队为民族争生存，为世界伸正义，为盟约保权威，为国联存信誓，不得已起而作自卫之抵抗。盖日本破坏东亚和平即所以破坏世界和平，中国国民固负有制裁之重大义务，国际联盟亦宜迅采有效之制裁以维国联盟约、非战公约、九国公约之神圣。否则，中华民族惟有取自卫手段继续抵抗，宁为玉碎不为瓦全。

特电奉达,敬志欢忱!

中国国民党湖南省长沙市执行委员会(印)叩　删　印

中华民国□年□月□日

资料来源:日内瓦国联与联合国档案馆藏李顿调查团档案,卷宗号:S38。

181. 常熟县党部来电

上海吴市长转国联调查团鉴:

顷悉举世瞩望之贵调查团负维持远东和平重大之使命,业于寒日翩然抵沪,必能秉公正廉明之态度,作彻底之调查,持磊落光明之正义,解决目前之纠纷,以维国联永久之威信,奠东亚和平之基础,此固可为我人所预祝而庆幸者也。本会谨率常熟八十万民众表示诚意之拥护与热烈之欢迎。

然此次中日事件非国际间寻常琐屑争端与不易辨明是非者可比,事实昭彰,世所共知。查自九一八沈阳被占以后,日本野心尤未足,恃其犀利之武器,逞其强悍之固性,不顾公理,蔑视国际,蚕食鲸吞,得寸进尺,封豕长蛇,毒逾蜂虿,经济政治之侵略,榨取有加无已;终复继之以武力,实行强占我东北三省土地,焚掳劫掠,惨不忍睹。虽经贵国联行政院根据盟约第十条"保持所有联合会会员之领土完整及政治上之独立,以防御外犯"之规定,三次决议,限其撤兵。而日竟悍然不顾,且更扩大其侵略范围,由东北而转趋东南,直欲囊括我中原之势,遂于一·二八淞沪一役,将繁华沪市尽成丘墟,吴淞要塞强被占领。我国家军民酷爱和平,一再隐忍退让,盖表示信赖于国联,终乃以忍无可忍,为自卫计而予以抗御。

且查日本与我国皆系会员国之一,凡会员国间发生争议,有应先提交公断之规定,其应遵守条约之义务,中日无分轩轾。今竟称兵构衅,甘为戎首,战事责任应由日方负责,昭然若揭;而其破坏国联盟约及九国【公约】、非战公约无可讳言,至其间是非之判亦显如列眉。况当日兵之进犯沪滨,凭借租界为护符,出没枭伏,鬼[诡]谲多端,且尤荷枪实弹武装巡逻,虽迭由租界当局提出抗议,日亦置若罔闻,则其藐视国际、破坏租界主权,非持国际之羞,抑且予国际间以挑衅之可能,危害和平,罪无可逭。执是以视,日本之横暴也既如此,而其破坏东亚和平也复如彼,苟国联对日狰狞毕露之侵略暴行不依据盟约、秉公正立场与本身职责之所在,采取世界舆论之正义,迅以有效之方法以制裁之,则我中华民族为保持东亚和平,为求民族生存与夫维护国联神圣盟约计,决取自卫手段,继续抵抗到底,宁为玉碎不作瓦全,誓为公理而死,不受强权屈辱!

谨布区区,用表欢迎,尚希垂察。

常熟县党部(印)叩　铣

资料来源:日内瓦国联与联合国档案馆藏李顿调查团档案,卷宗号:S38。

182. 南京中学教职员、学生全体来电

上海吴市长转国际联盟调查团诸委员公鉴:

中日纠纷荷国联大会秉公处理,派诸委员东来调查,素仰公等维护世界和平,主持人类正谊[义],必能根据平等原则,辨别纠纷责任,妥为处理。

特电欢迎。

南京中学(印)教职员学生全体同叩　寒
中华民国廿一年三月十四号

资料来源:日内瓦国联与联合国档案馆藏李顿调查团档案,卷宗号:S38。

183. 南京市立汉西门小学全体师生来电

国联调查团诸位先生钧鉴:

贵团莅华,欢欣奚似! 战衅曲直,真相自明,主持公道,端赖鼎力,掬诚欢迎。谨此代电。删。

南京市立汉西门小学(印)全体师生谨上
中华民国二十一年三月十五日

资料来源:日内瓦国联与联合国档案馆藏李顿调查团档案,卷宗号:S38。

184. 中国国民党京沪、沪杭甬铁路特别党部执行委员会等团体来电

外交部驻沪办事处转国联调查团钧鉴:

日本凭其暴力,逞其凶悍,初则强占我东北二十万方里,继则骚乱我天津、青岛、福州沿海各市场。近更力袭我淞沪,侵入我腹地,摧残文化,破坏交通,

日军所经之处,血流成渠,庐舍为墟,我徒手人民死于日军锋刃者盈千累万,我公私财产毁于日军炮火者何啻亿兆!似此暴行,罔顾人道,破坏我领土、行政之完整,举凡国际间一切公约、公法之尊严,悉被蹂躏、撕灭无余。我中国忍无可忍,为民族争生存,为国家争人格,自卫抵抗,世所同情。

今幸公正严明之国际调查团莅沪,受国联之重托,作实地之视察,消息所播,举国欢腾!我中华民族酷爱和平,愿以血诚拥维护公理公法,制裁强暴。兹当贵调查团莅沪之时,致热烈之敬意。

特电欢迎,诸希鉴察。

中国国民党京沪、沪杭甬铁路特别党部执行委员会(印)
铁道部直辖京沪、沪杭甬铁路工会、中国运输学会
京沪、沪杭甬铁路交大同学会、京沪、沪杭甬两路同人会亢印

资料来源:日内瓦国联与联合国档案馆藏李顿调查团档案,卷宗号:S38。

185. 中国国民党浙江省富阳县执行委员会来电

外交部驻沪办事处转国联调查团诸委员钧鉴:

日本凭其暴力,逞其凶焰,始则占据我东北;近复袭击我淞沪,摧残文化、破坏交通,铁骑所至,流血成渠、曝骨盈野,我国人民之生命与夫公私财产死于日军锋刃、毁于日军炮火者,何止千万!又复嗾使汉奸在东北组立伪国,破坏吾领土、行政之完整,似此横蛮凶残、罔顾人道,举凡国联盟约、非战公约、九国条约悉其①被其摧毁无余。我国四万万同胞虽处此蹂躏欺压、万分悲痛之中,亦复含苦忍辱以迄于今,其始终遵照盟约、信仰国联之心,当为全世界所共谅。

兹幸诸委员远涉重洋,莅临中土,挟其伟大之使命,来作实地之调查,当能以公正严明之态度,为正直合理之解决。此后,中日关系或能于黑暗中发现一线之曙光,风声所播,举国欢腾!我中华民族当本酷爱和平之旨,誓以血诚拥护公理,丁[于]此高轩莅止之际,特致热烈之敬意。

区区之忱,伏请公鉴!

中国国民党浙江省富阳县执行委员会叩　铣

资料来源:日内瓦国联与联合国档案馆藏李顿调查团档案,卷宗号:S38。

---

① 编者按:原文如此,"其"为衍文。

186. 南京市立老府桥小学全体来电

上海吴市长转国联调查团诸位先生公鉴：

诸公此次本诸维持人类和平幸福的原则，并负国联重大的使命，跋涉东来，特为中日事件寻求一极公正的国际和平解决方案。吾人对于贵团诸公所负之高尚任务和公理正义激发的壮举，实具有无限的敬意！此次上海惨剧的发生，就各方显著的事迹，做有根据的寻绎，其原动力实在东北之变：日本欲积极实现其满蒙政策，于万目睽睽中为转移各国之注意力及破坏中外各国经济的组织和金融的流通，故有上海惨祸之发生，两地一事，相因而至，故两案之解决，自不能分提各论，想国联诸公早已鉴及，毋庸赘述。

日人危害和平的伎俩诡谲莫测，观于近日，日军之抽撤疲兵及战区惨状的掩饰，在在皆足以迷惑耳目、混淆是非。深望我调查团诸公坚持明毅的观察、和平公正的精神，登高一呼，则不独我邦人士歌颂诸公之正义，即世界和平之基础亦有赖于诸公，诸公幸垂察焉！

南京市立老府桥小学（印）全体谨启

三·十六

资料来源：日内瓦国联与联合国档案馆藏李顿调查团档案，卷宗号：S38。

187. 南京市立仓顶小学职教员暨全体学生来电

上海吴市长转国际调查团诸公均〔钧〕鉴：

敝国自九一八惨变以来，东北三省及上海各地人民之生命财产、死亡损失难以数计；即如其他各地之人民，亦无日不在水深火热之中。

兹者诸公本人道之主张、和平之驱使，不辞跋涉，欣然莅止，遂听之下，极表欢迎！并望诸公以第三者地位，将东三省及上海各地蒙难惨状作翔实之调查，以便将来解决中日之纠纷得到公正之结果；而人类之幸福、世界之和平亦可从此加以保障。

临电之余，无任盼祷！

南京市立仓顶小学（印）职教员暨全体学生同叩

中华民国二十一年三月十六日

资料来源：日内瓦国联与联合国档案馆藏李顿调查团档案，卷宗号：S38。

188. 常熟县商会来电

上海市政府吴市长转国际调查团钧鉴：

　　诸公为调查辽案远道莅沪,敝会代表常熟阖县商民竭诚欢迎！自九一八日军侵我国土以来,其残暴行为固已喧腾,国际诸公前所耳闻者,今可目睹矣。日人于侵犯我各地时,专注意于文化机关、教育学府、实业工厂、交通路线等等,施以破坏毁灭,其意必欲我国根本上受尽摧残而后已。尤其甚者,中国之慈善机关——红会职员亦一概袭击,不复顾【及】,其惨无人道之手段,直为人类所不容！

　　诸公此次于事实上观察所及,亦当为之唏嘘不置也。敝会在商言商,兹有一言,掬诚以为诸公告者：比年世界上经济恐慌、商业不振愈趋深刻,可无讳言。中国地大物博,其商业及经济两者在世界上占有重要地位,方冀欧亚互相提携以谋解决经济上、商业上一切困难问题,臻进人类幸福。讵料日人在此时期梦想武力万能,积极侵略远东第一商场之上海,今已受其轰炸,闾阎为墟矣。设日人毫不悔祸,一意孤行,吾民惟有准备牺牲一切,长期抵抗。斯时则影响所及,环球上亦岂复有宁日耶？诸公【为】各国名流,主持公道,敝会愿诸公于此少加垂察焉。

　　特电欢迎,诸希亮鉴！

常熟县商会叩　筱　印

中华民国二十一年三月十七日

资料来源：日内瓦国联与联合国档案馆藏李顿调查团档案,卷宗号：S38。

189. 浙江省兰溪县绸布业工会等二十余职业工会来电

上海市市长转国联调查团勋鉴：

　　溯自去岁九一八日本以其横暴之行为占据我东北以来,焚杀掳掠,极人道之惨酷。旋以屠杀未快,变本加厉,以施之东北者,复于一·二八施之淞沪,是其得寸进尺之野心已暴露无遗,实为破坏世界和平之戎首。

　　我国政府酷爱和平,于是提请国联公判。兹者贵团来沪调查,我三万余工人竭诚欢迎！惟暴日野心无厌,屡增重兵,希以公正之立场,作公理之裁判,发扬国联之权威,立饬日倭撤兵,实现和平,无任屏营。

谨此电达,诸希亮察!

浙江省兰溪县绸布业工会(印)等二十余职业工会同叩

民国二十一年三月十七日

资料来源:日内瓦国联与联合国档案馆藏李顿调查团档案,卷宗号:S38。

190. 中国佛学会世界佛学院来电

外交部驻沪办事处转国际调查团慧鉴:

日本此次蔑视盟约,甘为戎首,侵略中国之土地,破坏世界之和平,事实具[俱]在,未容掩饰,凡我友邦同深愤慨! 贵团秉国联之使命,作实地之调查,解纷排难,化锋镝而为敦盘,仗义执言,扶弱小而锄强暴,定能尊重国际信义,拥护神圣盟约,制止日本非法侵略,维持中国领土完整,凡此硕画,无任感盼! 本会等皈依佛教,酷爱和平;对于贵团,尤表同情,本非战之初衷,自他俱利;秉慈悲之宏愿,人我互融。

特电欢迎,诸希朗照。

中国佛学会世界佛学院叩　巧

资料来源:日内瓦国联与联合国档案馆藏李顿调查团档案,卷宗号:S38。

191. 南京市立东区实验学校全体师生来电

上海吴市长转国际联盟调查团诸君公鉴:

顷闻诸君代表国际联盟会远涉重洋,来华调查中日纠纷事件,必能基于盟约各条,以保障和平、维持人道。敝校全体同人及学生八百零五人,谨以十二分诚意表示欢迎之忱。

伏查日本自中华民国二十年九月十八日侵占我辽宁以来,半载于兹,关于违背国联盟约诸端,愿为诸君陈之:

1. 日本纵兵长期侵占我东三省,炮轰、枪杀我三千万人民,有目共睹。近复利用我满清废帝组织"满洲皇国",成立伪政府,此系侵犯中国领土、行政之完整,应请诸君注意者一。

2. 今年一月二十六日,日本又在上海方面提出无理之要求,限时答复,同时增兵上海,横施威迫,实行不宣而战之行动。我上海吴市长顾念上海为东亚唯一之市场,中外人士所荟萃之区,不忍受其蹂躏,不得已乃忍痛圆满答复。

日本仍逞兵纵暴,敢冒不韪,以遂其侵略之野心,此应请诸君注意者二。

3. 自上海事变以来,日本调兵遣将,输送来沪数逾十万,掷弹焚杀,无所不为,炸毁我文化机关如商务印书馆、东方图书馆及各学校等,损失何止数万万!以致吴淞、闸北一带顿成一片焦土。甚且烧杀我无辜人民,尸积如山,惨无人道,孰有过于此者?此应请诸君注意者三。

综上三端,希诸君详加调查,就地证实日本之凶顽,报告国联,以张公道。敬祝诸君健康!

南京市立东区实验学校(印)全体师生八百零五人同启

中华民国二十一年三月十五日

资料来源:日内瓦国联与联合国档案馆藏李顿调查团档案,卷宗号:S38。

192. 中华民国南京市立老江口小学全体师生来电

上海吴市长转国联满案调查团诸公钧鉴:

溯自满案发生于兹半载,欲明责任之谁属,端赖诸公之调查事之原委,自有事实为凭,理之曲直亦有途径可索,既无庸朦[蒙]混,又何用掩饰?

以诸公洞察之明,谅早鉴及。所望于诸公者,早日调查完竣,报告国联,公诸世界,俾得正义之评判与制裁,庶几【自】今而后不再有此类不幸事件之发生,而给予祈谋世界和平者以无穷忧虑也可。

中华民国南京市立老江口小学校(印)全体师生叩　删

资料来源:日内瓦国联与联合国档案馆藏李顿调查团档案,卷宗号:S38。

193. 南京市立西区实验学校来电

上海市政府吴市长铁城转国际调查团勋鉴:

暴日肆恶,寇我中华,强占东北,复攻淞沪,死亡枕藉,庐舍为墟。今幸贵团莅沪调查,本国际盟约之精神,维世界人类之正义,引领东望,无任欢迎!务恳贵团主张公道,保护盟约,制裁日本暴行,共谋世界和平。岂惟东亚之幸,抑亦人道之光!

临电神驰,曷胜企祷!

南京市立西区实验学校(印)叩　咸

资料来源:日内瓦国联与联合国档案馆藏李顿调查团档案,卷宗号:S38。

194. 杭州市中等以上学校教职员联合会来电

上海市政府吴市长转国际联盟会调查团全体委员会钧鉴：

顷闻诸君莅临，欣忭莫名！本会久仰国联主持公理、倡导和平，诸君奉派前来调查，深信必能秉大公之态度，以调查所得之实状报告于国联，力促世界公理与合[和]平之实现，本会引领企望，深为庆幸。中国自国府成立以来，努力训政及地方建设，企图与世界各国共享和平，对于国际盟约、非战公约及九国公约，备极诚意拥护。

日本侵略中国，过去所有事实甚为显著。去岁九一八无端侵占沈阳，中国为顾全世界和平计，犹勉为容忍；及后连侵吉黑，中国仍始终信赖国联，希望站在正义公理与本身职责之立场上予以相当之制裁，诸君谅亦当能记忆及之。讵东省事件国联议决之调查手续尚未及行，日本即复挟其多数炮舰与重兵向中国上海侵犯，中国为民族国家争生存及维持世界正义与公理，拥护国际盟约与国联决议起见，是以不得已出而抵抗。盖上海为世界各国在中国之交通中心，亦为世界各国在中国之贸易中心，日本侵犯上海，中国倘不抵抗，非仅上海受其荼毒，全中国同受不利影响，且亦全世界遭受不利影响。质言之，日本犯沪，实破坏东亚之和平，亦即所以破坏世界之和平也。

自一·二八以来，中国因日本犯沪之故，中国生命财产之损失均极浩大，世界各国因此所感受之痛苦与经济上之遭受打击当亦不可胜数，诸君谅亦当所洞悉。诸君皆为世界伟大之领袖，此次莅临调查，实世界和平之所托赖，亦即国际神圣盟约生命之所寄系，诸君当不忍任令今后而有此残酷、凶残、不平之暴行重演于远东也。

最后本会尚有一端不能已于言者，学术文化为世界任何国家、任何民族之所宜共同爱护。查去岁九一八日军侵占沈阳，即掠取《四库全书》捆载以去。最近日犯沪，中国文化机关如商务印书馆、东方图书馆、中华学艺社及多数之大学校，皆被日军炮毁，荡为飞烟；私家所藏富有文化价值之书画金石等品，同时焚毁于日军炮火者，亦指难胜屈，其荦荦者如前农矿部长易培基氏家中之珍秘古籍十余万卷，同罹斯劫，关系中国文化尤非浅鲜。本会为中国浙省唯一之教育集团，学术文化惨遭摧残，自难缄默，用敢附陈，希望诸君兼加相当之注意。总之，东省事件与上海事件实为日本侵略中国之显著事实，亦为违反国际盟约、非战公约及九国公约之显著事实,中国固当竭尽全力,用资正当防御;在国联亦为本身应有之职责。诸君此来,负荷调查所查之事实,固限于中日两国之事件,而关系实与以全世界之福祉隐相维系。诸君果本公正之态度,用以调查报告,在国际当亦能根据正义公理予日本以有效之制裁。如万一而有意外障碍,中国非敢忍视公理正义湮晦,亦惟有继续抵抗以期自卫,此则本会希望诸君调查报告时更宜特别加以注意并赐谅解也。

谨电布臆,诸希亮察。

杭州市中等以上学校教职员联合会(印)叩寄

资料来源:日内瓦国联与联合国档案馆藏李顿调查团档案,卷宗号:S38。

195. 仪征县十二圩盐浦职业工会及船员工会来电

上海吴市长转国联调查团勋鉴:

诸君为和平之使者,顷闻抵沪,诚挚之欢欣无极! 想贵团定能以和平之精神,公正之态度,调查处理一切也。查自去年九一八以来,瞬经半载,日人蔑视公理,破坏和平,其心目中已无国际盟约、非战公约、九国公约之存在矣。既占我东北数千里山河,复于本年二一[一·二]八攻击我经济中心之上海,炮轰机炸,惨不忍言! 我诸军不得已为自保之抵抗。

今贵团莅华,请将调查所得之暴日横行转呈国联,俾国联当局对中日之事得一正确答案,迅予日本以有效之制裁,以维持国际盟约之尊严,此不特我国之幸,亦世界和平之幸! 否则,我民族唯有取自卫之手段,继续奋斗,决不屈伏[服]于暴力压迫之下也。

仪征县十二圩盐浦职业工会(印)、船员工会(印)叩 马

中华民国二一年三月二一日

资料来源:日内瓦国联与联合国档案馆藏李顿调查团档案,卷宗号:S38。

196. 汉口市商会来电

上海市政府吴市长转团联调查团诸公惠鉴:

敝国不幸,惨遭日本以暴力占领我东三省之后,而天津、青岛、福州等处相继被其蹂躏。敝国政府暨全体国民其所以忍隐、苟全,不率与之抵抗者,实欲

为世界和平留一线曙光，以待国联能以正义人道之神圣威权，制止其军国主义之充分发展。乃日本置国联会章及迭次决议案与夫各种公约于不顾，更进一步以炮轰上海，公然摧毁我东亚唯一之互市商场，此不惟使敝国政治上、经济上、文化上遭致亘古未有之奇劫；而各友邦侨商之生命财产，亦至无法以保障其相互安全。敝国驻军本维持世界和平与力争民族生存之两大使命而奋勇抵抗，抑亦独立国家应有之自保权。敝国政府始终遵守国联会章及各种公约，亟盼贵团诸公前来敝国被害各地，予以实际查证，当能洞悉日本一切惨无人道之行为，并东北在其铁蹄践踏之下形成所谓新政权——伪国，完全为其侵略敝国领土之阴谋，益足暴露其蒙敝世人耳目之宣传，获得正义人道之确切反应。

贵团莅临之日，即正义人道在东亚放一大光明。敝国全国上下一致竭【尽】血忱[诚]以欢迎，且满望诸公警觉日本转向人类公[共]同生存之和平大道以去。否则，中华人民必为公理而死，不受强权屈辱。诸公系世界和平使者，想亦不任生物界弱肉强食之原则仍前支配一切而不可终极者也。

敝会于欢迎诸公之余，略陈梗概，伏希垂察不尽。

汉口市商会（印）叩　漾

中华民国廿一年三月□日

资料来源：日内瓦国联与联合国档案馆藏李顿调查团档案，卷宗号：S38。

197. 河南省会各界民众抗日救国会来电

上海吴市长转国联调查团公鉴：

顷闻贵团莅沪，不胜欣喜！本会除表至诚之欢迎外，并有数语略为贵团陈之。

日人狡狯，蔑弃公理，既违公约，复灭人道，事迹昭彰，无待赘述。近年来，野心勃发，气势凌人。一面以狡言逞辩，蒙蔽国际；一面则以武力横行于东亚，侵夺中华之领土与主权，是不但中国之不幸，亦世界和平之障碍。

溯自去年，万宝山日警戕杀华侨一案发生后，□即唆使鲜人排华，惨杀中国侨民，更捕风捉影，借口中村事件，于九一八侵占我辽宁，攻陷我吉黑与锦州，所致[至]掠杀焚毁，惨不忍闻，其侵吞满洲之野心，实已全露无遗。我中国为尊重国际公约与国联决议、防止事件扩大之故，一再退让，敬候国联大会公平裁判。而日本则骄横日甚，直欲并吞中国而后已，乃驱兵南来，攻夺世界中心与文化荟萃之上海,轰炸中国一切公私建筑,毁坏所有实业文物以及生产机关。我淞沪驻军愤日人之横蛮,求中华民族之生存计,乃不得不起而自卫,拼力抵抗。日人以此调遣重兵十余万,威逼攻夺上海,扰乱国际市场,飞机炸弹、军舰大炮之任意轰炸,尤为人所共见;但复狡计百出、恬不知耻,反诬我为排外,混惑友邦之视听,此等卑鄙狡诈之伎俩,实人类所不齿、国联所共弃。

本会愤激之余,除决心与省会民众为抗日之准备,冀求国联公法之生效与世界和平之实现外,再亟电达,尚希贵团对日本侵略我国之种种情事[事情]与我人民生命财产之损失加以切实调查,报告国联,使中日事件得能以公平解决,以达成贵团所膺世界和平使者之伟大使命,则中华民族幸甚! 世界幸甚矣!

河南省会各界民众抗日救国会叩

资料来源:日内瓦国联与联合国档案馆藏李顿调查团档案,卷宗号:S38。

198. 中华救国十人团联合会等来电

谨启者:

此次贵委员团接受国联会之委托,根据一九三一年十二月十日行政院决议及当时主席白里安宣言下之责任,远渡重洋,履行任务,不独日本以外之任何国联会会员国对于贵委员团具有深切之盼望,即包含日本和平人民在内之全世界人类亦必具有同一之盼望。盖"国际和平"与"人类幸福"工程之进行,皆有待于贵委员团之忠实报告也。此吾属于世界人类又为国联会会员国之中华人民,所以特于昨日推派蒋君毅、瞿振华二君面递意见书,陈其所知,以协助贵委员团,并协助国联光明事业之前进也。

昨递之意见书,系由书末署名之各公团所拟定,而由其他已签字之一一二公团、六七三五商号、一二学校(各大学、中学须待意见书公开发表后签字)及一三八九一个人共同赞成之。每一公团平均会员五千人,共为五十六万人;每一商号平均店员二十人,共为一三四七零零人;每一学校平均四百人,共为四千八百人;连同个人一三八九一人,合计之则为七零三三九一[七一三三九一]人。是则昨递之意见书,截至昨日为止,即为七零三三九一[七一三三九一]人之共同意见也。此外,尚有本埠及外埠各地之公团、商号、学校与个人先后函请,将意见书公开发表,预备继续签字者,其数且数倍于此。关于此点,业由昨日趋谒之蒋君毅、瞿振华二代表陈明矣。

昨递之意见书第六章所载关于贡献意见各节,悉以国联盟约为根据,乃为属于法律范围之见解;至于拥护"国际和平",保障"人类幸福"之意见,除在第三章中略言大概而外,尚须为继续之陈述,此项继续陈述之意见与继续签字之名册及意见书之译件,自当遵照昨日贵委员团李登[顿]爵士面示办法,交由顾维钧博士代收转寄也。

昨递意见书内签字各公团中之上海各路商界总联合会,嘱向贵委员团声明:在贵委员团莅临之前,该会与法租界、商界、总联合会曾同时命令各会员商店一律张贴标语,悬挂国旗,表示欢迎。乃此项命令之执行,除法租界业经实行外,该会方面之行动,竟遭公共租界工部局公务人员之干涉,且有九人因此被捕,致受短时间之拘留。至于该局妨碍自由之理由,虽已请由纳税华人会责问,惟至今尚未收到答复。想贵委员团在知此事实以后,必能予以谅解也。最后,意见书中各签字者,除感谢贵委员团至诚接受意见书外,并希望贵委员团之能无所偏私,不负委托,持公理及道德与武力作对抗,使先哲"公理必胜强权"之成语能因以成为明显之事实,由此事实以保国联、以救人类,而使世界任何一国之历史皆载贵委员团今日艰难工作之记录,以供现在世界及未来世界之人类作永古不灭之纪念。意见书中各签字者,俱愿尽其全力,协助贵委员团以完成此人类史上最伟大之功绩,前程光明,长途珍重,是为至祷!

专肃谨呈国联调查团公鉴。

中华救国十人团联合会(印)

宁波旅沪同乡会(印)

上海市市民联合会(印)

上海各路商界总联合会(印)

上海市租界商界联络会(印)

资料来源:日内瓦国联与联合国档案馆藏李顿调查团档案,卷宗号:S38。

199. 中国国民党陈留县执行委员会来电

国联调查团钧鉴:

查自去年九一八日本突以军事行动占我东省后,继续侵略,如天津暴日之主使扰乱,沪事发生之真像[相],是非曲直,友邦人士观之甚详。诚以我沪为远东各国最大市场,竟被暴日毁坏几尽。各国人士在上海者达十余万,同受暴日影响。想贵团定有精密调查,及中外舆论和事实之确证,必能与[予]暴日相当制裁,固无庸多赘。

惟本会为人民代表,诸公奉命远东,惠莅中土,所有中外人士莫不拭目以视,诚以贵团使命为伸张公理、裁制强权,神圣职权关系世界和平,至为重要。用特电请贵团主张公道,秉公澈[彻]查,而慰中华四万万人民之望。

曷胜翘企,诸希鉴察,并祝康健!

中国国民党陈留县执行委员会(印)

二十一年三月廿四日

资料来源:日内瓦国联与联合国档案馆藏李顿调查团档案,卷宗号:S38。

200. 南京私立中华女子中学校欢迎国联调查团宣言

国联调查团诸君:

此来远涉重洋,莅临华土,实负有为人类维护和平与正义之重责,我校对之特表示欢迎与景仰之诚意,同时更恭致其诚挚的贡献。

去年九一八日军突占东北,此次再犯上海,战垒仍新,弹痕宛在,诸君刚踏入我国境地,其最先入目之印象,即为此战后惨状,其感想为何如! 又诸君皆为世界伟大领袖,此来受国联委派进行调查,吾华民众深庆得人。其于日本此次违反国联盟约、非战公约及九国公约之过失,当能一秉大公,使本案真相得有坦白确实之表现,及日方虚伪之宣言、捏造之事实,得有彻底之暴露也。

日本为欲掩饰其侵略之暴行,辄对国联宣传"华人排外",借以挑起国际间对华恶感,实则从去年东北事件迄今,我国人民自动以极和平之手段厉行对日经济绝交,以促进日方觉悟,改变对华政策而外,绝无任何激烈行为,而此种极其和平之经济绝交运动,又恰为日人之侵略行为所激起,是日本对我积极侵略激起我国民之愤恨为因,而我国民愤恨之余相率起而组织抗日救国为果,日种恶因,斯收恶果,此种因果关系,势所必然的爱国运动,吾人认为其动机乃在自卫,其态度极为和平,其理论尤极正大,焉可视为"华人排外"?

世界文明进化,皆根据"互助互依以共存"之定律,使民族间互相嫉视之心理,得日以减除,而成立种种国际盟约,以共维世界各民族间的和平与福利,我华人过去对于沈阳事件之容忍,与此次上海事件之抵抗,皆深信此"互助互依以共存"之定律,为吾民族争生存及维持世界正义与公理、拥护国际联盟条约与国联决议案之表示。若如日人所宣传之华人行为为"排外",则日人侵略之暴行不更予他民族以严重之危害乎？日人既可悍然破坏我国领土、行政主权之完整,吾人自可采取和平而有效之自卫手段。盖侵略主义,故极端反对;而自卫主义,却认为必要。

吾人深信各民族应基于共存共荣之原则,自无排外可言;但孰为友邦,孰为敌人,究需认清。吾人对于敌人之侵略,只有始终抵抗,绝不屈伏[服];对于友邦,自当诚意携手互助,决不歧视。深望国联能站在正义公理与本身职务之立场上,制裁日本之暴行,以维持国际之神圣盟约于不坠。

吾等深信和平为人类最高的表现,破坏文明即为文明之罪人,亦即为人类之公敌,世界人士应共起而作有效之制裁。日本此次背弃信义,悍然不顾一切,直接破坏东亚和平,间接即所以破坏世界和平;且捏造是非,宣传国际,吾等对此人类之公敌,应依据国际盟约及世界正义,迅予以有效之制裁,我中华民族惟有取自卫手段,到底抵抗而已。"宁为玉碎,不为瓦全",此系吾等之口号,仅以至诚贡献于调查团诸君。

南京私立中华女子中学校(印)

资料来源:日内瓦国联与联合国档案馆藏李顿调查团档案,卷宗号:S38。

201. 中华民国南京市邮务工会等四十二工会率全体二十万工人来信

国联调查团诸委员公鉴:

值兹东亚和平颠危、国际条约摧残、世界人道动摇、中国领土被日人强占之辰,欣逢贵调查团诸公受命【于】维持世界和平、主持人道正义、最尊严之国际组织,恭临被强权欺凌蹂躏之中国首都,将以试听之亲,调查此次中国东三省及上海事件真相,报告国联,以为论断之根据。

敝会等谨以至诚恳之热忱,代表中国首都二十万工人作最痛切之词曰:呜呼!中国首都工人受中国东三省与上海事件之影响,失业之余,渴盼诸公来者久矣。盖工人处民众之最多量,阶级之最苦层,九一八而后直接、间接被创最深,急待诸公之莅临,作尽情之陈述,期达真挚之解救,国家多难,工人生活疮痍,有哭泣之伤怀,无端好之仪态,招待欠周,殊深歉疚!然而,虽无堂皇之物质,确[却]具饱满之精神,意同丝结,泪若喷泉,此书字句之留痕,咸为血与泪之象征,诸公幸注意及之。

国际联盟组织以世界和平是务,以人类公理是求,故国际盟约应为各会员国所绝对尊崇与服从,而制止强者肆凶、拯救弱者受迫之非战公约,尤为各国所遵守,不可或违。乃者日人恣暴于东北,肆虐于东南,置美政府提请九国公约之注意于不闻不问,十二月十日为和平尽忠白里安氏之宣言、二月十六日理事会之劝告、三月四日与十一日特别大会之决议于若无其事,暴行有增无已,人群受辱愈张,昭昭在世人耳目,当更为委员诸公所明鉴。噫嘻! 各国之竭其考虑者凡五阅月,外交人士之为其舌敝唇焦者不知凡几,曾不值彼一强国之一顾,公理乎? 强权乎? 国联之威信乎? 兹以测我中国首都工人,当拭目以俟之也。

此次我东北三省横被占领,工人因失业而投奔他省、社会受其损失者,不可胜计。一月二十八日沪事以后,工人失其依归者为数尤多,至于工厂倒闭、实业停顿所受之影响,其严重更无论矣,欧战之浩劫,将重见于今日,夫世界之经济,自门户开放以后,实相互连锁,是中国之经济损失,当更影响及世界金融之恐慌,世界工人利害相关,工人占世界人口之最大多数,然而工人知识最为浅陋,亦为外物所诱,彼第三国际乃世界共同敌人也,以煽乱无产阶级工人、造成"赤色恐怖"为唯一之手段,使事件日益扩大,则破产者愈多,失业者愈众,虽不欲铤而走险,恐势将不可能,影响所及,又岂中国一国而已哉? 此敝会等对此实堪隐忧,想诸公当有以慰我防此也。①

诸委员负世界伟大之使命而来,舟车劳顿,履吾不完整国家之国都,身经瓦砾,目极疮痍,此惨坏之印象,甚愿留于脑际,以待公道之结果。抑尤有陈者,敝会等忝位首都,贵团足迹所未及地方之中国工人群,以极严重之使命相付曰:敢破坏中国完整之领土而影响世界和平者,牺牲在所不习[惜]也! 谨以最诚恳、最严肃之意见缕如上述。

并祝贵委员政躬安泰,贵代表等国家与民族繁荣。

中华民国南京市邮务工会(印)等

四十二工会率全体二十万工人同敬启

二十一年三月二十九日

资料来源:日内瓦国联与联合国档案馆藏李顿调查团档案,卷宗号:S38。

---

① 编者按:此段文字充斥对工人阶级的偏见和对共产国际的诬蔑,立场有问题,请读者辨别。

202. 宜兴县民众反日救国会来电

上海市政府吴市长转国联调查团勋鉴：

慨[盖]自一九三一年九月十八日夜，日本以不宣而战之手段侵入我国辽宁、占据沈阳以来，中国政府为尊重国联盟约、非战公约及九国公约之精神，始终忍痛退让，不予抵抗，而以完全信任国联会之态度，根据会章提出申诉；乃日本置国际信义于不顾，拒绝国联调解，悍然于本年一月二十八日，复进而侵袭上海。我抗日义军为国家人格、民族生存及维持世界正义与公理，遂不得不奋起抵抗以求自卫，一面更静候国联会之秉公裁决。讵日本政府侵略野心非惟不稍戢止，又且变本加厉，倾全国之师攻我腹地，甘为破坏东亚和平之戎首、世界大战之罪人。

此次代表团诸君自当秉公调查，以目见事实归告国联，使本案责任有真实之表白，而迅予强暴之日本以有效之制裁。否则，我四万万中华民族惟有决死自卫，继续抵抗，宁为玉碎不为瓦全，奋勇直前，以头颅碧血为人类扫除强暴，为世界保障和平也。

临电不胜迫切之至。

宜兴县民众反日救国会(印)叩　马

中华民国二十一年三月二十一日

资料来源：日内瓦国联与联合国档案馆藏李顿调查团档案，卷宗号：S38。

203. 中华民国南京市私立经纬小学全体来电

国联调查团诸位先生公鉴：

敬启者：

敝国不幸，惨遭强邻蹂躏。劳诸君子撄[缨]冠披发，跋涉东来，实地调查真相，俾世界公理不为强权所摧毁，以寻求永远维持国际和平方式的高尚理想。敝国水深火热的民众，如大旱之望云霓，感谢曷拯！夫诸君子平日饱受西方文明之熏陶，当在日内瓦时，闻日本对于敝国无理要求与背信弃义残忍的一切暴行，必以为传言失实，臆度二十世纪时代，断无此野蛮的兽行。

今者驾临淞沪，即将着手调查。凡区域内周围百余里，所谓东方国际之市场,敝国金融之中心,繁盛之街衢、文化之宝库、要塞之炮台、林立之工厂、比栉之屋宇、无辜之民众,被日本军阀之横冲直撞,炮轰火焚,一扫无余。凡此伤心惨目诸遗迹,在在皆足以表现日军阀之军国主义,与破坏世界和平公约之具体罪恶,而为诸君子搜集充分的证据。诸君子乎! 远东危机,千钧一发。幸注意焉!

敬祝诸位先生身体健康!

中华民国南京市私立经纬小学(印)全体公启

三月十五日

资料来源:日内瓦国联与联合国档案馆藏李顿调查团档案,卷宗号:S38。

204. 中华民国浙江省金华县农会等团体来电

上海吴市长转国际调查团诸位先生钧鉴:

顷阅报载,诸位先生奉国际联盟会议决,远来敝国,调查日本侵略沪上情形,极表欢迎!

溯自去年九一八,日本派兵侵略我国东北以来,着着进逼,其种种暴行,罄竹难书。报载耳闻,诸位先生谅亦早为洞鉴。此次进攻上海,尤复目无国际,违反国联会之决议,破坏远东和平,破坏世界和平,将我沪上锦绣市场化为焦土,惨杀我无辜百姓数十万。我国军队睹此惨象,忍无可忍,为自卫起见不得不与抵抗。现在,我方因尊重国联之调处表示停战,愿将战胜之师撤退;乃日本野心未死,暗中仍陆续增援,并一切军事布置,暨进袭我太仓、嘉定等县,推其居心,非将国际公理、非战公约毁坏无余,不足以遂其野心。

惟望国联会秉正义与公道及本身之立场,根据国际联盟会约章及非战公约,对于日本此种之横暴加以相当制裁,以维世界和平。所有国联会之一切决议案,敝国人民愿以最诚恳之态度接受并拥护。万一不能如吾人之所企望,则谁为戎首,自有世界公论。我国人民为求生存计,为维持整个中华民族计,惟有与彼暴日作长时间之牺牲,奋斗到底!

临电愤慨,不知所云。

中华民国浙江省金华县农会(印)、惠民布场工会

糕饼业工友工会、泥水业公会、烛业工友工会

糖坊工友工会(印)、烟业劳工会、木工业公会

漂染业工友工会、木作业工会、铁匠工会(印)

黍作业职业公会(印)、商会、教育会

律师公会(印)、妇女救济会(印)

第七中学学生自治会(印)、八婺女子中学学生自治会

县立中学学生自治会、作新中学学生自治会同叩　铣

资料来源:日内瓦国联与联合国档案馆藏李顿调查团档案,卷宗号:S38。

205. 中国国民党安徽省直属蚌埠区党务整理委员会来电

南京外交部转国联调查团鉴:

自九一八事件发生后,世界各国为保重和平及遵从非战公约计,莫不引为重大问题。顷国际联合会为明了中日事件真相起见,特组织调查团,已于本月元日莅沪,沿京沪、京浦而北上,调查各地真相。

本会闻悉之余,特于二十四日召集各界联席会议,筹备欢迎大会。希贵团临京时请预示到蚌日期,以备欢迎,借领教益。

祗肃电闻并祝康健。

中国国民党安徽省直属蚌埠区党务整理委员会(印)叩　感

中华民国二十一年三月二十七日

资料来源:日内瓦国联与联合国档案馆藏李顿调查团档案,卷宗号:S38。

206. 中华民国江苏省灌云县农会等团体来电

上海吴市长转国联调查团钧鉴:

自九一八不幸事件发生后,东北半壁尽沦异域,戮我官民、焚我房舍,种种暴行,无所不用其极。于是黑水白山之同胞,作彼暴日刀俎下之鱼肉矣。当时,我中国以日本既破坏国联盟约、非战公约及九国公约而无余,国联会自必尽本身之职责,为有效之制裁,以维国联盟约之神圣而谋世界正义之伸张。故尔力图镇静,暂事容忍。嗣日本既占东省,复攻上海,商业、文化之中心沦为沙场,巍峨华丽之建筑化作丘墟。既迫盟城下,复调兵遣将,扩大范围,置外侨生命财产于不顾,大有引起第二次世界大战亦所不惜之势。不宁惟是,又乘沪战紧急之际,威挟废帝溥仪,操纵指使组织伪国,以作吞并之准备,而卸其破坏我中国领土完整之责任。似此刁狡凶残,我十九路军仗义抵抗,乃所以为我中华

民族争生存,及拥护国际盟约与国联决议之表示。

此次贵团来华调查真相,本国同胞自当竭诚欢迎。甚望贵团根据事实,断然处置,使东省与沪案同时得有正当解决,庶东亚和平可保,国联威信犹存。否则,本国同胞已下最后决心,作最后准备,在公理上谋抵抗,于奋斗中求生存,宁为玉碎不为瓦全,任何丧权辱国条件誓不接受!

临电迫切,不胜盼祷之至。

中华民国江苏省灌云县农会(印)、灌云县教育会(印)

灌云县商会(印)、灌云县妇女教育促进会(印)

灌云县民船船员公会(印)、灌云县制盐职业公会(印)

灌云县货车职业公会(印)、灌云县渔会、灌云县搬运职业公会

灌云县响水镇商会、灌云县盐业公会同叩　马

资料来源:日内瓦国联与联合国档案馆藏李顿调查团档案,卷宗号:S38。

207. 中国国民党河南省焦作直属区党部来电

万急!

南京外交部转国联调查团勋鉴:

此次贵团为中日纠葛,离国外涉,遴听玉趾辱临,曷胜忭慰!谨具热烈之诚意,表示欢迎!夫日本不顾信义,奸绝我好,去年九一八竟以武力强占我东北数省,种种惨无人道之行为应有尽有;今年上海事件,又继续不已的侵略,倾其全国二分之一的兵力,向我进攻。炮轰我闸北,闸北精华为之一竭。试问闸北居民何罪?日本竟采取其无限制之轰炸政策,以逞其凶恶!后我军因尊重国联停战议决案,退守第二道防线。而日本仍进逼不已,轰炸我苏杭无辜之居民。由上言之,沈阳事件,日本以武力破坏我领土的完整;上海事件,日本直欲倾其全力以来亡我国家。举凡国际盟约、非战公约及九国公约所规定为维持和平之具者,日本竟违弃无遗,不少顾忌。夫暴日不制,东亚何有宁岁;盟约破坏,世界即无和平。应请诸公为正义公理之举,制止暴日,以尽维持世界和平之责任,务使国际之神圣盟约弗替,世界之公理正义常伸,则我国人始终拥护国际盟约之尊严,特不至失望矣。

中国国民党河南省焦作直属区党部(印)勘　叩

中华民国□年□月□日□时发

资料来源:日内瓦国联与联合国档案馆藏李顿调查团档案,卷宗号:S38。

208. 中国国民党河南宜阳县党务整理委员会来电

上海吴市长转国际联盟调查团公鉴：

中华不幸，灾患频生。暴日乘机横加侵略，去岁借口虚无之中村事件，侵夺我东北领土，屠杀我国军民，继复扰乱华北。阴谋未逞，竟又顷[倾]其全国武力轰炸我淞沪，我驻沪国军愤暴日之蛮横，为自卫而抵抗，惟为遵守国联之决议，一再退让。乃日本不顾人道信义，擅发谬论，污我排外，希图蒙蔽听闻，阴险狡诈，实人类所不齿。

贵团受国联重大之委托与各国人民愿望之殷切，定不为狡诈者所蒙惑。敬望秉公澈[彻]查，具[据]实报告，俾中日事件得以和平解决，以伸公理正义于世界，而维国际公约之神圣。倘不幸和平破裂，本会誓率全县党员民众，在本党暨政府指导之下，决不惜任何重大牺牲，与蛮横强暴之日本作最后全力之抵抗，以扑灭而歼除之。

特此电达，诸希鉴察。

中国国民党河南宜阳县党务整理委员会（印）马　印
中华民国二十一年三月二十一日上午□点发共□字

资料来源：日内瓦国联与联合国档案馆藏李顿调查团档案，卷宗号：S38。

209. 中国国民党河南临汝县党务宣传处来电

上海吴市长转国际联合会调查团钧鉴：

贵团为国际和平，远涉海洋，不辞劳苦，奉命来敝国调查中日事件。本会代表全县党员，竭诚欢迎！惟日本不顾国际公法，破坏东亚和平，以武力侵占我东省，复夺取我上海。日本此次之暴行，不惟破坏我国领土之完整，且违犯非战公约及国际公法。过去对东省事件一再容忍，促其觉悟，维持东亚和平。而日军毫无忌惮，用最强横之手段将东省侵占，得尺进步，复调遣大军聚集上海，迫我市长订立条约，继又开枪射击，飞机烘[轰]炸。我十九路军不得已为民族争生存，为公理与正义而始与之抵抗，相持月余。我十九路军遵照国联议案，于三日内退出战区；而日军一再增援，向我军逼迫。日本不惟是破坏东亚和平罪魁，不遵[尊]重国联议案，亦为破坏世界和平之祸首。国联会应站在正义与公理本身职责之立场上，以有效之方法制止日军在我国之暴行，以维持国际之神圣盟约。若国联不能以有效方法制裁日本，则我中华民族决取自卫手段，继续抵抗到底，宁为伸张公理而死，不受强权屈辱而生！

临电不胜悲愤之至。

中国国民党河南临汝县党务宣传处（印）叩　马

资料来源：日内瓦国联与联合国档案馆藏李顿调查团档案，卷宗号：S38。

210. 中国国民党山东省莱芜县党务整理委员会来电

贵团诸君奉国联之委托，驾临敝国，调查此次中日纠纷之真像［相］，以为国联处置此事之张本，责任异常重大：不惟中日两国间之能否和平，全在诸君；即世界之安危及人类之祸福，与夫正义公理之是否可凭，亦皆与诸君此行有莫大之关系。

敝会同人素仰诸君之伟名，深信此行必能本公正之态度，将事实真像［相］调查明确，供献国联，使国联得明了此次破坏和平之责任所在，作公平之处置，以完成伟大之使命也。

敝会谨代表全县四十万民众，以十二分之诚恳，表示热烈之欢迎。

中国国民党山东省莱芜县党务整理委员会（印）感　叩
中华民国□年□月□日

资料来源：日内瓦国联与联合国档案馆藏李顿调查团档案，卷宗号：S38。

211. 南京中华妇女节制分会来电

南京外交部译转国联调查团并转国际联合会均［钧］鉴：

此次中日事件发生，我国政府始终信赖国联，所希望于国联的，不是优益，乃是公道。本会今日所希望于贵团的还是公道，不是优益。李顿勋爵代表贵团所说之"国联处置此次事件，决不违背破坏任何国家之行政独立、土地完整之原则，如有违反此原则者，国联会亦决不予承认"，深合我民众之心，望能见诸实行。贵团此次赴东北调查，深望能以事实真相，据实报告国联，并实行盟约，以恢复我国领土之完整，世界和平实利赖之。

专此即请公安。

南京妇女节制会（印）谨启

本会宗旨：促进家庭幸福，改良社会恶习，巩固国家基础。

最近使命：促成彻底禁烟，提倡全国救丐，实行一夫一妇。

方法：消极的拒绝烟酒睹〔赌〕邪，积极的提倡慈孝贞俭。

职员：协会总干事、驻京代表施云英，刘□明

汉西门黄泥巷公字二十九号

资料来源：日内瓦国联与联合国档案馆藏李顿调查团档案，卷宗号：S38。

212. 徐州各界欢迎国联调查团筹备会来电

南京外交部转国联调查团公鉴：

忆自暴日侵辽，经半载横攻沪渎，重起纠纷，每诉国联，冀明曲直。兹幸贵团远涉重洋，光临敝国，下风狄〔谛〕听，欣几何如！贵团负重大之使命，作实地之调查，斯时战血犹殷，劫灰未冷，侵略战迹，定可了然。深信必能本盟约之专条，作彻底之解决，公理正义，从此昭彰，暴力强权，必能裁制。

徐民爱护和平，睦邻有志，因于星轺莅至，深表欢迎，特电预闻，停候福履。

徐州各界欢迎国联调查团筹备会叩　宥　印

三【月】二八号

资料来源：日内瓦国联与联合国档案馆藏李顿调查团档案，卷宗号：S38。

213. 开封新闻记者联合会来电

南京国联调查团公鉴：

慨〔盖〕自日人无端启衅，沈案暴发，世界人士莫不以远东局势岌岌可危为虑。殊我国顾全人类和平，一再容忍；而日人则得寸进尺，逐渐将侵略范围扩大，而辽、而吉、而黑龙江，蹂躏东北三省之不足，进而侵及我腹地，由天津、青岛、福州等处，及其他通商市场，莫不有同样之暴举，以为威胁我政府，承认日本侵略我领土与行政之用意。最近，上海【被】侵攻，我方为守土自卫，惨战月余，我方遭害之生命财产，实不可以数计。凡此种种，日本恃强施暴之行为，俱为有目共睹、有耳共闻之事实，固无待同人环请诸公而曲告者也。

回忆沈案初起，我国即信赖公理正义之存在，尊重国联盟约、九国公约与

非战公约之有效,为顾全远东和平及国际间在亚东之利益起见,对日暴行力主退让,以待公允之裁制。乃日人乘机侵攻,有加无已。迄今事隔半载,国联每决议一次,日本即乘机侵略一次,而至各项国际盟约为日人撕毁无余。吾国迭受日人惨暴之蹂躏,反为过信国联得来之倒果,倘使我国亦如日本之不顾信义,彼加侵攻,我即出而自卫之近战,其演变必无如是之烈。今我国以维持信约、拥护和平,而我领土行政之完整,悉为日本所破坏,国联迄无断然之处置,以遏止日本侵略之行为,此实同人所深引以为遗憾也。

诸公为调查中日争端之真象[相]而来,同时即负国际会之付讬[托],其为主持公道、维护远东和平,实所以开辟世界人类之新机运,此种重大使命即由诸公担任前锋也。诸公既为新时代之和平使者,必能向世界人类之和平福音。此次途径[经]上海,恰为日人施暴蹂躏之余,得觇惨战残迹,当益为人类战争之残酷而忧惧。唯须为诸公告者,诸公为调查中日之整个纠纷而来,不日即将赴我东北三省从事考察当日事变之真象[相]。现在,日本既主使少数汉奸组立伪政府,原为日本重师亡韩之故智,为应付现时环境,借此回避责任耳。同人竭诚欢迎诸公,即盼望诸公到达东北,能秉聪明之智慧,锐利之眼光,以揭穿日人危害远东和平之黑幕,搜集真实证据,书成详尽纪[记]录,不偏不倚,一秉公正,归而报告国联。作为国联会议寻觅适当制裁日本逞暴办法之佐助。如此,则国联过去之威信可以保存,国联间各种盟约方不失效。即以诸公个人之荣誉,亦得于人类和平声中永久不磨也。

谨竭至诚,特为奉告,并祝诸公旅途健康。

开封新闻记者联合会(印)俭　叩

中华民国□年□月□日□午□点□分　电报

资料来源:日内瓦国联与联合国档案馆藏李顿调查团档案,卷宗号:S38。

214. 中国国民党山东省直属东平县区执行委员会暨全县各公私法团来电

南京外交部转国联调查团诸公均[钧]鉴:

查自去年九一八,日本武力侵占我东北后,和平的世界突被日本的暴力震荡得不安,人类的前途骤遇此凶残的恶兽,我中华民族身受巨创,深恐东亚战争若起,世界大战将继之暴发,故容忍退让,遵守国际盟约,免使人类再罹战祸之苦。惟彼暴日贪残无比,既占东北又侵东南。正在日本施展魔力、屠洗淞沪之际,贵团命驾东来,我中华民族负创忍痛,亲见和平之使者,谨致欢迎之诚意! 务祈秉公澈〔彻〕查,判断是非,张世界之正义,维国联之盟约。日本既无理侵略中国,破坏公约,国际应依据国际盟约及世界正义,迅采有效之制裁。否则,若听任日本侵略中国,破坏和平,纵使恶兽伤害人类,我中华民族惟有取自卫手段,继续抵抗,宁为公理而战死,不为强权所屈服!

临电翘企,不胜盼祷欢迎之至!

中国国民党山东省直属东平县区

执行委员会(印)暨全县各公私法团俭　叩

民国□年□月□日

资料来源:日内瓦国联与联合国档案馆藏李顿调查团档案,卷宗号:S38。

215. 中华民国首都民众代表仇继恒等来电

国际联盟调查团委员长李顿爵士暨诸委员公鉴:

自去岁九月十八日以还,日本侵略中国之野心逐步暴露,中国虽极端容忍,然终不免因被迫过甚而有淞沪之抵抗。日更调集重兵,恃其利器,尽量摧残我财产,杀害我人民,强占我土地,战火所经一片焦土;即远距淞沪数百里外之苏杭等非战区,亦多日机抛掷巨量炸弹之创痕。甚至首都所在地点,亦不免有二月一日受日舰炮击之事,凡日人之加诸我者,平心设想,无论施于任何国家,吾知其断难忍受!

诸君周历沪杭而来,于各地所受摧残惨状,必已洞悉无遗,事实彰彰,责任谁属? 此无待吾人之喋喋也。

吾国民族非无坚强之性,只以历受先圣相传之德,育一以和平为依归,与国联盟约主旨,实具有一贯精神。故吾国对于此次日人侵略行动,始终信任国联必能主持正义,今国联推派诸君出任调查,在明了事实上之责任,方足以言和平之真诠。诸君须知天下事理必平,然后能和。日人所侵凌于我者,固已久矣。今更变本加厉,不顾一切,以举世人类所不能忍之事,而必谓施于中国则可,宁有是理,岂得谓平! 吾人既自鸣其不平,尤赖诸君秉其正视正听之所得,作平情之论断,公理既明,吾国民愤先可稍释,再进而谋所以维持平衡之法则,所谓心理上仇视,亦不戢自消。吾国先圣有云:"己所不欲,勿施于人",此诚探本之论也。诸君以为然乎？

诸君此次来华，使命重大，不仅在解决目前中日之纠纷，实负有维持世界永久和平之责任。吾人深信：诸君既莅东三省之后，必更了然于日本雄心所在，关系不仅一隅。今日正义若不获伸，则将来影响所及，恐不止中国一国独蒙其害也。谨代表中华民国首都民众敬致欢迎之诚意，并祝诸君和平使命之成功，中国幸甚，世界幸甚！

中华民国首都民众代表仇继恒（签名）、魏家骅（签名）

二一·四·一①

资料来源：日内瓦国联与联合国档案馆藏李顿调查团档案，卷宗号：S38。

216. 如皋县党部来电

上海吴市长转国联调查团全体委员钧鉴：

日本以武力袭占我东三省，暴戾行为，谅在贵委员洞鉴之中。敝国军民酷爱和平，未与敌对，所有驻防东省军队绝未抗抵，节节退让。乃日本贪得无厌，复出重兵，夺我沪淞。我驻防军队本守土之责，作自卫抵抗；而日本挟锐利武器，屠杀我平民，轰炸我市镇，所幸惨状未灭，残垣犹存。

贵团为世界和平天使，此次莅华调查，究竟日本此举是否违反国际盟约？是否破坏华府条约？诸乞秉公定谳，以为穷兵黩武者戒。

敝部率全县民众谨此代电欢迎。

如皋县党部（印）叩　养

资料来源：日内瓦国联与联合国档案馆藏李顿调查团档案，卷宗号：S38。

217. 中国国民党湖南省湘潭县党部等团体来电

南京外交部转国际联盟会调查团各委员勋鉴：

日本抱其传统之大陆政策，于去岁九月以暴力占领我东三省。敝国为尊重国联盟约计，为注重东亚和平计，一再诉之国联，冀得以有效方法严厉制裁，使强暴者屈伏［服］于正义公理之下。不料，其欲壑难填，得寸进尺，复以武力

---

① 编者按：应为民国二十一年四月一日。

占领淞沪,企图扼我咽喉,任其宰割,用心毒辣,令人发指!

诸公系和平使者,此次远涉重洋,翩然降止,必能站在正义之立场,将日本过去之一切残酷行为毫不掩饰,直陈国联,并得一致主张,对于破坏盟约者采取断然之处置,如此目的不能达到,则敝国人民为国家争主权计,为民族求生存计,将全体动员,以热血头颅与彼暴日相周旋也。

临电迫切,敬祈垂察。

中国国民党湖南省湘潭县党部(印)

县农会、县商会、县教育会

妇女励进会、各工商同业公会

各职业产业公会叩　巧

中华民国二十一年三月□日

资料来源:日内瓦国联与联合国档案馆藏李顿调查团档案,卷宗号:S38。

218. 中国国民党湖南零陵县党务指导委员会来电

上海吴市长转国联调查团钧鉴:

暴日凭借武力横行东亚,暴力所至公理为摧,东省之沦陷,上海之焚杀,人类公敌之狰狞面目已尽量揭示于全世界。近知众怒难犯,做贼心虚,乘公等调查前来,收买叛徒,伪造民意,组织所谓满蒙伪政府,希图蒙蔽国联,卸免主使责任,破坏我国领土完整、行政独立,此种欺骗手段岂能掩尽世人耳目! 惟暴日凶而且狡,虚伪宣传,捏造事实,无所不用其极。

公等为世界公理之权衡,人类恶魔之犀照,中国始终深信:必能将此次调查真相秉公陈诸国联,以有效之办法制裁日本,撤退驻东省及上海日军,还我领土,维我主权,则东亚和平、世界幸福均于是赖。万一日本不顾一切,必欲贯澈[彻]其大陆政策之迷梦,破坏国联信义、非战公约,穷兵黩武,则中国为自卫计,为尽国联会员国之责任计,惟有抵抗到底、始终不渝,自信蕞尔三岛无论如何强暴,不能吞灭中国全土;如何戕酷,不能杀尽中国人民,徒为人类造罪恶、世界增纠纷而已。

临电悲愤,无任依依。

中国国民党湖南零陵县【党】务指导委员会(印)叩　世　印

中华民国二十一年三月卅一日

资料来源:日内瓦国联与联合国档案馆藏李顿调查团档案,卷宗号:S38。

219. 湖南邵阳人民抗日救国会常务委员卿国魁等来电

南京国民政府外交部译转国联调查团列列委员勋鉴：

日本为贯澈[彻]其传统之大陆政策，故不惜违反国际公约及置国联一切决议案于不顾，先后以暴力侵占我东北、袭击我沪淞，世界和平骤失保障，此不仅我中华民族引为最椎心泣血之事，亦全世界所深感不安而不能已于怀者也。

当辽案发生之初，敝国果而奋起抵抗，自不难达到自卫之目的。惟自信为爱和平、重信义之国家，乃力求避免，促其觉悟，忍痛含羞，未予决绝，以为我最高权威之国联负有国际裁判之使命，确保世界和平，只有颠扑不破之公理，邦交纷争原不必诉诸武力。因此，为再三之伸[申]诉，以求有效之仲裁。

讵知我愈退让彼愈进迫，东北之狼烟方盛，东南之战祸又开；同时，并怂恿卵翼叛徒组织傀儡式之满蒙伪国，以破坏敝国领土、行政之完整，借乱欧美各邦之视听，用心险毒，谁不发指！近犹阳假议和之名，阴存挑战之实，充其凶暴之极，直欲实现田中所谓"欲征服世界，必先征服'支那'"之计划而后已。

兹幸诸委员卿[衔]命来华，实地调查，敝国人民皆表示诚挚之感谢与欢迎。惟日本狡谲成性，现正捏造事实与证据，企图蒙蔽，伏乞以公正之态度、敏捷之手段，将调查所得之侵华真相直陈国联，并恳转达国联提起最高权威，保障世界和平，采取切实有效之方法，迅予日本以严厉之制裁。倘其怙恶不悛，甘为戎首，则敝国为求民族之生存与独立计，誓以铁血与日本相周旋，虽寸土尺地，务求完整，苛刻条件，决不屈服！

临电屏营，幸希鉴察。

湖南邵阳人民抗日救国会(印)常务委员
卿国魁(章)、罗锦元(章)、喻纯(章)叩　虞　印
中华民国二十一年四月□日

资料来源：日内瓦国联与联合国档案馆藏李顿调查团档案，卷宗号：S38。

220. 中国国民党河南省嵩县党务指导委员会来电

国联调查团鉴：

中华民国二十年九月十八日，日本突以暴力攫取我辽、吉两省后，即强制改组行政机关，派日人及汉奸接办，原拟立即吞没以遂其大陆政策之迷梦，乃鉴于国联情势严重，不便操之过激，于是鼓吹满蒙独立，以灭亡朝鲜之故技［伎］施行于东三省，拥蛰居天津之溥仪为皇帝，组织满洲傀儡政府，并向贵团妄称出自东省民意，吾国国民闻听之下靡不发指，然亦绝对否认。暴日此中狡诈手段，实欲蒙蔽世界各国，使贵团无法辨其真伪。

查民国成立二十一年，未尝少闻辽、吉等省有背叛我国政府妄举。自日本出兵占据之后，迫以武力，始有此"满洲国家"建设之声浪。民众方面，不惟无反抗我国政府之行为，且纷纷组织义勇军以为抗日后援。日人又于各县驻兵五六千人，由军队中人兼任县知事，并设警察所，组织日侨自警团轮流巡行各县，对于我国军警一律解除武装。在各村以华文布告华兵归顺事宜，如携助武装归顺，充任军政署警察及其他相当职位。凡此一切措施均足证明日人狼子野心，其侵占我国领土、灭亡我东三省至为明显。

想贵团主持正义，最爱和平，不能承认东北非法组织之伪政府，还我中华民国完整之河山，拥护克洛格①非战公约与国联会之十五、十六条款，制止日本掠夺之野心，不胜迫切待命之至。

中国国民党河南省嵩县党务指导委员会（印）叩　虞

资料来源：日内瓦国联与联合国档案馆藏李顿调查团档案，卷宗号：S38。

221. 铜山县农会暨十二区农会一百三十四乡农会来电

南京外交部转国联调查团诸委员公鉴：

日人向我侵略逐益加甚，其行为既蹂躏国际条约，复灭绝人类基础正义，微特华人之辱，诚贻世界之羞！公等代表前来，负有重大使命，至望公正调查，俾得最后之合理解决，以戢残暴而张公理。

---

① 编者按：多翻译为凯洛格。

无任毅奋,感盼之至!

　　　　　　铜山县农会(印)暨十二区农会一百三十四乡农会同叩　漾　印
　　　　　　中华民国□年□月□日□午□点分发
资料来源:日内瓦国联与联合国档案馆藏李顿调查团档案,卷宗号:S38。

222. 铜山县茶食业工会等团体来电

南京外交部转国联调查团诸委员公鉴:

　　暴日肆凶,向我侵略,蔑弃国际公约,破坏世界和平。东北三省以及淞沪,今已满是创痕,事实俱在,曲直易明。公等代表前来,作和平正义与国际公道之努力,吾等感佩实深。至望秉公澈[彻]查,以遏强权而申公理,无任翘企待命之至。

　　　　铜山县茶食业工会(印)、成衣业工会、理发业工会、派报业工会
　　　　印刷业工会、木作业工会、泥作业工会、石作业工会、竹作业工会
　　　　油漆业工会、皮作业工会、酱业工会、杠运业工会、贾汪煤矿厂工会
　　　　　　　　　同叩　梗
　　　　　　中华民国□年□月□日□午□点分发
资料来源:日内瓦国联与联合国档案馆藏李顿调查团档案,卷宗号:S38。

223. 南昌市商会及南昌市各业同业公会来电

九江探交国联调查团诸先生勋鉴:

　　报载诸先生受国联重大之使命调查沪案,今更不辞劳瘁赴汉视察,具见维持和平、伸张公理,逖听之余无任欢忭!惟查满洲向系我国完全领土,人民、种族、语音、文字、风俗、习惯,处处可以证明。

　　乃日本竟敢冒大不韪,威挟少数浪人,制造傀儡政府,破坏我国主权领土之完整。上海、天津、东北各地日人恣意横行,烧我房屋,杀我同胞,损失之惨莫逾于此。

　　诸先生既亲赴调查,谅在洞鉴,务恳秉和平建在正义之宗旨,责成日方赔偿损失,并祈还我领土,重我主权,世界和平实利赖之。

临电悲愤,不胜盼祷之至!

南昌市商会(印)叩 冬

又南昌市各业同业公会

中华民国□年□月□日发

资料来源:日内瓦国联与联合国档案馆藏李顿调查团档案,卷宗号:S38。

224. 中国国民党江西省宜黄县党务整理委员会来电

万急! 国际调查团诸先生勋鉴:

暴日怀侵略中国之野心,抱世界盟主之迷梦,乘我共党"扰乱"之时,实行以武力占我东省、犯我淞沪;袭取亡韩故智,组织满蒙伪国,傀儡登场,旗鼓大张,向国际宣传,妄称东北民意,以淆乱世界之听闻,掩饰历来之强暴。

中国自建立共和国家,五族化为一统,数十年来共享权力、共谋均治,向无汉满蒙族之分,已为世界所共识。今满蒙伪国之傀儡政府竟产生于日本武力卵翼之下,所谓出自东北民意,宁非欺人之谈! 日本此种狡诈之行,我国人民万难容忍! 当兹诸先生幸临敝国,亲赴东北考察,诸公目光如炬,明察秋毫,当能揭破暴日阴谋,使世界不再受其蒙蔽。并请主持正义,还我东北山河,救我东北人民,驱彼丑虏,共伸公道。

临电不胜祈祷之至。

中国国民党江西省宜黄县党务整理委员会(印)叩 删

资料来源:日内瓦国联与联合国档案馆藏李顿调查团档案,卷宗号:S38。

225. 河南省会抗日救国会来电

六月廿五日

第三一一号

北平绥靖公署代转国联调查团诸位先生钧鉴:

中国不幸,惨遭凌夷。溯自去年九一八以来,日本不顾信义,蔑视公理,违背非战公约,破坏国联盟章,挟其大陆政策,作征服中国迷梦。既沦陷我东北,复轰炸我淞沪,破坏我领土之完整,危害我行政之独立,其凶横狠毒之举,直视中国如无人。

我国民政府为维护世界和平,遵守国际盟约,含辱忍痛,将日本残暴无礼之行动通告国联,以求公正之裁判。讵料我国听候公决,步步退让,彼竟捏词蒙蔽,节节进逼。殊不知退让有限度,忍耐有穷时,我政府及全国民众所以含垢忍辱以至于今者,惟望贵团主持正义,担负职责,本调查之事实,作公允之报告,为全世界彰公理,为人类除强暴,为盟约作保障,均胥于贵团调查之报告是赖。想贵团为体念职责之重大及全世界和平民众属望之殷切,必能秉公报告。但日人狡黠成性,鬼蜮为怀,拨弄是非,颠倒因果,如最近承认伪满洲国及反对贵团在中国编报告书,其居心之阴诈不问可知。

敝会有见及此,特为电达,幸希垂察。

河南省会抗日救国会(印)叩

中华民国二十一年六月二十一日上午十点□分电报

资料来源:日内瓦国联与联合国档案馆藏李顿调查团档案,卷宗号:S38。

226. 中国国民党湖南省黔阳县党务宣传员临时办事处等团体暨全县三十万民众来电

南京外交部即转国际联合会调查团全体委员勋鉴:

日本帝国于去年九月十八日恃其武力掠夺政策,开衅我国,侵占我辽吉黑三省。近又称兵内犯,攻据沪淞,不顾国际公约,破坏世界和平,穷凶极恶,昭然若揭。尤复变本加厉,利诱威胁,唆使少数叛徒,组织所谓"满洲国"之傀儡政府,破坏中国主权及领土之完整,以作将来夺取满洲之计划。并妄拟民意,淆乱世界听闻。

今幸贵调查团眷念远东和平,不辞重洋跋涉,远道来华,切实调查。敝国上下群相欢庆,从此日本侵略中国之一切暴行,伊虽狡狯,当难掩其真象[相],事迹明确,公理有据,将以直陈国联,昭示列邦。如日本仍复横强,不服国联制裁,敝办事处及全国民众誓行抵抗,非达到赔款、撤兵之目的决无谈判余地。诸公为世界和平使者,敬乞主持正义,以勿损失我中华民国之主权及领土;否则,即再有牺牲亦所不惜。

临电迫切,希乞垂鉴。

中国国民党湖南省黔阳县党务宣传员临时办事处(印)

县农会(印)、县教育会(印)、县商会(印)暨全县三十万民众同叩　江　印

民国□年□月□日□时发

资料来源:日内瓦国联与联合国档案馆藏李顿调查团档案,卷宗号:S38。

227. 湖南辰谿[溪]县人民抗日救国会常务谢洪铨 等率全县三十万民众来电

上海国联调查团列列委员钧鉴：

窃日本帝国主义者以强暴之手段行侵略之政策，一则占据我东省，再则蹂躏我淞沪，节节进逼，有加无已。窥其用心，无非以我国家为可侮，我人民为可欺，故敢一意孤行，置国际法规与非战公约而不顾。我国政府为维持世界和平，不愿轻启兵戎，一闻贵团来华调查，立即停止军事动作，冀达和平目的。乃彼日本近复肆其并吞朝鲜之故智，唆使叛徒组织满洲伪国，以破坏我领土之统一。消息传来，凡有血气莫不义愤填膺，誓与偕亡，不仅东北人民反对已也。

尚望诸公力持正义，遏彼凶残，还我领土以完整，出我人民于陷溺，东亚和平实利赖之。

临电毋[无]任悲愤迫切之至。

湖南辰谿[溪]县人民抗日救国会（印）

常务谢洪铨、杨锡焯、杨茂钊率全县三十万民众同叩　文　印

资料来源：日内瓦国联与联合国档案馆藏李顿调查团档案，卷宗号：S38。

228. 中国国民党湖南省华容县党部来电

南京国民政府外交部译转国联调查团主席李顿爵士及各调查委员勋鉴：

日本逞其侵略我国之野心，奉行大陆政策之阴谋，违反世界正义，破坏东亚和平。始则占据东省，继则夺取淞沪。焚烧我屋宇，繁盛顿成焦土；屠杀我人民，尸骸堆积如山；损失无逾中国，残忍莫若日本。近更用毒辣之狡计，师亡韩之故智，挟溥仪以北上，组织御用之傀儡政府，集叛逆于长春，嗾使爪牙为略[掠]地工具。无非勾结叛逆，假造民意，希图淆混国际间之视听，掩饰调查团之耳目。国联迭次决议，抗不接受，沪上每度和会，毫无诚意。阳言撤兵于上海，阴则增援于苏杭。犹复借口解决中日悬案为撤兵先决条件，威胁中国唱出退盟之荒谬言论；恐吓国联，将国联盟约、华府条约、非战公约毁弃无余。

我国为维持世界和平计，为尊重国联威信计，一再退让，百端容忍，但不愿作盟城下，订丧权辱国之条约，誓死抵抗到底，求公理正道之伸张。如日本犹

不觉悟,吾国人民惟有始终以热血头颅与之周旋,保我领土之完整、主权之独立。尚希调查团诸公用有效之方法制裁暴日,俾公理终胜强权,国联威信赖以维系,世界和平得以保障。

迫切陈词,毋[无]任盼祷!

中国国民党湖南省华容县党部(印)叩　阳　印

民国□年□月□日□时发

资料来源:日内瓦国联与联合国档案馆藏李顿调查团档案,卷宗号:S38。

229. 中国国民党江西省德安县党务整理委员会及各民众团体来电

洛阳国民政府外交部请转国际联合会及国际调查团钧鉴:

日本恃其武力,侵我东省,暴戾恣睢,无与伦匹[比]! 不仅强占我中华领土,抑且破坏远东之和平。近复收买少数叛徒,组织所谓满蒙伪国,捏称出自东北人民自意,冀掩全世界之耳目,淆惑听闻,以遂其侵夺之野心,而完成其积存之满蒙政策。用特电陈钧会表示反对,并恳主持正义,依法制裁,毋使公理湮灭,有碍和平。

临电不胜迫切盼祷之至!

中国国民党江西省德安县党务整理委员会(印)

德安县布业同业公会(印)、德安缝业公会(印)

德安县零货业同业公会(印)等各民众团体叩　阳

中华民国二十一年四月七日发

资料来源:日内瓦国联与联合国档案馆藏李顿调查团档案,卷宗号:S38。

230. 中国国民党江西省德安县党务整理委员会及各民众团体来电

洛阳国民政府外交部转国际调查团各调查员钧鉴:

此次诸公奉国际联合会命,来沪调查暴日侵略之真象[相],职会谨代表德安全县民众竭诚欢迎! 第以日本横暴,公然以武力侵略我东省,炮击我宁沪各地,所受损失至为重大。人民无辜遭其惨杀,房屋何罪? 被其炸毁,占我领土,绝我交通，违反国际盟约，且破坏非战公约，事实俱在，当无狡饰。

我十九路军不得已，为求中华民族之生存作自卫之抵抗，不敢以重兵相见者，亦只为维持世界之和平，拥护国际盟约。该日本之侵略东省，不仅破坏东亚和平，且或酿成世界大战，其居心险恶已可概见。

应请贵团转致国际联合会，应以正义公理为立场，制裁日本之暴行，以维国际之神圣盟约。苟有偏袒，则中华民族惟有采取自卫手段，继续抵抗，宁为玉碎不为瓦全。

一着之见，敬恳钧团赐以鉴纳为幸。

中国国民党江西省德安县党务整理委员会（印）

江西德安县金银首饰业工商业公会（印）

德安烟业同业公会（印）、德安县布业公会（印）

德安县零货业同业公会（印）各民众团体叩　阳

中国民国□年□月□日发

资料来源：日内瓦国联与联合国档案馆藏李顿调查团档案，卷宗号：S38。

231. 中国国民党江西省靖安县党务整理委员会来电

国际联合会国联调查团各位先生钧鉴：

先生等受国联重大之使命，远来中国，调查中日之事件，欢迎之余，无任敬感！慨自九一八日本以暴力进攻中国以来，陷落我东北，攻击我上海，占我土地，窃我政权，戮我人民，掠我财产，致使繁盛之区变为瓦砾，文物之地尽为荆榛；违反国际公约，破坏东亚和平，未有甚于此者。

中国遵守国际联盟会会员之义务，以此重大之事件，取决于国际联盟，所有国联行政院之决议，中国无有不诚恳接受者。此次上海抵抗，系为中华民族争生存及维持世界和平与公理。而日本对于国联行政院之决议，悍然违反，特别大会之决议，亦不值其一顾，则日本不仅为中国领土主权之破坏者，而且是国际公约之破坏者。

敬恳先生等主持正义，制裁日本之暴行，以维国联之神圣盟约。倘国联不依据国际条约及世界正义，采有效之制止，则中华民族惟有取自卫之手段，继续抵抗，宁为玉碎不为瓦全，绝不负何种责任。

谨电奉闻，伏乞垂鉴！

中国国民党江西省靖安县党务整理委员会（印）叩　支

中华民国二十一年四月□日□午□点□分发

资料来源：日内瓦国联与联合国档案馆藏李顿调查团档案，卷宗号：S38。

232. 中国国民党湖南省岳阳县执行委员会来电

北平探送国际联盟会调查团钧鉴：

慨[盖]自暴日称兵犯境，已造其极致，我大好河山满是啼痕，无数同胞尽为奴虏。近更险谋百出，挟持其走狗溥仪、袁金铠、熙洽、张景惠、臧式毅辈，造成满蒙叛乱组织，假民族自决之名，行宰割东北之实。凡我华裔痛恨之余，靡不振奋，誓死否认。

幸我国际联盟会为免受其蒙蔽，此次毅然决然组派调查团来华调查，秉大公无畏之精神，作客观态度之观察，尚冀根据事实，主持正义，详报国联，严厉制裁，使强暴得以敛迹，公理由是伸张，将来世界和平庶乎有赖。

本会爰于第二次委员会议，提出拟通电反对东北叛乱组织并请国联调查团主持正义一案，议决照案通过，记录在卷，除电全国一致动员、督促中央大张挞伐、削平东北叛乱外，用特肃电钧团，实地调查，至公平判，以绌暴力而伸正义。中华幸甚，世界幸甚！

中国国民党湖南省岳阳县执行委员会（印）叩　文　印

民国二十一年四月十二日

资料来源：日内瓦国联与联合国档案馆藏李顿调查团档案，卷宗号：S38。

233. 江西省清江县商会来电

国联调查团钧鉴：

窃我中国东北民众生命财产，无辜遭日残杀侵略，迄今半载未驱逐者，惟知真理终胜强权，暴日灭[蔑]视公理，难逃国际惩办。近复贪缘腐败政客，引诱不良军阀，以彼等为工具，树立"满洲政府"，宣布成立。因我商人忍无可忍，再难缄默，对此傀儡政府无论如何宣言，如何组织，誓不承认。亟称"满洲国"者，直系日本帝国之商号名词而已，与我中国同胞毫无关系，我东北之领土及政治绝对隶属于国民政府,我国民政府有最高之威权管辖之、支配之,永固民族,绝不分散。

务望贵团维持正义,本良心之主作,校奸之明断,惩治强横之暴日,铲除卖国之蟊贼,以维护我国政治土地之完整,而保障世界永久和平之幸福。

是为至祷!

江西省清江县商会(印)谨此宣言

中华民国二十一年四月十一日

资料来源:日内瓦国联与联合国档案馆藏李顿调查团档案,卷宗号:S38。

234. 中国国民党平原县执行委员会暨农工商教各团体来电

北平顾代表维钧转国联调查团赐鉴:

查日本挟其暴力,侵我东北国土,轰炸我淞沪城市,穷凶极恶,已属无微不至。今复用亡韩故技[伎],胁诱少数叛逆分子,成立满洲非法组织,并制造种种伪证,以图蒙蔽世界。此等奸狡阴谋,我国民众誓不承认!

敬祈贵团秉真理与正义,切实调查,维我国土完整,制裁野心侵略,以保世界永久和平,不胜盼祷之至!

中国国民党平原县执行委员会(印)暨农工商教各团体同叩

民国二十一年四月十六日

资料来源:日内瓦国联与联合国档案馆藏李顿调查团档案,卷宗号:S38。

235. 中国国民党湖南省永兴县执行委员会来电

南京国联调查团李顿爵士暨列列先生勋鉴:

日本以暴力侵占我东三省,舐糠及米,复逞凶于淞沪,是岂东亚和平备蒙威胁,而国联盟约、非战公约、华府条约并毁之于暴力,世界和平骤失保障,固亦各友邦所为不安而未可忍然者也。

惟日本以武力侵占东三省,自知公理所在,未可厚悖,于是袭亡韩之故智,谋东北之永占,诱胁叛逆,树满洲独立之帜,居高发纵,备太上颐指位,以诸公明达,烛鉴所及,彼日诡谲,安逃犀照!第中国行政之完整,备载公约,友邦共承。今日本悍然破坏之而绝无所恤,是何异对神圣之公约直接挑战?诸公襟怀郎[朗]然,张皇公道,对此凶残,谅亦有不慊于怀者矣。

敝会除代表永兴卅万人民对日本威胁卵翼而成之所谓满洲伪政府誓死反对并呈请政府即日申讨外,伏恳诸公作公道之发扬,为正义之主持,还我领土,制彼凶狂,则蒙麻者又岂敝国已哉?

谨电奉陈,伏维垂鉴!

中国国民党湖南省永兴县执行委员会(印)叩　虞　印

资料来源:日内瓦国联与联合国档案馆藏李顿调查团档案,卷宗号:S38。

236. 北平民众团体救国联合会敬告国联调查团书

国际调查团委员诸公钧鉴:

住居于北平之中国人民集合于民众团体救国联合会之下,愿向国际联合会所派来之国际调查团诸君表示慰问与欢迎之忱。北平民众深信:调查团将忠于其自身之任务,以日本在上海及东北三省之行为,详细报告于国联行政院,故对于诸君之来盼望已久。

自从目前之纠纷开始以来,国际联合会常能处于不偏袒而拥护正义的地位。此种态度,最可见于调查团之派遣与一九三二年二月十六日十二理事国之联合要求日本将军队撤出中国领土之外,以及一九三二年三月十一日国联特别大会所一致通过之议决案,由于日内瓦之努力,事实得以充分表露,供全世界之讨论,国际仲裁之理想,强制仲裁,维持和平之理想于焉进一大步。在三月十一号议决案之引言中,国联曾一再申说:前此一切措施之强制性质,责备两造中完全忽视义务、迟迟不肯退兵之一方,故事实上国联等于业已在国际司法上定下一最后判决主文,在今日世人感知中国与日本之间,谁应负侵略他人领土、甘作战争戎首之责? 谁使国联盟约因此根本动摇、危及目前全世界之和平与各国之安全?

吾北平之中国人民所希望于调查团者,不过其本身目的之具体实现,本身任务之愉快完成。换言之,我人所希望者二事:(一)调查团将以严正的及热心的公平态度报告事实于行政院。(二)调查团将建议国联,使各种国际和平机关一起行动,采取各种法定的仲裁与强制方法,以抵御现在与未来任何对于和平之攻击。至于中国领土之完整,中国人民自能起而自卫,不期待友邦他人之帮助。盖友邦各应保存其自身之繁荣,防免全球之混乱也。关于事实或事件之真相,吾人愿以下列二要点知照调查团。

(甲)中国绝不排外,中国民众更不愿歧视任何友邦之商品。日本既以阴谋与暴力之政策,不惜自绝于全体中国国民,仍欲以此阴谋与暴力强迫我人购买此货物,与之亲善。吾人以北平民众团体之地位,敬向调查团诸君确切声明:中国民众由于自身存亡关系,永不愿以金钱输与凌我杀我之日本。盖日本所能供给之货物,除中国本地所能制造者外,此【外】由他国友邦运来者,又率较日本产者远优也。

(乙)中国绝不退让。此次上海战争既已明白显示吾国人民之抵抗能力也,愿调查团记取能抵抗、愿抵抗、已抵抗者,实为中国之国民,试观东北三省之吾国同胞,不犹在义勇军旗帜之下以手足血肉与日本之飞枪坦克相争持乎?更思十九路军最近胜利,非由于全上海民众之全体参加作战,以及全中国民众经济上、精神上之踊跃援助乎?

然则中国之愿望究为何如?换言之,以吾人眼光所及必如何而后,被侵侮者之民气可平,犯他人者之野心可戢,二次世界大战可免,国联所组织之和平局面可因之得以延长。总之,不外两点前提、三层步骤。

第一前提:上海问题与东北问题乃一事件之两方面,非可分开解决,即中国领土之完整,既已与其他英、法、德、义[意]各国领土之完整同样的受有国联盟约与开罗①公约之保障,为国联及世界和平之前途计,日本之暴力侵略,不能仅仅等待中国人民自己起而制止,凡与和平休戚相关之国家皆当根据国联之精神,努力以和平公断及经济强制的方法,使此侵略消灭于无形,俾更大之正式战争可以避免。然则任何人、任何国家的政府欲将上海问题与东北问题分作二事,看者即为甘心中落日本之陷阱。以上海之解决掩护东北之解决,使中国人民终出于武力自卫,正式作战之一途也。

第二前提:日本决心侵犯他人,绝非婉言所可劝止。国联关于撤兵议决案之重复,足以证明日本在国际上毫无信义。今日吾人盖仅有两种方法可采:一种为任中国人民自卫。换言之,任世界大战产生;一为强制日本军阀尊重全体国联会员国之一致和平意见。然则此项强制之性质究属何如施行,此项强制应采何种步骤?

第一步骤,以国联名义向东京政府致一哀的美敦书,请其于九十六小时内

---

① 编者按:当为凯洛格公约。

将日本军队完全退出中国境界之外。关于因日本公司在东北之地位而生之法理性的争辩,则可任凭两国提交国际永久法庭。

第二步骤,若九十六小时已过,日本保持对于国联屡次要求之骄傲态度,并未撤退军队至于使人满意之程度,则经济封锁成为必要。全体国联会员国于一星期之内,完全与日本断绝经济关系。

第三步骤,万一国际封锁遇有不可超过之困难,列[例]如:某种国家之消极惰性或势力范围之思想,则国联可以正式宣告爱护盟约与和平之各国得有动员之自由。吾人所愿陈述于调查团者,尽于此矣。

深愿诸君有以副行政院之付托,将日本未撤兵、已开战之真相一一报告无遗。吾人又愿诸君有以慰吾人之期待,将中国民众之自卫决心、和平诚意所提办法一一转达于国联及全世界拥护正义之人士。盖中国人民之决心,既为武力自卫,而对于国联及和平之希望,犹以国际调查团之来临而未断绝也。

北平民众团体救国联合会敬上(印)

中华民国二十一年四月□日

资料来源:日内瓦国联与联合国档案馆藏李顿调查团档案,卷宗号:S38。

237. 国难会议主席团王晓籁等来电

国际联盟调查团李顿爵士暨诸委员公鉴:

诸公因敝邦遭日本强暴之侵略,负联盟之重托,秉公正之意态,作翔实之调查,远道来华,备受跋涉之劳。敝会同人无任欢迎与敬佩!况当诸公驾临敝国之日,正值敝会集议御侮之时,敝会同人对诸公于热烈欢迎之余,自更抱有迫切之期望。

敝国数千年来素以天下为公、世界大同为政教之最高鹄的,对各友邦无不力求亲睦。而日本近代以来蔑视国际信义,扰乱人类和平,侵侮敝国,无所不用其极,事实昭然,想亦诸公及全世界人士所共悉。最近无端而强占我东北,暴兵所至闾里为墟,奸淫掳掠之不足,又复长驱直入,蹂躏我淞沪,炮火连天,血流满地,所有学校、图书馆、印书馆,一切文化机关尽受摧残,种种残酷之状,已为诸公所目睹。敝国为自卫计,不得已而出于抵抗,初无丝毫好战之意,更无丝毫启衅之责。

诸公行将亲临东北,东北自遭日本兵燹之后,近又发见[现]日人所包办之满洲伪国。在日人野心，无非欲借保护傀儡政府之名，而收侵略我国土地之实，此种阴谋岂足掩尽天下耳目？敝会现已一致决议，共同御侮。

（一）凡侵害国家政治独立及领土与行政完整之敌国政府，应兼用武力与外交抵抗到底。有违上述原则之条约，概不得签订。

（二）在政府努力实行上项原则之时期内，全国人民不分党派、阶级，概应尽最大之力量，赞助政府，共同御侮。国际联盟为世界主持正义机关，诸公当为人类和平使者，伏望根据事实为正确之报告，使日本强暴情形得以明白昭著于世界，受正义与公理之裁判。非独敝国之幸，抑亦世界和平之福也。

国难会议主席团王晓籁、高一涵、刘衡静

童冠贤、臧起芳暨全体会员同叩　文

中华民国□年□月□日

资料来源：日内瓦国联与联合国档案馆藏李顿调查团档案，卷宗号：S38。

238. 江西省湖口县各界救国会来电

上海吴市长转国联调查团公鉴：

诸公为和平之使者，负国联之重托，亲劳远涉，实地调查，万民仰戴，曷胜欢迎！查暴日横行，蔑视世界公理，以武力侵占东省，勾结汉奸，组织傀儡政府。近更扰我上海，复有窥长江腹地之企图，包藏野心，辱我国权，违反国际盟约、非战公约，暴行如此，无已有加。

深望贵团本公正之精神，向国联作忠实之报告，予以正当有效之裁判，以维护世界和平，保存国际威信。

临电无任盼祷！

江西省湖口县各界救国会（印）叩　冬　印

资料来源：日内瓦国联与联合国档案馆藏李顿调查团档案，卷宗号：S38。

239. 中国国民党湖南永明县党员临时登记处 等团体暨全体民众来电

国联调查团公鉴：

查去岁九一八，日本以暴力强占我东三省，焚杀掳掠，备极残酷，举世共见，无可掩饰。近复阴谋诡计，实行威胁，利用少数叛逆，组织所谓"满洲国"之傀儡政府，希图蒙混国联，淆乱视听。此种狡诈行为，实属违背国际公约，破坏世界和平，本县二十万民众对此莫不愤恨异常，誓不与日本两立。应请贵团主持正义，严厉制裁日本侵略，并限令克日撤回驻华日兵，以还我国土之完整，而维世界之和平。

　　特电奉恳，无任迫切，盼祷之至！

中国国民党湖南永明县党员临时登记处

农会(印)、工会(印)、商会(印)

教育会(印)暨全体民众同叩　冬　印

中华民国二十一年四月□日

资料来源：日内瓦国联与联合国档案馆藏李顿调查团档案，卷宗号：S38。

240. 中国国民党江西省武宁县党务整理委员会率全县党员民众来电

北平探投国联调查团诸先生勋鉴：

　　日本不惜违反国联盟约、非战公约、九国公约，甘为世界和平公敌，破坏敝国领土之完整，更以亡韩故智，挟持废帝溥仪，建立满蒙伪国，名为撤兵，暗实备战，处处挑衅，着着进逼，恃强欺人，毋[无]过于此。

　　今幸和平之神翩然莅止，耳闻目睹，真相自明。务恳维护正义，伸张公理，责成日本赔我捐[损]失，还我领土。匪特敝国蒙庥，全民感戴，即国联威信亦赖以永保也。

　　临电不胜迫切之至！

中国国民党江西省武宁县党务整理委员会(印)

率全县党员民众叩　鱼

中华民国二十一年四月六日发

资料来源：日内瓦国联与联合国档案馆藏李顿调查团档案，卷宗号：S38。

241. 武清县教育会等团体来电

代电
收文第一六七号

万急！国联调查团诸委员钧鉴：

诸公为保持世界和平与公理，拥护国联盟约与信义，不辞劳苦，远涉重洋，莅临我国，实地调查，俾中日事件获以澈[彻]底之解决，直曲是非，得到公平的裁判。此我武清县四十万民众之所以表示热烈诚恳之欢迎与期望者也。

溯自九一八事变以来，我东北三省民众惨遭浩劫，日军所到恣意杀戮，公私财富已被暴日抢夺一空。我国军民酷爱和平，始终尊重国联盟约，依法交涉，冀得和平解决，不愿诉诸武力。日本不独违背国联大会之决议案，且使事件范围益形扩大，国际公理摧毁扫地，盟约尊严藐视无遗。至若天津变乱，淞沪挑衅，日人虽狡诈，亦难掩盖世人耳目，孰是孰非，世界之舆论可凭。竟敢利用叛贼团【体】组织傀儡政府，威胁溥仪，强奸民意，制造伪证，施用亡韩之故计[伎]，此不仅直接破坏我中国之主权与领土之完成[整]，实间接与国联各会员国公然挑战，敢请诸公为保障世界永久和平计、维持国联盟约尊严计，务望详确调查，勿为日人所欺。兹将应注意者数点列下：

一、请贵团维护国联盟约之尊严与决议之实现。

二、请贵团勿为日本所欺朦[蒙]，应将日本所有侵略中国暴行及利用叛逆贼团一手造成之东北傀儡政府内幕迅速报告国联，根据盟约与迭次决议案，对日为有效之措施。

三、凡暴力威胁所造成之一切事实及协定，我民众绝不承认。

四、希望国联保持信义与尊严，根据贵团之报告与盟约及决议，予日本以正当之制裁，使东北与上海之日军立即全数撤退，以恢复中国主权与领土之完整。否则，我民众当以铁血精神为政府后盾，与暴日作长期奋斗，为世界争公理，为人类求和平。

诸公中正严明，一秉大公，用特电陈，备作参考。

不胜迫切企望之至！

武清县教育会（印）、木业工会（印）、厨业工会、瓦业工会
商会财务局、第一区公所、教育局、公安局、建设局、农会　佳　叩

资料来源：日内瓦国联与联合国档案馆藏李顿调查团档案，卷宗号：S38。

242. 四川会理县农会等团体来电

六月四日
第二四〇号

国联调查团钧鉴：

窃以暴日凶横、人面兽心，前之种种压迫摧残，姑且不论。去岁乘我国亘古未有天灾人祸之际，既酿万鲜惨案于先，跟[随]即出兵霸占东省，轰击京沪于后，文化机关、房舍被其烧毁，市民妇孺、农工商贾被其残杀。我国政府尊重国联盟约、九国公约、非战公约，节节退让，万不得已，乃出而自卫，以待贵团详查真伪，主张正义，秉公解决。

乃该日本帝国恃其武力，不知有国联盟约、非战公约，更不知有九国公约，抗命逞凶，目空一切。今竟威胁利用少数叛逆，组织"满洲国"之傀儡政府，以图破坏我国整个领土，违反国联盟约原则，蒙蔽贵团而称东北民众之意，视我神圣国联如木偶，意欲任其玩弄，蔑视公理而陷于不义。今幸贵团均系欧美文明国家最高尚人格分子所组织，必不为区区暴日所利用。

本县百万民众吁恳贵团主张正义，制裁暴日，立时撤销满洲傀儡政府，以还我领土之完整；抑强扶弱，以谋世界之和平，岂独我国四万万民众馨香顶祝于不朽，即全世界弱小民族亦崇拜钦仰无既矣。

临电迫切，伏乞垂察！

四川会理县农会（印）、工会（印）、商会（印）

教育会（印）、妇女协会（印）等三十余团体叩　江　印

资料来源：日内瓦国联与联合国档案馆藏李顿调查团档案，卷宗号：S38。

243. 四川西昌县人民团体代表萧芹溪等代表
七十五万人来电

五月廿一日
第二一九号

十万火急！

上海吴市长转国联调查团诸先生钧鉴：

　　日本不顾正义人道，蔑弃世界公理，当我国水灾为患、"共党正炽"、数千万人民死亡、流离失所之际，不能救灾恤邻以尽友邦之谊，反乘人之危、利人之急，无端侵犯，悍然举兵，既占我东北三省，又扰我平津各地。本年一月，复本其田中内阁之策略，调来陆军数师团，查考其数，实在十万以上；兵舰四十九艘；海军陆战队为数亦属不少。炮轰我淞沪，进掳我嘉定、太仓，施放毒气炮、毒瓦斯；空军则飞翔苏杭，投置［掷］炸弹，进攻之际，兼胁迫我国妇孺以当前敌、以御炮弹，其手段之残酷、用心险狠，实为世界之公敌、人类之蟊贼也。

　　按上海为我国门户，文化、工商业之中心，亦世界各国通商之要埠。兹乃遭其奸掳、烧杀、抢夺、炮击，竟成一片瓦砾。我国人际此痛切肌肤，誓不与日本俱生！然犹隐忍退让、诉之于国际联盟会议者，不过要求国联主张正义与公理，作正当之解决耳。殊国联两次令其撤兵，日本均置若罔闻，不惟不撤，且复大举进攻，淞沪各地之陷落，即在国联令其撤兵之后，是日本之破坏非战公约、九国公约暨国联盟约者，实不能不任其责也。

　　溯日本自以暴力加我以来，我国人被其杀伤、炮毙、屠戮之数不堪枚举，财产损失数达巨万万元以上。近更操其亡韩之故技［伎］，在我东北三省由伊压迫威胁之下，组织所谓"满蒙新国"，成立傀儡式政府，其破坏我国领土、行政之完整，虽百口难辩。盖日本数十年来耽耽逐逐于东蒙南满之间，投资于农矿、交通、牧畜诸业，为数甚巨，其组织之精密与夫处心精虑之阴险，我国人对之实不寒而栗。且颠倒黑白，淆乱宣传，影响之大，骇人听闻。如美国记者团游历东亚，无日不在日人包围指导之中，嗣该团回国竟作荒谬之怪论，谓中国政府无力统驭满蒙，须借日本之力以谋建设，片面宣传几陷我国于孤立之地位。一九二七年，美国摩尔根银团将贷款于南满铁路公司即其例也，兹事急矣！日人之侵略我，暴力之压迫我者，无所不用其极，适于斯时。

　　贵调查团莅临沪滨，敝县民众不胜欢迎！惟远居边陲，不获面罄忱悃，今谨致电代陈颠末，尚希贵团将调查真相详细情形转达国联，务请国联秉公判断，执平处理，迅采有效之方法，限令日本克日撤兵，取消东北伪政府，我国人生命财产之损失并责令赔偿。处于正义公理与本身职责之立场上，以制裁暴日，以维持国际之神圣盟约。我国人民始终拥护国际盟约及遵守国联决议，谨当静候解决。若国联对于日本之暴行不能依据国际盟约及世界正义与公理，迅采有效之制裁，等盟约于废约，仍听日本飞扬跋扈、侵略不已，则我国人为求生存计、为保全领土计，决取自卫手段，继续抵抗，万不屈挠，语所谓"宁为玉碎不为瓦全"也。所可虑者,日本本其侵略邻邦之政策,加以田中内阁之急进主义,占据满蒙,并吞中国,进而兼并全世界,则不惟东亚和平不可保,必将破坏世界和平,而世界第二次大战将不旋踵矣。

临电不胜迫切待命之至!

四川西昌县人民团体(印)萧芹溪、张孝侯

何玉阶、湘洲、曾佑之【代表】七十五万人叩　虞　印

资料来源:日内瓦国联与联合国档案馆藏李顿调查团档案,卷宗号:S38。

244. 中华民国全国铁路工会来电

中华民国廿一年五月廿一日收到

南京国际劳工局中国分局转日内瓦国际联盟秘书处暨东北国联调查团公鉴:

日本帝国违反国联盟约、非战公约暨九国公约,不惜破坏世界和平,突于一九三一年九月十八日兵占我东北,驱逐我官吏,侵我主权,杀我同胞,置国联决议于不顾。竟又一手造成东北伪组织,借傀儡而掩世界耳目,冀遂侵略野心。中华民族宁甘承认,试观东北民众揭竿蜂起,到处反抗,该伪组织本无人民拥护,复无自主权能,仅由日本帝国以武力代支局面,透谓国家,其谁信之!矧东北乃我领土,更不容破坏完整,日本武力强占,实已违反公理。

本会誓率全国铁路工人为政府后盾,否认东北一切伪组织。尚希主持公理,申明正义,速使日本交还我东北,以维和平。

东亚幸甚,世界幸甚!

中华民国全国铁路工会联席会议(印)皓　印

中国民国二十一年五月十九日

资料来源:日内瓦国联与联合国档案馆藏李顿调查团档案,卷宗号:S38。

245. 中华民国福建省永春县教育会及商会来电

六月十六日

第二七七号

国联调查团公鉴:

日本自上年九月十八日以武力侵占敝国东北三省后,焚杀淫掠,为所欲

为。近更公然嗾使叛逆嗾①，组织满洲伪政府，实行管理，以亡朝鲜之故智而并吞我东北。似此虎狼为心，侵略无已，不特破坏敝国领土之完整，抑亦蔑弃国际神圣之盟约于不顾，由此而推，日本不仅为敝国之仇人，且为世界之公敌。

敝会等为争中华民族生存计，誓死反对日本侵略及东北伪组织！除呈请敝国政府明令申讨叛逆并准备实力积极收复东北失地外，谨特电请贵团主张公道，维持盟约，采最有效力方法，严令日本迅即撤兵，并即取缔满洲伪组织，以维世界和平而彰国际庄严盟约、国联威信。

临电愤激，诸希亮鉴！

中华民国福建省永春县教育会（印）、县商会（印）同叩　江
中华民国二十一年六月三日由□发

资料来源：日内瓦国联与联合国档案馆藏李顿调查团档案，卷宗号：S38。

246. 云南全省各民众团体来电

六月一日
第二三六号
中华民国廿一年□月一日收到

交通部无线电台
无线电报

原来号数　T8/12944/62　等级　S　字数　402
发报台　云南　日期 26/4　时刻 19：10
附注

6153	2232	0074	2053	0948	7357	0108	5903	4850	6874
请	探	交	我	国	顾	代	表	维	钧
8133	7003	6153	6230	6567	6948	5114	6148	2686	6957
勋	鉴	请	译	转	国	联	调	查	团
0677	6148	2686	6765	6361	7603	2480	0086	6180	2053
各	调	查	员	公	鉴	日	人	谋	我

---

①　编者按：原文如此，"嗾"为衍文。

（续表）

3341	5536	6565	0122	2601	1179	5261	3944	0022	0355
满	蒙	匪[非]	伊[一]	朝	夕	自	田	中	内
7041	1146	1353	1129	7120	2398	4535	0110	0171	1764
阁	奏	定	大	陆	政	策	以	来	彼
0948	2606	6851	0006	0007	4105	3078	3078	3594	0364
国	朝	野	上	下	皆	汲	汲	然	共
2128	1767	2591	0013	3954	0037	6857	1800	0637	2929
抱	征	服	世	界	之	野	心	去	岁
0046	0001	0366	0057	0115	0366	2076	0110	3947	6379
九	一	八	事	件	其	所	以	甘	冒
0008	7289	6672	0646	0948	5114	4145	4766	4046	4948
不	韪	违	反	国	联	盟	约	九	国
0361	4766	0042	2053	0356	0948	3179	3055	3058	3448
公	约	乘	我	全	国	泽	水	泛	滥
0037	2480	4499	3554	6651	2391	3476	7122	2990	3634
之	日	突	然	进	攻	沈	阳	殆	为
1385	3807	1129	7120	2398	4595	0037	0443	2975	0644
实	现	大	陆	政	策	之	初	步	及
2053	0948	6384	1954	0948	5114	6008	3061	0031	1728
我	国	赴	愬[诉]	国	联	要	求	主	张
2973	5030	2480	0086	5261	4249	3810	1448	0069	2948
正	义	日	人	自	知	理	屈	亟	欲
2237	7395	0366	2976	0500	0187	3970	0037	4467	4467
掩	饰	其	武	力	侵	略	之	种	种
5887	3634	2456	2508	0548	3938	3302	0308	4809	4930
行	为	于	是	利	用	溥	仪	组	织
2076	6182	0022	0735	0948	1367	3634	0366	0264	8085
所	谓	中	和	国	家	为	其	傀	儡
6208	6182	3341	5536	0356	1064	7236	2053	1607	0765
谬	谓	满	蒙	全	境	非	我	幅	员
0250	6067	3146	2468	5261	3082	0037	5019	0682	0110
假	托	民	族	自	决	之	美	名	以

（续表）

4275	1095	2053	7325	0960	0037	1346	2419	2247	0366
破	坏	我	领	土	之	完	整	摈	其
5710	1800	4480	1982	2508	0110	0164	0691	2600	7639
处	心	积	虑	是	以	并	吞	朝	鲜
0037	2087	3008	0164	0691	2053	0037	3341	5536	3708
之	手	段	并	吞	我	之	满	蒙	狼
1311	6852	1800	6424	0086	4105	6015	0710	3329	3046
子	野	心	路	人	皆	见	我	滇	民
5883	6129	2984	0646	1417	2480	0086	0607	5065	0007
众	誓	死	反	对	日	人	卵	翼	下
0037	2629	0534	0264	8085	4809	4930	7113	5267	4258
之	东	北	傀	儡	组	织	虽	至	石
3620	3189	2661	0076	0008	2110	6126	6134	0110	2480
烂	海	枯	亦	不	承	认	诚	以	日
0086	7113	6180	2976	1603	3021	6584	3812	3808	7559
人	阴	谋	异	常	毒	辣	琉	球	高
7787	0668	3634	0467	6508	2053	0948	0093	2480	1919
丽	可	为	前	车	我	国	今	日	惟
0207	0111	0948	7139	7035	1801	2589	0031	2170	2973
信	仰	国	际	间	必	有	主	持	正
5030	4850	6233	4145	4766	0037	0948	1367	1424	2598
义	维	护	盟	约	之	国	家	尚	望
6311	0957	0001	5268	0031	1728	0361	3810	0434	1385
贵	团	一	致	主	持	公	理	切	实
6300	3721	0948	5114	0169	1730	2552	0008	0088	0037
贡	献	国	联	使	强	暴	不	仁	之
2480	2609	4249	0013	3954	1424	2589	0677	0948	7181
日	本	知	世	界	尚	有	各	国	难
0110	0001	2087	2237	4147	1131	0007	0086	0037	5101
以	一	手	掩	尽	天	下	人	之	耳

（续表）

4158	0008	2413	3634	2076	2948	3634	0110	4455	2061
目	不	敢	为	所	欲	为	以	稍	戢
0366	0187	3970	2053	0948	0037	6851	1800	2974	6259
其	侵	略	我	国	之	野	心	此	岂
3676	0710	5478	0007	1630	2117	0076	0013	3954	0677
特	吾	华	之	幸	抑	亦	世	界	各
3046	2469	0037	1630	0048	2514	2894	4868	1838	1695
民	族	之	幸	也	时	机	紧	急	迫
0434	7115	6101	6175	4850	0081	9215	2508	5440	7189
切	陈	词	诸	维	亮	察	是	荷	云
0589	0536	4164	0677	3046	5883	2957	7555	0661	1392
南	全	省	各	民	众	团	体	叩	寝

资料来源：日内瓦国联与联合国档案馆藏李顿调查团档案，卷宗号：S38。

247. 中国国民党福建省宁德县党务指导委员会等团体来电

六月十日

第二六〇号

抄送吴秀亭秘书

二十一年四月二十九日　上午九点□分

沈阳顾代表维钧译转国联调查团公鉴：

敝邦频年以来天灾人祸，交相逼迫。日本竟恃暴力占据东北，启衅沪上，侵害我主权，惨杀我人民，凡此事实，不一而足，举能证明。近者诸公荷国联之托，远道跋涉，来华调查，敝邦人民深信，事实乃最大雄辩，公理终不能泯灭。淞沪战痕与东北惨状，尤能使诸公有明了之印象根据，而为翔实之报告。至满洲伪国，系日人所包办之组织，冀欲借此以永占东省，亡韩故智，世人共知。我全国上下已誓死一致否认其存在，为谋贯澈[彻]此目的，愿抱最大之决心，与侵害中国领土主权之敌人抵抗到底，以维护东亚真正和平。惟祈诸公秉持正义，就调查所得，据事[实]直陈，使侵略者终受公理之裁判，岂特敝邦人民所企望,亦世界所企望也。

中国国民党福建省宁德县党务指导委员会(印)

县商会(印)、教育会(印)同叩 艳

资料来源:日内瓦国联与联合国档案馆藏李顿调查团档案,卷宗号:S38。

248. 湖南绥宁县人民抗日救国会来电

六月十二日

第二六八号

沈阳顾代表维钧译转国联调查团钧鉴:

窃暴日横行,侵占我东北,罗致丑类,收买汉奸,袭用亡韩故智,造成满蒙假独立,强行叛逆组织,以为吞并之工具,并作种种虚伪宣传,谓东北组织系基于当地人民之本意,借以混淆听闻,阴谋诡计惨毒至极。凡我同胞莫不切齿痛恨,誓死反对!

今幸诸公联翩莅此,苦心调查,庶公理得以伸张。而暴日侵略我东北之真相与夫蹂躏各地之惨况,必为诸公亲目熟见,明了无疑矣。特恳诸公主持正义,否认东北伪政府,并据实转报国联,还我完整领土,痛切陈词,毋[无]任盼祷。

湖南绥宁县人民抗日救国会(印)叩 庆 印

资料来源:日内瓦国联与联合国档案馆藏李顿调查团档案,卷宗号:S38。

249. 中国国民党湖北省孝感县执行委员会来电

收文第一七〇号

国际联盟会调查团诸委员钧鉴:

日本不顾国际信义,破坏世界和平,以武力夺我东三省,尤复怙恶不悛,称兵淞沪,焚毁我工厂,屠戮我人民,使我经济中心之繁华市场蒙此重大损失,凡此暴行,罄竹难书。

乃阅报载,近更实行威胁、利用少数不肖份[分]子组织所谓满洲伪国,淆惑世界观听,其破坏我领土主权之完整,无以附加,似此傀偏登场,别其背景,本国人民誓死否认。

诸公远涉重洋,联翩莅止,负有和平使命。本会代表全县三十万民众,谨以至诚，吁恳主持正义，以伸公理，并祝健康。

中国国民党湖北省孝感县执行委员会（印）叩　鱼

资料来源：日内瓦国联与联合国档案馆藏李顿调查团档案，卷宗号：S38。

250. 山东省各民众团体来电

四月十三日

北平探投顾代表维钧译转国联调查团诸委员勋鉴：

暴日此次既以武力占领我东三省，复在上海挑衅，实欲以武力征服中国；更为欺骗世界，因劫溥仪以建伪国；又诬我国革命为排外，此其用心至为险毒。诸公东行在即，敝省各团体敢揭发暴日阴谋，为诸公告：

（一）暴日垂涎东北已非一日，田中满蒙积极政策奏章有云："欲征服世界，必先征服'支那'；欲征服'支那'，必先征服东北"，足见暴日有吞我东北之决心。九一八事变，日人谓由我军毁坏南满路而起，查南满路日军警平日戒备森严，何容我军毁坏？我军又何必毁坏南满路？足证虚词，借以发难，正如上海事变，我市府允解散抗日会，日领已认满意，日军犹不免向我防军进攻者相同，此次事变责任应由暴日完全担负。

（二）东北人口三千万，满人不及三十分之一。平日语言、文字、风俗、习惯、生活状况与我关内人民完全相同，何至有独立建国之需要？溥仪乃暴日利用津变所劫走，华北中外人士共知，暴日不过利用之以为傀儡。【此】刻溥仪仍无个人完全自由，其他如臧式毅等亦在日人劫持之下，个人尚不能自由，有何独立建国之可言？东北伪国组织，不过日人亡韩故智。查东北为中国领土一部，断不容割裂，载有九国公约，应请注意。

（三）我国国民革命目的在求中国之自由平等，但非排外，而中国人爱和平之天性更为中外所共见。对日经济绝交乃暴日侵略我国所引起之反响，国民激于爱国心不欲以金钱资敌人，复以之购利械杀我，乃当然之理。对日经济绝交后，英美货物畅销，乃抗日并非排外之明证。

以上三点应请注意。吾人不欲多言，但愿诸公详研事实，无［勿］为日人所欺骗蒙蔽而已。

山东省各民众团体同叩　文　印

资料来源：日内瓦国联与联合国档案馆藏李顿调查团档案，卷宗号：S38。

251. 中国国民党湖南省常德县党部等团体来电

南京国民政府外交部请转国际联盟调查团勋鉴:

贵团奉命来沪调查中日交涉情形,闻讯之余不胜欢忭! 惟日本此次假借莫须有之中村事件,调动军团,强占我东三省领土,夺我军械、毁我工厂、劫我财产、杀我人民,复又调集海陆空军,强占我上海地方,伺隙寻仇,横加攻击,七月于兹,强暴更甚。窃思日本此种行为古今中外未见,不但违背人道,甚且蔑弃公理;不但侮辱我国国体,甚且破坏世界公约,若不加以处分,势将横行世界。

本会于欢迎之下,并请将日本对于我国之种种暴行转呈国际联盟会,毅然以有效方法加日本以制裁,维持公理公约,保护世界和平。如此种希望无效,则我国惟有誓死抵抗,绝不屈服于日本暴力之下也。

谨电欢迎,并请鉴察是幸!

中国国民党湖南省常德县党部、常德县农会(印)

常德县商会(印)、常德县教育会(印)

常德县萝业工会(印)、常德县木业工会(印)

常德县泥业工会(印)同叩　筱　印

民国二十一年三月十七日发

资料来源:日内瓦国联与联合国档案馆藏李顿调查团档案,卷宗号:S38。

252. 四川省大竹县各机关法团暨七十万民众来电

南京外交部转国际联盟会钧鉴:

日本军阀挟其大陆政策,强占东省,复假造民意,组织伪满洲,实行并吞之故智而欲灭我满蒙,破坏中国领土完整。我中华民众为图民族生存计,誓与周旋,一致反对,务望贵团主持正义,公平裁判,遏此暴日侵略满蒙之野心,归还我国已失之领土,则东亚和平实利赖之。

四川省大竹县各机关法团暨七十万民众同叩

六月八日

资料来源:日内瓦国联与联合国档案馆藏李顿调查团档案,卷宗号:S38。

253. 外交部亚洲司来电

六月十六日

第二七六号

北平档案保管处转国联调查团中国代表办事处公鉴：

兹抄送四川省大竹县各机关法团民众致国联电一件，请转知国联调查团为荷。

外交部亚洲司　寒　印

中华民国二十一年六月十四日□午□点□分□发

附原电一件①

254. 大中华民国湖南省宁乡县人民抗日救国会来电

南京国民政府外交部译转国联调查团委员先生勋鉴：

窃暴日封豕长蛇，侵害无已，既占我辽吉，又侵我淞沪，无辜同胞惨遭屠杀，经济文化横被摧残。近更诡计百出，屯兵沪上，阳假和议之名，阴行备战之实，并怂恿反贼组织满洲伪国，截取税关，悍然称制，既武力以侵占我领土，复阴谋以破坏我行政，欲一手掩尽国际间之耳目，完成其大陆政策之迷梦，等非战公约及华府条约若弁髦，视国联盟约及决议案如无物。凡属国民同声愤慨，以五[四]万万同胞之众，何难本总理大无畏之精神，以与彼獠作殊死战。无如和平救国乃民族天性，自信任国联历久未渝。

今幸各委员衔命东下，实地调查，睹兹劫后疮痍，必能洞悉曲直，胪举事实，贡献国联，以为制裁暴日张本。

敝会谨代表宁乡七十万民众，对于暴日破坏我领土、政治之完整，长期占据东北、淞沪各地，组织满洲伪国，誓死不能承认！倘政府甘为城下之盟，签订丧权辱国条件，愿与全民众共弃之。务望各委员本良心之主张，作正义之援助，庶强权摧陷，公理用伸，借维世界和平而保国联威信。否则，惟有实行民族自决，誓以黑铁赤血相与周旋，一息尚存，义无反顾！

---

① 编者按：卷宗中未发现附件。

临电迫切，不知所云。

大中华民国湖南省宁乡县人民抗日救国会（印）叩　鱼　印

资料来源：日内瓦国联与联合国档案馆藏李顿调查团档案，卷宗号：S38。

255. 国民外交协会代表杨舒武等来电

中国电报局　外交部电报科

原来号数 55.1557　　　　　等第　SSS　　　　　字数 223

发报局　　LY　　　　　　日期 231 点 15 分

1120	0074	6752	/	6230	6623	0948	5114	6148		0957	0361	7003
外	交	部	/	译	送	国	联	调		查	团	公 鉴
0467	0006	2400	7193	6060	6671	1415	5121	6602	2234	0677	2069	0966	3046
前	上	效	电	计	达	尊	听	近	接	各	战	地	民
5883	1032	0707	2480	0086	1120	0074	0037	3701	6351	5887	6511	0037	0343
众	报	告	日	人	外	交	之	狡	赖	行	军	之	凶
3703	0008	1919	5251	1136	0948	7555	0001	0434	1971	3541	0086	6670	1764
狠	不	惟	自	失	国	体	一	切	惨	无	人	道	彼
2609	0427	1597	2477	0682	5073	0110	0202	0294	7091	6375	3634	7395	6588
本	出	师	无	名	而	以	保	侨	阻	赤	为	饰	辞
1764	2609	5261	3014	6993	6424	5079	1268	4997	2456	0022	0948	1730	2188
彼	本	自	毁	铁	路	而	嫁	罪	于	中	国	强	挟
3302	0308	4809	4930	0298	0948	5261	1571	1073	0365	4391	2053	2266	0504
溥	仪	组	织	伪	国	自	己	增	兵	禁	我	援	助
0162	6056	0255	2069	1395	0463	6657	2396	0366	0594	3476	7122	0048	2053
佯	言	停	战	实	则	进	攻	其	占	沈	阳	也	我
6511	2609	2607	2107	2123	5079	2897	3093	6327	3934	0052	2426	1331	3932
军	本	未	抵	抗	而	横	没	资	产	乱	毙	学	生
2847	0459	1635	1326	0110	3634	4662	2867	3160	3337	0677	4907	2837	0575
枪	刺	幼	孩	以	为	簇	乐	津	沪	各	繁	荣	区
1008	2861	5887	4276	3014	3541	6581	0794	3046	2984	5074	2422	5502	0416
域	概	行	炮	毁	无	辜	商	民	死	者	数	万	凡

2974	4467	4467	2589	7236	3046	5883	2076	5174	1804	0649	5079	0642	7236
此	种	种	有	非	民	众	所	能	忍	受	而	又	非
0428	7193	2076	5174	3141	1357	5074	5417	3676	3175	0108	5903	2799	5289
函	电	所	能	申	宣	者	兹	特	派	代	表	杨	舒
2976	2621	0013	1661	3944	7189	0615	2621	4376	1656	2516	6181	7240	7115
武	李	世	庸	田	云	卿	李	祝	庭	晋	谒	面	陈
0110	3634	6175	0689	0031	1728	0361	6670	0037	6327	2436	6153	6337	2234
以	为	诸	君	主	张	公	道	之	资	料	请	赐	接
4780	3541	0117	2946	1630	0948	3046	1120	0074	0588	2585	0661		
纳	无	任	欣	幸	国	民	外	交	协	会	叩		

廿三日

资料来源：日内瓦国联与联合国档案馆藏李顿调查团档案，卷宗号：S38。

256. 浙江全省商会联合会等各团体来电

国联调查团诸委员勋鉴：

自日本为欲达其传统的大陆政策，于九一八攻袭沈阳、侵占我国东北以来，国联行政院曾于九月三十日及十月二十四日两次开会有所决议，均因日本之无诚意或反对，致使事态日益严重。嗣国联理事会续于十二月十日第三次决议，为欲促成中日两国对于其所争问题作最后与根本上之解决，决定指派五人委员调查团就地考查，而向行政会报告妨及国际关系及危害中日间和平之任何情形。音讯传来，中国民众无日不渴望此公正严明之和平使者早日降临，俾得陈述事实真相与愿望，供委员团之采纳，以期迅能达到国联会及其历次决议之职责，维持正义公理而保持世界之和平。今者委员团果已远涉重洋，而践履为日本军队所轰毁的国际商场之上海，委员团目睹上海被日军残毁之现象，当有不胜其警[惊]诧者。吾人于愤慨之余，对于负有重大使命而能为人类维护和平与正义之来宾，实不胜其热望与欢迎。今谨将事实之真相与吾人之愿望，为委员团恳切陈之。

日本施于中国之暴行及破坏国际约章之实据

自日本乘我国巨大灾荒，自救不给[暇]，及各国不景气、不暇东顾之良机，急欲一举而达到其传统的"如欲征服中国，必先征服满蒙；如欲征服世界，必先征服中国"之积极政策，发动九一八侵占沈阳之事件以来，实采得寸进尺、步步加紧，使中国不能生存之状态。故始则以数万大军两昼夜而占辽吉两省各要地；继则因时推进，势愈凶横，于是而齐齐哈尔、锦州，皆为日本铁骑所蹂躏；天津、青岛、福州、汕头沿海各市场，皆为日本暴力所滋扰，而日本犹以为未足；更诱胁溥仪、张景惠、熙洽辈，资为傀儡，组织伪国，以破坏中国主权领土之完整。一面则进攻上海，毁灭中国之经济、交通、文化中心，以压迫我国家民族对日为整个的屈服，而夺其生存之命运，其公然破坏国联盟约、非战公约暨九国公约，而扰乱东亚及世界之和平，已为天下人所共晓，可无庸详述。至其暴行，如以飞机、大炮炸毁人烟稠密、毫无防卫之城市，残杀无辜平民以及老弱妇孺，破坏万国红会公约，焚毁文化机关，破坏租界警权，伤害租界公务人员，侮辱友邦侨居上海之人民，侵害中外纳税权益等；即我远离上海并非战事区域之杭州，亦频遭其飞机掷弹扫射与侦视，此其行为，不惟撕毁一切神圣盟约，且将人道与正义之基础，亦侵害无遗。

日本欺骗世界之宣传

为维持国联盟约、非战公约、九国公约之尊严，保持世界和平，维系人类文化起见，日本实应受约章及正义之制裁。故日本欲蛊惑各国，恒造作种种饰词，尤其对于中国国家民族，为恶意污蔑。如谓：日本尊重国际条约，对中国无领土政治野心；日本之行动，均为自卫；中国为无组织无秩序之国家；中国蔑视条约；中国排外；中国对日经济绝交，不啻与日本宣战；日占东北及保卫伪国，乃为防止共党等均是。不知日本侵占中国东北土地之面积，已等于日本本部之三倍，且胁制叛逆，组织伪国，使脱离中国；更复进攻上海。尊重国际条约，对中国无领土野心者，固如是乎？且天下宁有是等之自卫乎？中国近年来已努力于建造新国家，世界予已［以］甚大之同情，焉得谓为无组织之国际乎？且中国历年之内乱，实为日本所造成。盖日本时用种种伎俩，挑甲倒乙，企图树立"新政权"以破坏中国统一，而于中渔利也。东北自被日本占据后，盗匪之多与人民疾苦均较前甚十倍，是日本实为故意破坏中国之秩序矣。中国为爱好和平之国家及民族，对于合法订立之条约，向极尊重，为世界各国所深晓。不如日本蔑视履行条约义务，如一九一九年日本蔑视北京条约，在满洲不但不撤兵，且增加铁路军队；又如借口法权，在满洲设置领事、巡警，并扩张至全省。此等行动，果得谓之尊重条约乎？中国数千年来之道德理想为四海一家、世界大同，近代中国人民之努力，惟欲求世界各文明国民所应享之权利，自来即未尝有所谓排外之思想。至经济绝交，乃我国民为欲维持和平不愿战争之救国行为，实受日本惨杀我侨胞、侵占我土地所激起者。日本自中日、日俄战后，即对于我东北加紧压榨侵略，思欲渐夷之为台湾、朝鲜，限制我国各项繁荣事业之发展；而我国国民辛勤工作，虽受种种限制，仍能使之逐渐繁荣。乃日本压榨之不足，反谓为侵害其权益。嗣后乃乘欧战之机会向我强提二十一条件，近年来更有济南惨案、万宝山事件、朝鲜杀戮华侨事件，更进而侵占我东北。如此乃欲将我国民之经济抵制，亦期以高压力扑灭之，是何异于禁止一国国民不许爱其祖国乎？中国政府及人民皆反对以共产手段改革社会，故各国而欲防共，实莫善于绝对的尊重中国领土主权，以使其能日趋繁荣。① 若日本之侵占东北、组织伪国，大之足以破坏世界和平，使我国均遭悲惨之劫运；小之亦使匪盗加多，为共党造机会，防共者固如是乎？

吾人对调查团之要求

调查团诸委员均负世界硕望，且负有维护公约、保持世界和平正义之神圣使命。对于日本之破坏国联盟约、非战公约、九国公约之暴行，乃对于我国家民族之诬毁中伤，即吾人不言亦必胸中了了，今进请而述吾人恳挚之热望：

一、请调查团作公正透澈[彻]之调查。十二月三日行政院决议明白规定：调查团之任务，在就地研究任何情形、影响国际关系而有扰乱中日两国和平者，报告于国联，以作最后与根本之解决。故调查团所应搜集之事实，为影响国际关系与扰乱中日和平之事实，亦即违反国际盟约、破坏国际和平之事实。惟东北及上海被日本侵占之后，所有事实均有被涂灭隐蔽之处。务望能本平等公正之立场，用犀利的眼光，作透澈[彻]翔实的调查。

二、请调查团认明东北与上海为一整个问题，中国人民绝不承认满洲伪国。东北与上海同为中国领土，且同受日本之蹂躏。东北问题与上海问题实为一整个问题，应同时解决。中国人民均深有觉悟，绝不愿其领土主权有丝毫之损失；绝不愿轻此重彼或移彼就此，以中日本阴谋，兼损国际公义及各国对中国之同情。中国之上海及东北，应均回复至日本未施军事行动时之状态，中国之损失应受赔偿。满蒙与中国有数千年之历史，为中国领土之一部。最近，伪国乃为日本胁制所造成，以资其傀儡之使用，无丝毫民族自决之意义。中国

---

① 编者按：此处表明来电者在内政问题上立场有问题。

全体国民对此种非法组织认为绝对不能成立。

三、请调查团注意中国国民不为暴力屈服之决心。中国国家及国民，自始即信任国联，此为以往之事实所能证明者。此后，仍将继续信任国联及调查团。惟愿调查团能作公允之调查，为无袒饰之报告，俾国联能站在正义与公理的立场上，依据约章制裁暴行。若神圣盟约不能对侵略者为有效之制裁，则世界和平亦必不能维持。中华民族为求其生存与维护世界和平正义、公理公约起见，必奋死抗战到底，期于打倒暴力侵略，维护国际正义于不敝。中华民族虽爱好和平，但非怯弱！中华民族实有坚强自卫之决心与能力，此则最近我淞沪驻军之抗日足证明者。

结论：今日世界和平之枢纽在太平洋，太平洋和平之枢纽在中国，中国之和平繁荣不独为全国国民一致之殷望，亦大有补益于世界。必中国之领土主权不受丝毫牵制，然后方有和平繁荣途径可寻；必国际约章能维持其尊严，强暴受国际正义力量之制裁，然后世界方能免于悲惨之劫运，公理人道之光辉方能永存。中国国家民族为保持世界和平，拥护国际约章及正义，对于强暴之侵【略】欺陵［凌］，前此已极尽忍耐之能事，而一以委之国联。今日之情况，不惟中国国家民族陷于被人捣毁之境遇，即国联约章、公理人道及其他一切文明之基础，亦均惨淡无光。中国及国联暨世界各国，实有风雨同舟之雅。中国国民必能奋其坚忍不屈之特质，永久与强权抵抗；而国联及世界各国，当亦不愿见维持和平之国联正义牺牲于强暴之下，此则关于整个世界今后之幸运。

惟愿负有神圣职责之国联会及调查团诸公为公理正义而努力！

浙江全省商会联合会（印）

杭州市商会（印）

杭州市农会（印）

杭县县农会（印）

杭州市妇女救济会

杭州市教育会

杭州市新闻记者公会

杭州市医师公会

杭州市药师公会

杭州市国医公会

浙江杭县律师公会

浙江省会计师公会

浙江经济学会

杭州基督教青年会

杭州基督教女青年会

浙江省杭州市各界反日救国联合会

杭州市各业工会反日救国联合会

杭州市人力车夫职工俱乐部

杭州市轮船业同业公会

杭州市南货业同业公会

杭州市米业同业公会

杭州市广货业同业公会

杭州市过塘业同业公会

杭州市火腿腌腊鱼熏业同业公会

杭州市汽车业同业公会

杭州市参业同业公会

杭州市旅店业同业公会

杭州市布业同业公会

杭州市电机丝织业同业公会

杭州市转运业同业公会

杭州市丝业同业公会

杭州市人造丝业同业公会

杭州市酱业同业公会

杭州市衣业同业公会

杭州市人力车业同业公会

杭州市颜料业同业公会

杭州市酒业同业公会

杭州市红铜业同业公会

杭州市理发业同业公会

杭州市针织业同业公会

杭州市绸绫染炼业同业公会

杭州市鞋革业同业公会

杭州市水果业同业公会

杭州市茶漆业同业公会

杭州市茶店业同业公会

杭州市生货丝织业同业公会

杭州市箔业同业公会

杭州市照相业同业公会

杭州市彩结业同业公会

杭州市卷烟业同业公会

杭州市杂货业同业公会

杭州市丝绸织造业同业公会

杭州市绸业同业公会

杭州市天章丝织工会

杭州市丝织零机料友工会

杭州市江干柴炭挑运工会

杭州市江干脚夫工会

杭州市国药业工会

杭州市米业劳工会

杭州市材业工会

杭州市正始社安康工会

杭州市酱作劳工会

杭州市二十桥埠挑夫工会

杭州市江墅船业工会

杭州市金银手工业工会

杭县江干米业挑夫工会

杭州电厂产业工会

杭州市光华火柴公会

杭州市烛业工友工会

杭州市鞋业伙友工会

国立浙江大学

私立之江文理学院

浙江省立民众教育实验学校

浙江省地方自治专修学校

浙江财务人员养成所

浙江省警官学校

浙江省立医药专科学校

浙江省立杭州师范学校

浙江省立高级中学

浙江省立第一中学

浙江省立女子中学

浙江省杭州市立初级中学

浙江杭州市私立两浙盐务初级中学

浙江杭州市私立蕙兰中学

浙江杭州市私立惠兴女子初级中学

浙江杭州市私立行素女子初级中学

浙江杭州私立穆兴初级中学

浙江杭州市私立明敏女子初级中学

浙江杭州市私立弘道女子中学

浙江杭州市私立正则初级中学

私立浙江测量讲习所

浙江杭州市私立女子初级职业学校

浙江杭州市私立冯氏女子中学

浙江杭州市私立民生初级中学

浙江杭州市私立杭州初级中学

浙江杭州市私立浙江初级中学

浙江杭州市私立中山高等职业学校

中华民国二十一年三月二十一日

资料来源：日内瓦国联与联合国档案馆藏李顿调查团档案，卷宗号：S38。

257. 江苏全省新闻记者公会来电

上海市政府机要室号码 157

发镇江来

三月十七日　下午三时四十五分发

三月十八日　上午十一时〇分到

上海市政府吴市长译转国联调查团钧鉴：

顷闻贵团抵沪，曷胜欣幸！东三省事件自去年九一八发生以来，迄今已逾半年。日人漠视国际盟约及国联迭次之决议案，强占东北，延不撤兵。近复调遣大批海陆空军，攻击我经济中心之上海，为大规模有计划之战争行为。我驻军不得已为自卫之抵抗，此自卫之抵抗不仅为中华民族求生存之必要手段，抑亦为维护世界正义公理之应尽责任。

深望贵团一本和平之精神，公正之态度，将日本暴行据实报告国联，为有效之裁制。此不特我国之幸，实世界和平前途之幸！

江苏全省新闻记者公会　筱　印

资料来源：日内瓦国联与联合国档案馆藏李顿调查团档案，卷宗号：S38。

258. 中国国民党浙江省镇海县执行委员会 常务委员周利生来电

中华民国廿一年七月十四日收到

急！国联调查团鉴：

窃自暴日蛮横，不顾公理，只逞强权，违反国际公约，蹂躏东北各地，承认傀儡组织，破坏我国主权。应电请国联调查团从速采取有效办法，制止日本暴行，并促其即速撤退东北日军，以实行国联决议而维世界和平，业经本会第十二次委员会以提案讨论，决议通过，记录在卷。

谨电驰闻，伏希鉴纳。临电不胜盼祷之至！

中国国民党浙江省镇海县执行委员会（印）常务委员周利生叩　真　印

资料来源：日内瓦国联与联合国档案馆藏李顿调查团档案，卷宗号：S38。

259. 无锡国难会来电

三月十七日

外交部驻沪办事处转国际调查团诸公钧鉴：

敝代表委员会谨代表中华民国人民之一部，追随全国民众，以万分之热诚与信任，欢迎诸公秉国际之正义与公道，临我中华民国，以努力产生光荣之和平。

无锡国难会叩　谏

资料来源：日内瓦国联与联合国档案馆藏李顿调查团档案，卷宗号：S38。

260. 四川省国难救济会来电

Receiving Form　　**RADIOGRAM**　　　　Orig No. 294

Sending Jonrnal No. ___213___ Class ___S___ Words ___30___

Station of Oriqen ___491___ Date ___18/3___ Time 13：00

Remarks

Nothing to be written above this line

Registered Address				Place of Destination					
0948	国	5114	联	6148	调	2686	查	0957	团
0361	公	7003	鉴	2480	日	2609	本	1730	强
0148	占	2639	东	0005	三	4164	省	2456	于
0093	今	0584	半	1628	年	0948	国	5114	联
1201	委	6067	托	6311	贵	0957	团	0451	到
3341	满	6148	调	2686	查	6311	贵	0957	团
0008	不	6588	辞	3189	海	7120	陆	6405	跋
3159	洞［涉］	0037	之	0525	劳	6024	亲	5259	临
2411	敝	0948	国	3583	热	1906	情	7559	高
6146	谊	5282	吉［举］	0013	世	0681	同	2953	钦
2411	敝	0948	国	0086	人	3046	民	1429	尤

3234	深	1949	感	6200	谢	6175	诸	0361	公
0141	但	6034	观	0006	上	3189	海	5478	华
3954	界	0037	之	2897	横	5926	被	6451	蹂
6497	躏	3932	生	0730	命	6299	财	3934	产
2429	文	0553	化	4842	经	3444	济	0649	受
1565	巨	1129	大	0037	之	2275	损	1136	失
0613	即	4249	知	3867	现	0961	在	0013	世
3954	界	0735	和	1627	平	2589	有	0001	一
0361	公	2426	敌	2974	此	2514	时		
0110	以	0366	其	5875	蛮	2897	横	0037	之
5282	举	2457	施	0037	之	2053	我	0948	国
1412	将	0171	来	0076	亦	0668	可	2457	施
0037	之	0100	他	0948	国	6175	诸	0361	公
0451	到	3341	满	3166	洲	1775	后	6034	观
0366	其	3807	现	3692	状	2508	是	0694	否
5280	与	0046	九	0948	国	0361	公	4766	约
1415	尊	6850	重	0022	中	0948	国	0037	之
0031	主	2938	权	3747	独	4539	立	0644	及
7325	领	0960	土	5280	与	5887	行	2398	政
0037	之	1346	完	2419	整	4146	相	4569	符
0642	又	2508	是	0694	否	5289	与	2480	日
2609	本	0017	并	3541	无	7325	领	0960	土
6851	野	1800	心	0037	之	6613	迭	2945	次
5116	声	2494	明	4161	相	4569	符	6175	诸
0361	公	2974	此	5887	行	3634	为	0013	世
3954	界	0735	和	1627	平	0037	之	1131	天
0169	使	0642	又	7070	关	0190	系	0948	国
5114	联	3932	生	0730	命	0037	之	1317	存

（续表）

1683	废	0523	务	6153	请	0031	主	2170	持
2973	正	5030	义	3400	澈[彻]	2686	查	0006	上
3189	海	3341	满	3166	洲	0057	事	6239	变
0037	之	5903	表	7240	面	5280	与	5937	里
7240	面	1412	将	0366	其	4176	真	6272	象[相]
2507	昭	0707	告	0013	世	3954	界	0364	共
6180	谋	5932	裁	0455	制	1730	强	2552	暴
4850	维	4941	系	0013	世	3954	界	0735	和
1627	平	2411	敝	0948	国	7173	虽	0649	受
3541	无	6852	量	3686	牺	3673	牲	3544	然
0013	世	3954	界	0037	之	0361	公	3810	理
5280	与	2429	文	2494	明	2451	断	0008	不
5174	能	2361	摧	3014	毁	0013	世	3954	界
0037	之	1344	安	0604	危	0971	均	1919	惟
6175	诸	0361	公	0037	之	1979	慧	5280	与
0361	公	6670	道	2508	是	6351	赖	6210	谨
0108	代	0948	国	0086	人	1983	慰	0525	劳
6175	诸	0361	公	0017	并	4376	祝	6175	诸
0361	公	7022	长	6634	途	1660	康	0256	健
0934	四	1557	川	4146	省	0948	国	7181	难
2405	救	3444	济	2585	会	0661	叩	4646	筱

资料来源：日内瓦国联与联合国档案馆藏李顿调查团档案，卷宗号：S38。

261. 山东省黄县商会来电

DateSiqnare

来报纸　　　　　　　　　　中国电报局　　　　　　本局号数
RECEIVING　　　　　　　　　　　　　　　　JOURNAE. NO. __3911__

THE　CHINESE　TELEGRAPH　ADMINISTRATION

局

__293__　OFFICE

由 From	CP14				附注 —REMARKS—	交 TO			
时刻 Time	16 H	点	50 M	分		时刻 Time	点 H		分 M
签名 By	JEN					签名 By			
原来号数 TELEGRAM NO.	K10 黄县 13/130 HWANGHSIEN	等第 CLASS				字数 WORDS		84	
发报局 Office from	北平 PEI PING	日期 Date	14	点 H	16	分 M	20		

2232 探	2121 投	0948 国	5114 联	6148 调	2686 查	0957 团	6874 钧
7003 鉴	2552 暴	2480 日	0187 侵	3970 略	2639 东	4164 省	1218 威
5178 胁	1421 少	2422 数	0264 傀	8085 偏	4809 组	0298 伪	2398 政
1650 府	1174 妄	4468 称	0427 出	5261 自	2639 东	0554 北	3046 民
1942 意	0207 信	0656 口	3701 狡	6094 诈	3216 淯	0052 乱	5121 听
5113 闻	0028 凡	2053 我	0948 国	0086 人	6129 誓	2984 死	0008 不
5174 能	2110 承	6126 认	3634 为	2974 此	7193 电	2017 恳	6311 贵
0957 团	0031 主	2170 持	2973 正	5030 义	0110 以	1788 复	7325 领
0960 土	5079 而	4850 维	0031 主	2938 权	0008 不	0524 胜	4411 祷
4162 盼	1472 山	2639 东	4164 省	7806 黄	4905 县	0794 商	2585 会
0661 叩	1383 寒						

资料来源:日内瓦国联与联合国档案馆藏李顿调查团档案,卷宗号:S38。

262. 中国国民党陕西省党务指导委员会来电

| 来报纸
RECEIVING | | 中国电报局
THE CHINESE TELEGRAPH ADMINISTRATION
局
291 OFFICE | | 本局号数
JOURNAE. NO. 320
由京北分局抄送
DELIVERED BY NBO |

由 From	Pi18/4			交 TO	
时刻 Time	17 H	点	15 M	分	附注 —REMARKS—	时刻 Time	点 H	分 M
签名 By	Cheng			签名 By	

原来号数 TELEGRAM NO.	14/388	等第 CLASS	S	字数 WORDS	352

| 发报局
Office from | Jianglyep | 日期
Date | 18/4 | 点 H | 13 | 分 M | 00 |

7357 顾	0108 代	5903 表	4850 维	6874 钧	0341 先	3932 生	6230 译
6567 转	0948 国	5114 联	6148 调	2686 查	0957 国	6175 诸	0689 君
0361 公	7003 鉴	6311 贵	0958 团	3940 甫	5539 苴	0079 京	3337 沪
2609 本	2585 会	2582 曾	0006 上	0001 一	7193 电	6156 谅	7230 青
4202 眜	4248 矣	5417 兹	5074 者	6175 诸	0689 君	6567 转	6671 达
1627 平	3160 津	1412 将	6384 赴	2639 东	0554 北	1395 实	0966 地
6148 调	2686 查	2609 本	1788 复	6361 赘	2422 数	5659 藉[借]	0155 作
5542 苔[呂]	5609 莞	0037 之	3759 献[见]	1630 幸	0987 垂	1390 察	2686 查
2480 日	0086 人	5885 蓂	6018 视	0938[0948] 国	7193[7139] 际	0361 公	3127 法
4275 破	1099[0975] 坏	0013 世	3954 界	0735 和	1627 平	7119 陷	2053 我

2639 东	4164 省	0003 七	2588 月	2456 于	5417 兹	6602 近	2577 更
0227 倒	5887 行	6627 逆	2457 施	6239 变	2609 本	0502 加	0632 厉
2392 收	6314 买	2639 东					
0554 北	0651 叛	6627 逆	4809 组	4930 织	0298 伪	0948 国	2398 政
1650 府	0057 事	3541 无	1129 大	1421〔1420〕小	1885 悉	0110 以	6171 谙
0037 之	0839 呜	2639 东	4164 省	3634 为	0022 中	0948 国	7325 领
0960 土	6115 该	6627 逆	4544 竟	2413 敢	2130 抹	3010 杀	3046 民
1942 意	3634 为	0086 人	0155 作	0220〔0210〕伥	1764 彼	2480 日	0086 人
5074 者	2577 更	0110 以	0149 何	4467 种	3810 理	3945 由	6390 越
0194 俎	0108 代	1647 庖	2508 是	6134 诚	0008 不	5174 能	5261 自
0956 图〔0955 圆〕	0366 其	6141 说	4146 盖	5261 自	6643 速	3319 灭	0072 亡
5101 耳	1133 夫	1947 爱	6233 谋	0735 和	1627 平	0942 固	2053 我
3046 民	2469 族	0037 之	4790 素	1840 性	3544 然	4403 御	0185 侮
5261 自	5898 卫	0076 亦	0948 国	3046 民	2019 应	2589 有	0037 之
5120 职	6307 责	0710 吾	3046 民	2469 族	5280 与	1730 强	2420 敌
1164 奋	7591 斗	3634 为	0361 公				
3810 理	3686 牺	3673 牲	1804 忍	4027 痛	5267 至	0093 今	1571 已
6671 达	2817 极	7820 点	1417 对	2639 东	0554 北	0607 卵	5065 翼
0007 下	0037 之	0264 傀	8085 儡	4809 组	4930 织	6129 誓	2984 死
0646 反	1417 对	2456 于	0202 保	6233 护	0948 国	0960 土	0031 主
2938 权	0037 之	1346 完	2419 整	2483 早	0367 具	3082 决	1800 心
6175 诸	0689 君	3634 为	0735 和	1627 平	0169 使	5074 者	1429 尤
2598 望	1609〔2609〕本	4850 维	6233 护	0948 国	5114 联	1218 威	1207〔0207〕信
0017 并	3194 消	3319 灭	0013 世	3955 界	2069 战	3630 争	0037 之
4737 精	4377 神	0110 以	6148 调	2686 查	1395 实	3752 获	2552 暴
7216 露	2480 日	0086 人	0181〔0187〕侵	3970 略	0037 之	4176 真	4161 相
0155 作	6062 讨	4496 究	0037 之	7411〔6634〕途	1777 经	1659 庶	1637 几

（续表）

0948 国	5114 联	2938 权 【1218 威】	1779 得	0110 以	2507 昭	1757 彰	2639 东
0068 亚	0730〔0735〕 和	1627 平	6351 赖				
0110 以	4850 维	4941 系	2973 正	5030 义	0086 人	6670 道	0037 之
0135 伸	1728 张	0076 亦	0961 在	2974 此	5282 举	0008 不	0141 但
0022 中	0948 国	0037 之	1630 幸	0076 亦	0013 世	3954 界	0037 之
1630 幸	0048 也	1694〔6612〕 迫	0434 切	7115 陈	6101 词	2417 敬	0230 候
2231 采	4780 纳	0022 中	0948 国	0948 国	3046 民	7825 党	7104 陕
6007 西	4164 省	7825 党	0523 务	2172 指	1418 导	1201 委	0765 员
2585 会	0661 叩	0444 删	seal				

资料来源：日内瓦国联与联合国档案馆藏李顿调查团档案，卷宗号：S38。

263. 陕西韩城县农工商学及教育反日等六会来电

来报纸　　　　　　　　　　中国电报局　　　　　　　本局号数

RECEIVING　　　　　　　　　　　　　　　　JOURNAE. NO. __3911__

THE　CHINESE　TELEGRAPH　ADMINISTRATION

局

__290__　OFFICE

由 From	CP19/APR			交 TO			
时刻 Time	11	点 H	55 分 M	附注 —REMARKS—	时刻 Time	点 H	分 M
签名 By	TPWU				签名 By		
原来号数 TELEGRAM NO.	56 12		等第 CLASS	PPP	字数 WORDS	125W	
发报局 Office from	HANCHENGSHE TIENTSIN		日期 Date	18	点 H	15 分 M	00

（续表）

2232 探	2121 投	0943 国	5114 联	6148 调	2686 查	0957 团	6175 诸
0341 先	3932 生	2532 暴	2480 日	0187 侵	0148 占	2052 我	2639 东
0005 三	4064 省	3938 用	0072 亡	7201 韩	2399 故	2011 智	0871 喉
0169 使	3352 汉	1169 奸	4809 组	4930 织	0651 叛	6627 逆	2398 政
1650 府	0250 假	6644 造	3046 民	1942 意	0370 冀	2952 欺	0013 世
0086 人	0642 又	1788 复	1730 强	2207 据	3247 淞	3337 沪	6651 进
4529 窥	0079 京	3983 畿	3599 烧	3010 杀	3539 焚	2342 掳	0013 世
2076 所	4988 罕	5113 闻	2411 敝	4905 县	0677 各	3954 界	6129 誓
2984 死	0646 反	1417 对	2417 敬	6153 请	6311 贵	0957 团	0031 主
2170 持	0361 公	6670 道	0455 制	2972 止	2552 暴	2480 日	2340 拥
6233 护	0013 世	3954 界	0735 和	1627 平	0202 保	0356 全	2053 我
0948 国	7225 领	0760 土	0031 主	2938 权	0037 之	1346 完	2419 整
5259 临	7193 电	0008 不	0524 胜	1949 感	4162 盼	0037 之	5268 至
7104 陕	6007 西	7281 韩	1004 城	4905 县	6593 农	1562 工	0974 商
1331 学	2932 及	2403 教	5148 育	0646 反	2480 日	4583 等	0362 六
2585 会	0876 啸	0661 叩					

资料来源：日内瓦国联与联合国档案馆藏李顿调查团档案，卷宗号：S38。

264. 中国国民党贵州省党务指导委员会来电

来报纸　　　　　　　　　　　　　　　　本台号数　116

陆海空军总司令部交通处军用第□无线电台

无线电报

RADIOGRAM

由					交			
From					TO			
日期	19	点	12.00	附注	日期		时刻	
Date		H		—REMARKS—	Time		Time	
报务员签名	Wang				报务员签名			
By					By			

（续表）

原来号数 TELEGRAM NO.		48/150		等第 CLASS		S		字数 WORDS		258
发报台 Station of Origin		yue		日期 Date		14/4		时刻 Time		12：30
						2230	探	0074	交
7357	顾	0108	代	5903	表	4850	维	6879	钧
6230	译	6567	转	0948	国	5114	联	6148	调
2686	查	0957	团	0361	公	7003	鉴	2974	此
2945	次	2480	日	2609	本	4275	破	0975	坏
0948	国	7139	际	0361	公	3127	法	6672	违
5154	背	0948	国	5114	联	3012	决	6231	议
1730	强	0148	占	2053	我	2639	东	0554	北
2456	于	0341	先	6451	蹂	6497	躏	2053	我
0006	上	3189	海	2456	于	1775	后	6602	近
2577	更	0871	喉	0169	使	2639	东	4164	省
0651	叛	6627	逆	1715	从	0057	事	2456	于
0298	伪	4809	组	4930	织	0646	反	1788	复
1073	增	0365	兵	0519	南	0007	下	2365	扩
1129	大	0148	占	7325	领	0575	区	1008	域
0593	务	2948	欲	6691	吞	2053	我	2639	东
0554	北	0022	亡	2053	我	0948	国	1312	家
0110	以	1375	实	2802	现	0366	其	2076	所
6112	谓	1127	大	7120	陆	2398	政	1595	策
2053	我	0463	则	6690	尊	6850	重	0948	国

来报纸 　　　　　　　　　　　　　　　　　　　　本台号数

陆海空军总司令部交通处军用第□无线电台

无线电报

RADIOGRAM

由 From			附注 —REMARKS—		交 TO		
日期 Date	点 Time				日期 Date		时刻 Time
报务员 签名 By					报务员 签名 By		

原来号数 TELEGRAM NO.		等第 CLASS		字数 WORDS	
发报台 Station of Origin		日期 Date		时刻 Time	

5114	联	1942	意	2482	旨	0001	一	0375	再	
1369	容	1804	忍	0110	以	1769	待	0361	公	
3810	理	0037	之	5932	裁	0445	判	2992	殊	
1764	彼	4544	竟	1779	得	1407	寸	6651	进	
1439	尺	1801	必	2948	欲	4999	置	2053	我	
2456	于	4815	绝	1064	境	0013	世	3954	界	
0735	和	1627	平	0604	危	1172	如	4797	累	
0607	卵	0093	今	1630	幸	6311	贵	0957	团	
0342	光	5259	临	6148	调	2686	查	1417	对	
2456	于	2480	日	2609	本	1417	对	2053	我	
0037	之	6344 [5875]	蛮	2897	横	0110	以	0644	及	
2053	我	0948	国	0086	人	1417	对	2480	日	
2584	最	1775	后	0037	之	3088 [0414]	决	1800	心	
1571	已	2483	早	6700	邀	3159	洞	1885	悉	

（续表）

1424	尚	2598	望	0031	主	2170	持	2973	正
5030	义	1696	建	6231	议	0948	国	5114	联
2483	早	2480	日	0455	制	2972	止	2480	日
2609	本	0037	之	2552	暴	5887	行	0110	以
0202	保	2053	我	7325	领	0960	土	0031	主
2938	权	0037	之	1346	完	2419	整	5079	而
4850	维	2170	持	0013	世	3954	界	0086	人
7352	类	0037	之	0735	和	1627	平	2974	此
0008	不	3676	特	2411	敝	0948	国	0356	全
7555	体	0948	国	0086	人	0037	之	2076	所
0434	切	4162	盼	2117	抑	0076	亦	0356	全
0013	世	3954	界	0037	之	2076	所	5267	至
2598	望	0048	也	5259	临	7193	电	0008	不
0524	胜	4162	盼	0434	切	0037	之	5267	至
0022	中	0948	国	0948	国	3046	民	8093	党
6311	贵	1558	州	4164	省	7825 [8093]	党	0523	务
2172	指	1418	导	1201	委	0765	员	2585	会
0661	叩	2529	景	seal					

资料来源：日内瓦国联与联合国档案馆藏李顿调查团档案，卷宗号：S38。

265. 国民外交协会来电

来报纸　　　　　　　中国电报局　　　　　本局号数
RECEIVING　　　　　　　　　　　　　JOURNAE. NO. 1200
　　　THE　CHINESE　TELEGRAPH　ADMINISTRATION
　　　　　　　　　　　局
　　　　　288　OFFICE

由 From	CPD19				交 TO			
时刻 Time	17 点 H	40 分 M		附注 —REMARKS—	时刻 Time	点 H	分 M	
签名 By	LIU				签名 By			

原来号数 TELEGRAM NO.	134 00585		等第 CLASS	sss	字数 WORDS	620W		
发报局 Office from	LOYANG	日期 Date	19/4	点 H	15	分 M	35	

0948 国	5114 联	6148 调	2686 查	0957 团	6175 诸	0143 位	0341 先
3932 生	0971 均[6874 钧]	7003 鉴	1129 大	7468 驾	7180 离	3337 沪	2480 日
6511 军	4135 益	1864 恣	4500 空	6511 军	0463 则	0117 任	1942 意
2141 抛	3498 炸	5685 苏	2635 杭	0677 各	0966 地	7120 陆	6511 军
0463 则	0008 不	2514 时	6269 豕	4499 突	7089 防	4848 线	3337 沪
3352 汉	3189 海	6511 军	0076 亦	1788 复	5069 耀	2976 武	7022 长
3068 江	5079 而	4790 素	5714 号	0485 剽	1880 悍	0037 之	0189 便
5902 衣	7130 队	1429 尤	3541 无	2480 日	0008 不	4099 发	6015 见
0060 于	5685 苏	2635 杭	0001 一	1601 带	5887 行	9270 踪	6111 诡
4434 秘	2087 手	3008 段	3021 毒	3703 狠	5268 致	0109 令	3541 无
6581 辜	3046 民	5883 众	2480 日	6685 遭	3539 焚	3010 杀	0037 之
1971 惨	2609 本	2588 月	0577 十	0005 三	2480 日	2480 日	6511 军
1788 复	0427 出	0366 其					
1129 大	7130 队	2456 于	0857 嘉	1353 定	0037 之	2612 朱	5445 莊[8369 庄]
0447 刦[0506 劫]	1161 夺	6265 丰	6068 记	1129 大	7127 隆	5281 兴	3141 泰
5170 胡	0336 允	3141 泰	4583 等	4717 米	0794 商	0934 四	1367 家
2293 抢	0637 去	4101 白	4717 米	0003 七	0578 千	7411 余	4258 石
7796 麦	4720 粉	2422 数	4102 百	5915 袋	2758 棉	5363 花	0578 千

（续表）

0545 包	0642 又	1412 将	6115 该	0966 地	0677 各	1331 学	2699 校
0037 之	0308 仪	0892 器	2579 书	5659 籍	4583 等	3670 物	1598 席
2208 卷	0001 一	4500 空	5384 苟	2589 有	2374 拦	7091 阻	0613 即
6685 遭	2847 枪	3010 杀	2974 此	1120 外	1172 如	4176 真	5423 茹
0589 南	5046 翔	0001 一	1601 带	0037 之	1032 报	1133 夫	1420 小
6305 贩	0520 动	5926 被	2056 戕	1364 害	6619 迹	0366 其	4467 种
4467 种	2176 挑	6841 崒	5887 行	3634 为	1395 实	6672 违	0646 反
0948 国	7139 际	0255 停	2069 战				
0361 公	0173 例	2076 所	1630 幸	2411 敝	0948 国	1412 将	7325 领
3159 洞	3608 烛	1169 奸	6060 计	4766 约	2631 束	1102 士	0365 兵
0917 严	5887 行	2054 戒	0271 备	1415 尊	1504 崇	0948 国	5114 联
0538 劝	0707 告	0037 之	6056 言	1017 坚	1343 守	0255 停	2069 战
0037 之	4766 约	0250 假	0109 令	2480 日	6511 军	6651 进	6656 逼
2411 敝	0948 国	1412 将	7325 领	5267 至	0060 于	1804 忍	3541[2477] 无
0668 可	1804 忍	0037 之	1064 境	0463 则	4275 破	1095[0975] 坏	0735 和
1627 平	2480 日	2609 本	3981 当	6298 负	0366 其	6307 责	5261 自
0046 九	0001 一	0360 八	0057 事	6239 变	0110 以	1775 后	0948 国
5114 联	0037 之	3082 决	6231 议	0644 及	0538 劝	0707 告	2411 敝
0948 国	3541[2477] 无	0008 不	4550 竭	6134 诚	2234 接	0649 受	5079 而
2480 日	2609 本	0463 则	1880 悍	3544 然	0008 不	7357 顾	0001 一
1942 意	1324 孤	5887 行					
3928 甚	5267 至	0961 在	2974 此	6175 诸	0689 君	6148 调	2686 查
2601 期	7035 间	0181 依	3544 然	0155 作	3010 杀	0086 人	2397 放
3499 火	0037 之	1730 强	4142 盗	7359 显	0190[4762] 系	5583 蔑	6018 视
0948 国	5114 联	1927 想	6175 诸	0689 君	1571 已	4158 目	6023 观
0037 之	5079 而	1800 心	7236 非	0037 之	7308 顷	5113 闻	6311 贵
0957 团	1412 将	6384 赴	2639 东	0554 北	6148 调	2686 查	5079 而

（续表）

2480 日	0086 人	0679 吉	3944 田	4544 竞［竟］	0110 以	7357 顾	4850 维
6874 钧	4694 籍	7153 隶	0022 中	5478 华	2147 拒	0366 其	0467 前
1766 往	0011 且	0110 以	0366 其	0222 个	0086 人	0037 之	3932 生
0730 命	0604 危	7145 险	4161 相	1858 恐	0907 吓	2686 查	0679 吉
3944 田	5280 与	7357 顾	3044 氏	0971 均	3634 为	6311 贵	0957 团
0037 之	5980 襄	3810 理	0765 员	2411 敝	0948 国	2607 未	3930 常［尝］
2147 拒	4815 绝	2156 招	1769 待				
0679 吉	3944 田	0149 何	0110 以	0679 吉	3944 田	2147 拒	4815 绝
2156 招	1769 待	7357 顾	3044 氏	0400 况	2639 东	4164 省	2609 本
3634 为	0022 中	5478 华	7325 领	0960 土	5079 而	0679 吉	3944 田
4544 竟	5237 胆	2413 敢	0427 出	2974 此	1174 妄	6056 言	0366 其
3634 为	2480 日	2398 政	1650 府	2219 授	1942 意	0668 可	4249 知
2480 日	2398 政	1650 府	0037 之	1446 居	1800 心	0642 又	0668 可
4249 知	7456 马	0594 占	1472 山	2429 文	7193 电	1357 宣	1580 布
2480 日	2609 本	0545 包	4809 组	0298 伪	0948 国	0037 之	3701 狡
6180 谋	6111 诡	6060 计	0668 可	6214 证	2494 明	0048 也	0642 又
0006 上	3189 海	0735 和	6231 议	2480 日	2609 本	1193 始	0463 则
1218 威	0907 吓	7340 频	0427 出	6390 越	0433 分	6008 要	3061 求
4948 继	1788 复	3701 狡	6060 计	0369 兼	2457 施	4102 百	4551 端
2176 挑	2328 拨	6602 近	0011 且				
2388 支	0710 吾	1603 延	1455 展	0008 不	0795 问	0008 不	5113 闻
5268 致	0169 使	1129 大	2585 会	1420 小	4809 组	0001 一	2514 时
0255 停	7319 顿	0149 何	3670 物	2480 日	2609 本	4544 竟	2413 敢
1172 如	2974 此	5536 蒙	5599 蔽	0948 国	5114 联	0037 之	6148 调
2686 查	0957 团	3807 现	0961 在	2226 排	7181 难	6043 解	4788 纷
2938 权	3981 当	0948 国	5114 联	5079 而	4099 发	1169 奸	2298 摘
6060 计	3634 为	6175 诸	0689 君	0008 不	6592 辱	0169 使	0730 命
6060 计	1919 惟	2589 有	4426 秉	0361 公	2973 正	1966 态	1653 度

（续表）

2609 本	3541〔2477〕无	3956 畏	4737 精	4377 神	1432 就	3807 现	0961 在
5113 闻	6015 见	2251 提	0467 前	1032 报	0707 告	0948 国	5114 联
0220 俾	1779 得	7315 预	0956 图	2187 挽	2405 救	2483 早	3634 为
0455 制	2972 止	2038 悬	1484 岩〔崖〕	0519 勒	7456 马	4455 稍	4883 缓
0613 即	6641 逝	0787 唯	6175 诸	0689 君	0956 图	0037 之	0948 国
3046 民	1120 外	0074 交	0588 协	2585 会	0661【叩】	4110【皓】	SEAL

资料来源：日内瓦国联与联合国档案馆藏李顿调查团档案，卷宗号：S38。

266. 广西全县党部暨四十八万全体民众来电

来报纸　　　　　　　　中国电报局　　　　　　本局号数
RECEIVING　　　　　　　　　　　　　　　　JOURNAE. NO. 1153
　　　THE　CHINESE　TELEGRAPH　ADMINISTRATION
　　　　　　　　　局
　　　　　　287　OFFICE

由 From	CP 19/APR			附注 —REMARKS— 16486007 03574905	交 TO			
时刻 Time	0	点 H	50	分 M		时刻 Time		点 H		分 M
签名 By	PNEC				签名 By			
原来号数 TELEGRAM NO.	X42　34		等第 CLASS	SS	字数 WORDS	123		
发报局 Office from	CHUANHSIEN SI BEIPING		日期 Date	18	点 H	14	分 M	45
2232 探	6623 送	0948 国	5114 联	6148 调	2686 查	0957 团	6175 诸
0341 先	3932 生	0361 公	7003 鉴	2686 查	2639 东	0554 北	0005 三

（续表）

4164 省	3634 为	2053 我	0948 国	7325 领	0960 土	2480 日	2609 本
1597 师	0072 亡	7281 韩	2399 故	2535 智	0871 喉	0169 使	0651 叛
6627 逆	4275 破	0975 坏	0022 中	0948 国	4827 统	0001 一	0110 以
1395 实	3807 现	0366 其	0187 侵	3970 略	2398 政	4595 策	2053 我
3046 民	5883 众	6129 誓	0008 不	2110 承	6126 认	6175 诸	0341 先
3932 生	4790 素	0110 以	4850 维	2170 持	0013 世	3954 界	0735 和
1627 平	3634 为	2037 怀	2019 应	6153 请	0031 主	2170 持	0361 公
6670 道	0455 制	2972 止	2480 日	2609 本	2974 此	4429 种	0187 侵
3970 略	3701 狡	6180 谋	3938 用	1728 张	0948 国	5114 联	1218 威
0207 信	5079 而	6850 重	0022 中	0948 国	0031 主	2938 权	6612 迫
0434 切	7115 陈	6101 词	6175 诸	4362 祈	0361 公	7003 鉴	1639 广
6007 西	0356 全	4905 县	8093 党	6752 部	2555 暨	0934 四	0577 十
0360 八	5502[8001] 万	0356 全	7555 体	3046 民	5883 众	0104 全 [0681 同]	0661 叩
1564 巧	SEAL						

资料来源：日内瓦国联与联合国档案馆藏李顿调查团档案，卷宗号：S38。

267. 南京市农会等各团体来电

来报纸 RECEIVING	中国电报局	本局号数 JOURNAE. NO. _272_

THE CHINESE TELEGRAPH ADMINISTRATION

局   由京北分局抄送

_285_ OFFICE   DELIVERED BY NBO

由 From	Pi 15/4/32					交 TO				
时刻 Time	19	点 H	10	分 M	附注 —REMARKS—	时刻 Time		点 H		分 M
签名 By	N.					签名 By				

(续表)

原来号数 TELEGRAM NO.	18/924	等第 CLASS	S	字数 WORDS	191

发报局 Office from	NANKING	日期 Date	15	点 H	16	分 M	30

Peiking 南[北]京

7357 顾	0108 代	5903 表	4850 维	6874 钧	6567 转	0948 国	5114 联
6148 调	2686 查	0957 团	6874 钧	7003 鉴	2480 日	2609 本	2478 既
0110 以	2552 暴	0500 力	1730 强	0594 占	2053 我	2639 东	4164 省
1788 复	6131 诱	5178 胁	3981 当	0966 地	0651 叛	6627 逆	0298 伪
6644 造	3046 民	1942 意	4809 组	4930 织	0264 傀	8085 偏	2398 政
1650 府	2974 此	4467 种	3701 狡	6180 谋	2359 确	4762 系	0110 以
0072 亡	7281 韩	2399 故	2535 智	0072 亡	2053 我	2639 东	4164 省
5659 借	0298 伪	4809 组	4930 织	0110 以	5536 蒙	5599 蔽	0948 国
7139 际	0037 之	6034 观	5121 听	6671 达	0366 其	0187 侵	3970 略
6851 野	1800 心	0366 其	5662 藐	6018 视	0948 国	5114 联	4145 盟
4766 约	0046 九	0948 国	0361 公	4766 约	7236 非	2069 战	0361 公
4766 约	4275 破	1095 坏	2053 我	0948 国	7325 领	0960 土	0644 及
0031 主	2938 权	0037 之					
1346 完	2419 整	6134 诚	2552 暴	7216 露	3541 无	7411 余	2053 我
0356 全	0948 国	0086 人	3046 民	6129 誓	2984 死	2107 抵	2123 抗
0451 到	1646 底	6311 贵	0957 团	5887 行	2107 抵	2639 东	4164 省
0523 务	1585 希	0434 切	1395 实	6148 调	2686 查	0543 勿	3634 为
2552 暴	2480 日	2076 所	1910 惑	1412 将	0366 其	0187 侵	3970 略
7113 阴	6180 谋	1032 报	0707 告	0948 国	5114 联	2704 根	2354[2207] 据
0361 公	4766 约	6598 迅	0056 予	0917 严	0632 厉	0455 制	5932 裁
0110 以	0202 保	4145 盟	4766 约	0037 之	1218 威	0917 严	5079 而
4850 维	0013 世	3954 界	0735 和	1627 平	2456 于	3057 永	0036 久
0687[0589] 南	0079 京	1579 市	6593 农	2585 会	1562 工	2585 会	0794 商

（续表）

2585 会	2403 教	5148 育	2585 会	1244 妇	1166 女	2405 救	3444 济
2585 会	1383 寒	seal					

资料来源：日内瓦国联与联合国档案馆藏李顿调查团档案，卷宗号：S38。

268. 中华民国四川南充县木业缝纫产业工会等各团体来电

中央外交部译转国联调查团鉴：

　　贵团莅华前曾连[联]名电致欢迎，聊表微忱并申慰劳，谅邀洞悉。兹者贵团匝游满洲，时将一月，地绕一周，决于日人动辄炮轰城市、屠杀妇孺之举，昭然若揭；日本纵尽粉饰遮盖之能力，恐亦难逃贵团精明之巨眼，孰是孰非，固不待本会之斤斤辩论也。顾吾人感觉日人之残忍暴虐、含血欲喷，势难抑止。惟我国政府酷爱和平，信赖国联，始终听命，于贵团真实详察后，是非乃可大白于天下，自有锄强抑暴之实现。迭次文电慰告，方始稍平愤怒，是吾人含垢忍辱，势非获已。况非战公约、九国公约朗有条文，明定限制，倘依样如日人之行动，实足为世界人类莫大羞耻，且促成第二次世界大战更非幸事，谅此亦为贵团所惊[警]惕，当力求避免。

　　殊日人去岁九一八强占我东三省，今年一·二八炮轰我淞沪区，现淞沪虽订立停战协定，赔偿损失尚未计及。而东三省组织傀儡政府，日军在满明目张胆驱逐中国地方政府，攻击中国军队，夺取盐税、银行存款、实业及军备材料，侵略中国铁路，电报电话及邮政之管理权皆出诸于日人，直接暴行何与傀儡政府相涉？事实俱在，不容说辞。惟满洲历史与我相关垂千余年，满洲地域划属内部亦二百余年，而其人口汉民十居八九，殆无汉满之辨别，乌可由日人强挟亡清废帝溥仪，援用"民族自决"之美名，重施灭亡朝鲜之故智，掩耳盗铃，谁复能欺？是不啻破坏我国土地之完整，蔑视国联公约之尊严，凡有血气，谁不发指？

　　本会谨代表我南充七十万民众誓死反对日本暴行及东三省伪组织。恭谨致词，静听贵团精明最后之判决。临电不胜迫切之至。

中华民国四川南充县木业缝纫产业工会
县教育会（印）、县农会、县商会（印）同叩

资料来源：日内瓦国联与联合国档案馆藏李顿调查团档案，卷宗号：S38。

269. 陇海铁路工会率六千余工友来电

收陇海铁路工会文电一件

民国二十一年四月十二日下午五时二十分到

急！平汉办事处黄处长凤岗烦饬送顾代表少川译转国联调查团诸先生伟鉴：

日本采用灭亡朝鲜之故技［伎］，于武力胁迫之下造成傀儡伪国，现复印揭大宗伪标语、伪刊物以假造东北民意，并收买少数叛徒，嗾使通晓华语之日侨冒充民众代表，以备于贵团到达时施行欺骗手段。

务乞洞察阴谋，勿为所惑。同时并祈接见不受监视之中国人士而采取其自由意志，俾于调查进行获得正确之效果。总之，前项傀儡伪国直接破坏中国领土主权之完整，不特中国人民一致反对，即贵团亦应秉公正贤明之精神，根据国际盟约坚决反对之。

谨此电达，即希惠察，并祝诸君完成和平之使命。

陇海铁路工会谨率六千余工友同叩　　文

资料来源：日内瓦国联与联合国档案馆藏李顿调查团档案，卷宗号：S38。

270. 广西省民众抗日救国委员会桂平分会来电

来报纸 RECEIVING	中国电报局 THE CHINESE TELEGRAPH ADMINISTRATION 局 283 OFFICE	本局号数 JOURNAE. NO. 1004 由京北分局抄送 DELIVERED BY NBO

由 From	CP 16/APR				交 TO			
时刻 Time	13	点 H	8	分 M	附注 —REMARKS—	时刻 Time	点 H	分 M
签名 By	PMEE					签名 By		

（续表）

原来号数 TELEGRAM NO.	R5010　135	等第 CLASS	S	字数 WORDS		133	
发报局 Office from	SUNCHOW	日期 Date	14	点 H	13	分 M	10
PEIPING							
2232 探	0047［0074］交	0948 国	5114 联	6148 调	2686 查	0957 团	0361 公
7003 鉴	2480 日	0086 人	0871 嗾	0169 使	3352 汉	1169 奸	2052 成
1539 立	0264 傀	8085 儡	4809 组	4930 织	0110 以	0072 亡	7281 韩
2399 故	2535 智	7193 电［7113 阴］	6180 谋	0161［0594］占	2053 我	0639 东	0554 北
7325 领	0960 土	0448 利	3938 用	3337 沪	2069 战	6567 转	4448 移
0948 国	7139 际	6018 视	4848 线	0366 其	4275 破	0975 坏	0013 世
3954 界	0735 和	1627 平	5662 藐	6018 视	0948 国	5114 联	0001 一
5267 至	2456 于	2974 此	2053 我	0948 国	0086 人	3046 民	2417 敬［1417 对］
2639 东	0554 北	0264 傀	8085 儡	4809 组	4930 织	6129 誓	0008 不
2110 承	6126 认	2411 敝	2585 会	0649 受	0356 全	4905 县	3046 民
5883 众	0037 之	1201 委	6067 托	2413 敢	0110 以	2304 挚	6134 诚
6153 请	3061 求	6311 贵	0957 团	2609 本	0735 和	1627 平	0037 之
4737 精	4377 神	0355 内	2972 止	2552 暴	2480 日	3541［2477］无	3810 理
5887 行	0520 动	0543 勿	3634 为	2480 日	0086 人	3701 狡	6180 谋
2076 所	2952 欺	1684 广	6007 西	4164 省	3046 民	5883 众	2123 抗
2480 日	2405 救	0948 国	1201 委	0765 员	2585 会	2710 桂	1627 平
0433 分	2585 会	1383 寒	SEAL 印				

资料来源：日内瓦国联与联合国档案馆藏李顿调查团档案，卷宗号：S38。

271. 中华民国西南各省国民对外协会广西省支部来电

来报纸　　　　　　　　中国电报局　　　　　本局号数
RECEIVING　　　　　　　　　　　　　　　JOURNAE. NO.　239

THE　CHINESE　TELEGRAPH　ADMINISTRATION

　　　　　　　　　　　局　　　　　　由京北分局抄送

　　　　281　OFFICE　　　DELIVERED BY NBO

由 From	14/4			附注 —REMARKS—		交 TO		
时刻 Time	7	点 H	00	分 M		时刻 Time		点 H		分 M
签名 By						签名 By		

原来号数 TELEGRAM NO.	6/604	等第 CLASS	S	字数 WORDS	155

发报局 Office from	nanking	日期 Date	13	点 H	12	分 M	50

2232 探	6623 送	7357 顾	0108 代	5903 表	4850 维	6874 钧	6230 译
6567 转	0948 国	5114 联	6148 调	2686 查	0957 团	1129 大	7003 鉴
2552 暴	2490 日	4175[4275] 破	1095 坏	0013 世	3954 界	0735 和	1627 平
6651 进	0365 兵	0187 侵	0148 占	2053 我	0948 国	2639 东	0005 三
4164 省	0035 乃	6002 袭	0072 亡	7281 韩	2390[2399] 故	2110 技[伎]	0551 勾
4814 结	2639 东	0554 北	3352 汉	1169 奸	0120 企	0956 图	3067[3057] 永
6678 远	0691 吞	0164 并	2053 我	0948 国	7325 领	0060 国 [0960 土]	2053 我
0456[0356] 全	0948 国	3046 民	5883 众	6129 誓	2984 死	0646 反	1417 对
2411 敝	2585 会	6210 谨	0108 代	5903 表	1684 广	6007 西	0356 全

（续表）

4164 省	0681 同	5165 胞	6774 郑	6850 重	1357 宣	6056 言	1172 如
2552 暴	2480 日	0008 不	4455 稍	1882 悔	1889 悟	6129 誓	5280 与
3082 决	2069 战	6703 还	2053 我	1372［1472］山	3109 河	7173 虽	3686 牺
3673 牲	0001 一	0434 切					
5280 与	1764 彼	3082 决	2069 战	3082 决	0008 不	6608［1448］屈	2591 服
0523 务	2598 望	7311［6311］贵	0957 团	0031 主	2170 持	2974 正	5030 义
0156［0056］予	0110 以	5932 裁	0455 制	0013 世	3954 界	0735 和	1627 平
1630 幸	3928 甚	2001 愤	0434 切	7115 陈	6101 词	2417 敬	1585 希
0987 垂	7003 鉴	0022 中	5478 华	3046 民	0948 国	6007 西	0589 南
0677 各	4164 省	0948 国	3046 民	1417 对	1120 外	0588 协	2595［2585］会
1684 广	6007 西	4164 省	2398 支	6752 部	0337 元	seal 印	

资料来源：日内瓦国联与联合国档案馆藏李顿调查团档案，卷宗号：S38。

272. 中国国民党广西省党务整理委员会来电

来报纸 　　　　　　　　中国电报局 　　　　　本局号数
RECEIVING 　　　　　　　　　　　　　　JOURNAE. NO. __248__
　　　THE　CHINESE　TELEGRAPH　ADMINISTRATION
　　　　　　　　　　　　局
　　　　　　　　　__278__　OFFICE

由 From	14/4			附注 —REMARKS—	交 TO			
时刻 Time	16	点 H	30	分 M		时刻 Time		点 H		分 M
签名 By					签名 By			

(续表)

原来号数 TELEGRAM NO.		15/60	等第 CLASS		S	字数 WORDS		151
发报局 Office from		Nanning	日期 Date	13	点 H	12	分 M	50
Pi	2232 探	6623 送	7357 顾	0108 代	5903 表	4850 维	6874 钧	
6230 译	6567 转	0948 国	5114 联	6048 调	2686 查	0957 团	1129 大	
7003 鉴	2552 暴	2480 日	4275 破	1095 坏	0013 世	3954 界	0735 和	
1627 平	6651 进	0365 兵	0187 侵	0148 占	2053 我	0948 国	2639 东	
0005 三	4164 省	0035 乃	6002 袭	0072 亡	7281 韩	2399 故	2111 技[伎]	
0551 勾	4814 结	2639 东	0554 北	3352 汉	1169 奸	0120 企	0957 图	
3057 永	6678 远	0691 吞	0164 并	2053 我	0948 国	7325 领	0960 土	
2053 我	0356 全	0948 国	3046 民	5883 众	6129 誓	2984 死	0646 反	
1417 对	2411 敝	2585 会	6210 谨	0108 代	5903 表	1684 广	6008 西	
0356 全	4164 省	0680 同	5465 胞	6774 郑	6850 重	1357 宣	6056 言	
1172 如	2552 暴	2490 日	0008 不	4455 稍	1882 悔	1889 悟	6129 誓	
5280 与	3082 决	2069 战	6703 还	2053 我	1472 山	3109 河	7173 虽	
3686 牺	3673 牲	0001 一	0434 切					
4961 在	2076 所	0008 不	1917 惜	0523 务	1585 希	6311 贵	0957 团	
0031 主	2170 持	2973 正	5030 义	0543 勿	3634 为	2552 暴	2480 日	
2603 蒙	5599 蔽	0013 世	3954 界	0735 和	1627 平	1395 实	0448 利	
6351 赖	0037 之	5259 临	7193 电	2001 愤	0434 切	2417 敬	1885[4362] 祈	
0987 垂	1390 察	0022 中	0948 国	0948 国	3046 民	7825 党	1684 广	
6007 西	4164 省	7852 党	0523 务	2419 整	3810 理	1201 委	0765 员	
2585 会	0337 元	SEAL						

资料来源:日内瓦国联与联合国档案馆藏李顿调查团档案,卷宗号:S38。

273. 中国国民党湖南省党部来电

长沙来电来报纸　　　　　　中国电报局　　　　　　本局号数

RECEIVING

JOURNAE. NO. ___766___

THE　CHINESE　TELEGRAPH　ADMINISTRATION

局　　　　　　由京北分局抄送

___277___ OFFICE　　　DELIVERED BY NBO

由 From	CP　　12.4			交 TO			
时刻 Time	17	点 H	02	分 M	附注 —REMARKS—	时刻 Time	点 H	分 M
签名 By	S. YU.				签名 By		

原来号数 TELEGRAM NO.	X32　562		等第 CLASS	SSS	字数 WORDS	293	
发报局 Office from	CHANGSHA	日期 Date	12	点 H	14	分 M	20

PEIPING 北平

1579 市	2398 政	1650 府	6230 译	6567 转	0948 国	5114 联	6148 调
2686 查	0957 团	6175 诸	0361 公	8133 勋	7003 鉴	2686 查	2639 东
0005 三	4164 省	0037 之	0264 傀	8085 偏	2398 政	1650 府	4783 纯
3945 由	2480 日	0086 人	0545 包	6586 办	0013 世	3954 界	0086 人
1102 士	5459 莫	0008 不	4105 皆	4249 知	2974 此	4467 种	0298 伪
2398 政	1650 府	0035 乃	6672 违	5154 背	0948 国	5114 联	4145 盟
4766 约	0046 九	0948 国	0361 公	4766 约	7236 非	2069 战	0361 公
4766 约	0037 之	0367 具	7555 体	5903 表	3807 现	0008 不	0284 仅
4275 破	1095 坏	2411 敝	0498 国	7325 领	0960 土	0031 主	2938 权
0037 之	1346 完	2419 整	0416 凡	2589 有	7070 关	0190 系	0677 各
0948 国	5459 莫	0008 不	0681 同	5536 蒙	2817 极	1129 大	0037 之

（续表）

2275 损	1364 害	5280 与	5103 耻	6592 辱	2411 敝	7825 党	6752 部
2582 曾	0001 一	0375 再					
7193 电	6153 请	6175 诸	0361 公	6567 转	7115 陈	0948 国	5114 联
3634 为	2589 有	2400 效	0037 之	0455 制	5932 裁	6156 谅	5536 蒙
1390 察	0644 及	3807 现	5113 闻	2480 日	0086 人	4544 竟	0871 嗾
0169 使	2639 东	0005 三	4164 省	0677 各	0651 叛	1778 徒	2147 拒
4815 绝	2411 敝	0948 国	0108 代	5903 表	7357 顾	4850 维	6874 钧
0590 博	1102 士	7151 随	6175 诸	0361 公	0354 人	2639 东	0005 三
4164 省	0366 其	2347 操	4912 纵	6111 诡	6060 计	4135 益	0502 加
2552 暴	7216 露	2411 敝	0948 国	6690 遵	3564 照	0948 国	5114 联
5887 行	2398 政	7108 院	6231 议	3082 决	2714 案	3175 派	7357 顾
0590 博	1102 士	3634 为	0108 代	5903 表	5980 襄	0504 助	6148 调
2686 查	3541 无	6158 论	0149 何	0086 人	4105 皆	0008 不	1779 得
7091 阻	2972 止	0093 今	6115 该	0651 叛	1778 徒	4583 等	4544 竟
2413 敢	0361 公	3544 然	2147 拒				
4815 绝	2508 是	0008 不	0804 啻	4160 直	2234 接	2147 拒	4815 绝
6175 诸	0361 公	0354 人	2639 东	0005 三	4164 省	0048 也	2974 此
4467 种	6208 谬	1174 妄	5282 举	0520 动	2411 敝	0948 国	0086 人
3046 民	6129 誓	2984 死	0008 不	5174 能	2110 承	6126 认	2417 敬
2017 恳	6175 诸	0361 公	3159 洞	3608 烛	2480 日	0086 人	1169 奸
6180 谋	1412 将	0366 其	2897 横	5875 蛮	1906 情	1748 形	0644 及
2411 敝	0948 国	0934 四	5502 万	5502 万	3046 民	4191 众	4850 维
6233 护	7325 领	0960 土	0031 主	2938 权	0037 之	3082 决	1800 心
4160 直	7115 陈	0948 国	5114 联	1629 并	6153 请	6643 速	0155 作
0361 公	2973 正	0037 之	5932 裁	0445 判	0008 不	0524 胜	4162 盼
4411 祷	0022 中	0948 国	0948 国	3046 民	7825 党	3275 湖	0589 南
4164 省	7852 党	6752 部	4176 真	SEAL 印	（十一日）		

资料来源：日内瓦国联与联合国档案馆藏李顿调查团档案，卷宗号：S38。

274. 南京市农会等机关团体来电

来报纸 RECEIVING		中国电报局			本局号数 JOURNAE. NO. 696		

THE CHINESE TELEGRAPH ADMINISTRATION

局

__276__ OFFICE

由 From	CPD 11			附注 —REMARKS—		交 TO		
时刻 Time	13	点 H	18	分 M		时刻 Time	点 H	分 M
签名 By	HU			X32/3RD PG		签名 By		

原来号数 TELEGRAM NO.	X12 679	等第 CLASS	S	字数 WORDS	72W
发报局 Office from	NANKING	日期 Date	11	点 H 11 分 M 40	

PEIPING 北京［平］							
2232 探	6623 送	0948 国	5114 联	6148 调	2686 查	0957 团	7003 鉴
0006 上	3180 洹	6602 近	2480 日	6651 进	5887 行	0255 停	2069 战
2585 会	6231 议	0035 乃	2480 日	6511 军	0095 仍	0686 向	2053 我
6511 军	2176 挑	6841 峥	1395 实	1466 属	3541 无	3810 理	1569 己 ［1570 己］
2817 极	2019 应	6153 请	6311 贵	0957 团	6598 迅	0613 即	7193 电
0948 国	5114 联	0056 予	0110 以	0455 制	2972 止	3541 无	0117 任
0434 切	4171［4162］ 盼	0589 南	0079 京	1579 市	6593 农	2585 会	1562 工
2585 会	0794 商	2585 会	2403 教	5148 育	2585 会	2403 教	5148 育
2585 会①	1244 妇	1166 女	2405 救	3444 济	2585 会	0661 叩	7155 佳
0602 卯	SEAL	（?）	佳印				

资料来源：日内瓦国联与联合国档案馆藏李顿调查团档案，卷宗号：S38。

---

① 编者按：原文如此，"教育会"为衍文。

275. 南昌市商会来电

274

来报纸   120

Receiving From

交通部无线电台

Chinese Government Radio Service

无线电报

RADIOGRAM

原来号数		等级		字数	

Original Radiogram NO. 2/601_____ Class __P__   Words __95__

发报台   日期   时刻

Station of Origin __nanchang__   Date __28__   Time 9:40

附注

Remarks

电报挂号   收报地名

REGISTERED ADDRESS PLACE OF DESTINATION

tm2 shanghai

0948 国	7139 际	5114 联	0678 合	2585 会	0948 国	7139 际	6148 调
2686 查	0957 团	0251 伟	7003 鉴	2552 暴	2480 日	0148 占	2354 据
2639 东	4164 省	6602 近	1788 复	5178 胁	6131 诱	0651 叛	1778 徒
6208 谬	4468 称	2639 东	0554 北	3046 民	1942 意	4809 组	4930 织
0298 伪	0948 国	2398 政	1650 府	4275 破	1095 坏	7325 领	0960 土
0187 侵	1364 害	2398 政	2938 权	0008 不	3747 独	6115 该	0005 三
4164 省	3423 激	2491 昂	0646 反	2123 抗	0356 全	0948 国	3046 民
5883 众	5459 莫	0008 不	2420 敌	1958 忾	0681 同	0092 仇	1919 惟
4162 盼	0031 主	2170 持	2973 正	5030 义	2507 昭	1757 彰	0361 公
3810 理	2117 抑	0455 制	1730 强	2938 权	5062 翘	0120 企	1795 德
6540 辉	3541 无	0117 任	4376 祝	4411 祷	0589 南	2490 昌	1579 市
0794 商	2585 会	0661 叩	3084 沁				

由	日期	交	日期
FROMxj1	Date 28	TO	Date 11.20 /53
时刻	报务员签名	时刻	报务员签名
Time	By	Time	By

资料来源：日内瓦国联与联合国档案馆藏李顿调查团档案，卷宗号：S38。

276. 福建沙县党务指委会来电

来报纸 　　　　　中国电报局　　　　　本局号数

RECEIVING 　　　　　　　　　　　JOURNAE. NO. ___7___

THE CHINESE TELEGRAPH ADMINISTRATION

　　　　　　　　　　局　　　　　由京北分局抄送

___273___ OFFICE 　　　　DELIVERED BY NBO

由 From	CP/7			附注 —REMARKS—	交 TO		2313	
时刻 Time	21	点 H	26	分 M		时刻 Time	点 H	分 M
签名 By	SHU.			PL SU OM DEL DR MK	签名 By			

原来号数 TELEGRAM NO.	Y9/84	等第 CLASS		SSS	字数 WORDS		105W	
发报局 Office from	SHANSIE^M	日期 Date	2	点 H	17	分 M		

U NANKING 南京

2232 探	2121 投	0948 国	5114 联	6148 调	2686 查	0957 团	0687 钧
7003 鉴	2686 查	2480 日	2609 本	1730 强	0148[0594]占	2639 东	4164 省
0110 以	0072 亡	7281 韩	2399 故	2535 智	0448 利	3938 用	1421 少
2422 数	3341 满	1169 奸	4809 组	0298 伪	2398 政	1650 府	5659 借
0656 口	3046 民	1942 意	3236 混	3216 淆	0013 世	3954 界	5101 耳

（续表）

4158 目	4275 破	0975 坏	2053 我	5478 华	7325 领	0960 土	2606 本
2585 会	2555 暨	0356 全	4905 县	3046 民	4194[5883] 众	6129 誓	0008 不
2110 承	6126 认	7110 除	7193 电	6153 请	0022 中	1135 央	0007 下
0109 令	3947 申	6062 讨	1120 外	3676 特	7193 电	6153 请	2606 本
4192 着	0361 公	3810 理	2973 正	5030 义	2263 揭	4275 破	2480 日
2606 本	1169 奸	6180 谋	5659 借	0135 伸	0948 国	5114 联	1218 威
0207 信	6210 谨	7193 电	4395 福	1696 建	3097 沙	4905 县	7825[8093] 党
0523 务	2172 指	1201 委	2585 会	0661 叩	7625 鱼	SEAL	

资料来源：日内瓦国联与联合国档案馆藏李顿调查团档案，卷宗号：S38。

277. 国难议会全体会员来电

| 来报纸
RECEIVING | 中国电报局 | 本局号数
JOURNAE. NO. ___761___ |

THE CHINESE TELEGRAPH ADMINISTRATION

局

_____ OFFICE

由 From	CP 12.4		附注 —REMARKS—		交 TO		
时刻 Time	15	点 3— 分 H M			时刻 Time	点 H	分 M
签名 By	S. YU.		0948 7181 国 难		签名 By		

原来号数 TELEGRAM NO.	45 00400	等第 CLASS	SS	字数 WORDS	582
发报局 Office from	LOYANG 洛阳	日期 Date	12	点 11 分 H M	00

URGENT 急 PEIPING 北平							
2232 探	6623 送	0948 国	7139 际	5114 联	4145 盟	6148 调	2686 查
0957 团	2621 李	7319 顿	3635 爵	1102 士	2555 暨	6175 诸	1201 委
0765 员	0361 公	7003 鉴	6175 诸	0361 公	0936 因	2411 敝	6721 邦
6685 遭	2480 日	2609 本	1730 强	2552 暴	0037 之	0187 侵	3970 略
6298 负	5114 联	4145 盟	0037 之	6850 重	6067 托	4426 秉	0361 公
2973 正	0037 之	1942 意	1966 态	0155 作	5046 翔	1395 实	0037 之
6148 调	2686 查	6678 远	6670 道	0171 来	5478 华	0271 备	0649 受
6405 跋	3195 涉	0037 之	0525 劳	2411 敝	2585 会	0681 同	0086 人
3541 无	0117 任	2970 欢	6601 迎	5280 与	2417 敬	0160 佩	0400 况
3981 当	6175 诸	0361 公	7468 驾	5259 临	2411 敝	0948 国	0037 之
2480 日	2973 正	0237 值	2411 敝	2585 会	7162 集	6231 议	4403 御
0185 侮	0037 之	2514 时	2411 敝	2585 会	0681 同	0086 人	1417 对
6175 诸	0361 公						
2436 于	3583 热	3525 烈	2970 欢	6601 迎	0037 之	7411 余	5261 自
2577 更	2128 抱	2589 有	1695 迫	0434 切	0037 之	2601 期	2598 望
2411 敝	0948 国	2422 数	0578 千	1628 年	0171 来	4790 素	0110 以
1131 天	0007 下	3634 为	0361 公	0013 世	3954 界	1129 大	0681 同
3634 为	2398 政	2403 教	0037 之	2584 最	7559 高	7717 鹄	4101 的
1417 对	0677 各	0645 友	6721 邦	3541 无	0008 不	0500 力	3061 求
6024 亲	4207 睦	5079 而	2480 日	2609 本	6602 近	0108 代	0110 以
0171 来	5583 蔑	6018 视	0948 国	7139 际	0207 信	5030 义	2371 扰
0052 乱	0086 人	7353 类	0735 和	1627 平	0187 侵	0185 侮	2411 敝
0948 国	3541 无	2076 所	0008 不	3938 用	0366 其	2817 极	0057 事
1395 实	2507 昭	3544 然	1927 想	0076 亦	6175 诸	0361 公	0644 及
0356 全	0013 世	3954 界	0086 人	1102 士	2076 所	0364 共	1885 悉
2584 最	6602 近	3541 无	4551 端				
5079 而	1730 强	0148 占	2053 我	2639 东	0554 北	2552 暴	0365 兵
2076 所	5267 至	7047 间	6849 里	3634 为	1074 墟	1169 奸	3230 淫
2342 掳	2230 掠	0037 之	0008 不	6398 足	0642 又	1788 复	7022 长
7517 驱	4160 直	0354 入	6451 蹂	6497 躏	2053 我	3247 淞	3337 沪

3517 炮	3499 火	6647 连	1131 天	5877 血	3177 流	3341 满	0966 地
2076 所	2589 有	1331 学	2699 校	0956 图	2579 书	7419 馆	0603 印
2579 书	1444 局	0001 一	0434 切	2429 文	0553 化	2894 机	7070 关
4148 尽	0649 受	2301 摧	2995 残	4467〔4429〕种	4467〔4429〕种	1971 惨	6807 酷
0037 之	3692 状	1571 已	3634 为	6175 诸	0361 公	2076 所	4158 目
6023 睹	2411 敝	0948 国	3634 为	5261 自	5898 卫	6060 计	0008 不
1779 得	1571 已	5079 而	0427 出	2457 于	2107 抵	2123 抗	0443 初
3541 无	4828 丝	3032 毫	1170 好	2069 战	0037 之	1942 意	2577 更
2477 无	4828 丝	3032 毫	0796 启				
6841〔5881〕衅	0037 之	6307 责	6175 诸	0361 公	5887 行	1412 将	6024 亲
5259 临	2639 东	0554 北	2639 东	0554 北	5261 自	6685 遭	2480 日
2609 本	0365 兵	3611 燹	0037 之	1775 后	6602 近	0642 又	4099 发
6015 见〔3807 现〕	2480 日	0086 人	2076 所	0545 包	6586 办	0037 之	3341 满
3166 洲	0298 伪	0948 国	0961 在	2480 日	0086 人	6851 野	1800 心
3541〔2477〕无	7236 非	2959 歉〔2948 欲〕	5659 借	0202 保	6233 护	0264 傀	8085 儡
2398 政	1650 府	0037 之	0682 名	5079 而	2392 收	0187 侵	3970 略
2053 我	0948 国	0960 土	0966 地	0037 之	1395 实	2974 此	4467〔4429〕种
7113 阴	6180 谋	6259 岂	6398 足	2237 掩	4147 尽	1131 天	0007 下
5101 耳	4158 目	2411 敝	2585 会	3807 现	1571 已	0001 一	5268 致
3082 决	6231 议	0364 共	0681 同	4403 御	0185 侮	(1)〈一〉	0028 凡
0187 侵	1364 害	0948 国	1367 家	2398 政	3112 治	3747 独	4539 立
0644 及	7325 领	0906 土	5280 与				
5887 行	2398 政	1346 完	2419 整	0037 之	2420 敌	0948 国	2398 政
1650 府	2019 应	0017 并	3938 用	2976 武	0500 力	5280 与	1120 外
0074 交	2107 抵	2123 抗	0451 到	1646 底	2589 有	6672 违	0006 上
6615 述	0626 原	0463 则	0037 之	2742 条	4766 约	2861 概	0008 不
1779 得	4687 签	6057 订	(2)〈二〉	0961 在	2398 政	1650 府	0505 努

（续表）

0500 力	1395 实	5887 行	0006 上	7309 项	0626 原	0467 则	0037 之
2514 时	2601 期	0355 内	0356 全	0948 国	0086 人	3046 民	0008 不
0433 分	7825 党	3175 派	7132 阶	4787 级	2861 概	2019 应	4147 尽
2584 最	1129 大	0037 之	0500 力	6858 量	6363 赞	0501 助	2398 政
1650 府	0361 共	0681 同	4403 御	0185 侮	0948 国	7139 际	5114 联
4145 盟	3634 为	0013 世	3954 界	0031 主	2170 持	2973 正	5030 义
2894 机	7070 关	6175 诸	0361 公	3981 当	3634 为	0086 人	7352 类
0735 和	1627 平	0169 使	3074 者				
0126 伏	2598 望	2704 根	2345 据	0057 事	1395 实	3634 为	2974 正
4315 确	0037 之	1032 报	0707 告	0169 使	2480 日	2609 本	1730 强
2552 暴	1906 情	1748 形	1779 得	0110 以	2494 明	4101 白	2405 昭
5511 著	2456 于	0013 世	3954 界	0649 受	2973 正	5030 义	5280 与
0361 公	3810 理	0037 之	5932 裁	0445 判	7236 非	3747 独	2411 敝
0948 国	0037 之	1630 幸	2117 抑	0076 亦	0013 世	3954 界	0735 和
1627 平	0037 之	4395 福	0048 也	0948 国	7181 难	2585 会	6231 议
0356 全	7555 体	2585 会	0765 员	0681 同	0661 叩	0031 主	1598 席
0957 团	3769 王	2556 晓	4704 籁	7559 高	0001 一	3211 涵	0491 刘
5683 衡	7234 静	4547 童	0385 冠	6243 贤	5258 臧	0796 启	5364 芳
2429 文	SEAL 印						

资料来源：日内瓦国联与联合国档案馆藏李顿调查团档案，卷宗号：S38。

278. 浙江省龙游县商会代主席江枫来电

中华民国廿一年七月贰拾日收到

北平顾代表维钧先生译转国联调查团公鉴：

溯自九一八暴日以武力侵占我东北，进窥淞沪，复肆阴谋组织傀儡伪政府，明目张胆，使用种种伎俩予以承认。似此行为，显系违反国际公约，破坏我国领土行政之完整，凡在中华民国国民誓必坚决反对。

素谂贵团诸公主持公道，维护和平，久为国民所钦敬，为此专电奉达，并请转告国联从速采取有效办法,制止日本暴行,促其即速撤退东北日军,以实现国联屡次之决议,维护世界永久之和平。敝国幸幸! 世界幸幸!

临电不胜迫切待命之至。

浙江省龙游县商会(印)代主席江枫叩　元

资料来源:日内瓦国联与联合国档案馆藏李顿调查团档案,卷宗号:S38。

279. 中国国民党浙江省龙游县执行委员会 常务委员郑惠卿来电

北平顾代表维钧译转国联调查团钧鉴:

去岁暴日逞凶,出兵东北,强占我国领土。我外交当局完全以国联惟命是从,意在借公理控制强权,求世界和平之永保。乃暴日顽性难泯,变本加厉,非特不依决议案,且将世界各国公认之各种条约破坏无遗。近复嗾使叛逆劫夺东北海关,其目无中国,横行于东亚,气焰嚣张,达于沸点。又据连日报载,暴日全国一致主张即日承认东北傀儡组织,扶助其发展,完备其组织,且荒木对国联调查团委员声明,日本对于撤去东北日军尚未考虑,东北不能重入中国管辖。强暴之气,溢于言表,闻悉之下,能不痛心?

查辽、吉、黑、热向为我国之领土,暴日利用叛逆促成傀儡组织于前,兹复丧心病狂承认扶助于后,其为有意违反国际公约,破坏我国领土行政之完整,昭然若揭。我国人心未死,民气尤存,对于此种强暴行为誓必坚决反对!断难坐视东北沉沦,以致危及国本。为特电请钧代表迅予译转国联调查团,表示坚决反对!并请转告国联,从速采取有效办法,制止日本暴行,促其即速撤退东北日军,以实现国联屡次之决议,永维世界之和平。

临电不胜迫切待命之至。

中国国民党浙江省龙游县执行委员会(印)常务委员郑惠卿(章)叩　删

资料来源:日内瓦国联与联合国档案馆藏李顿调查团档案,卷宗号:S38。

280. 湖南耒阳县农会等团体来电

cp267

来报纸 RECEIVING	中国电报局	本局号数 JOURNAE. NO. 761

THE CHINESE TELEGRAPH ADMINISTRATION

局

_____ OFFICE

由 From	1/4 2 35			交 TO		
时刻 Time	点 H		分 M	时刻 Time	点 H	分 M
签名 By	Q. F. CHOW		签名 By		

附注
—REMARKS—

原来号数 TELEGRAM NO.	X69 34	等第 CLASS	PPP	字数 WORDS	122W
发报局 Office from	LEIYANGHDN	日期 Date	31	点 H 15	分 M 00

NANKING

2232	2121	0948	7139	6148	2686	0957	0677	1201	0765
探	投	国	联	调	查	团	各	委	员
0361	7003	2480	2609	5659 [0234]	0656	0022	2625	0057	0115
公	鉴	日	本	藉[借]	口	中	村	事	件
0187	0148 [0594]	2411	0948	7325	0960	2411	0948	0086	3046
侵	占	敝	国	领	土	敝	国	人	民
0008	0524	2001	1990 [1980]	6602	1788	1585	0956	0036	0148 [0594]
不	胜	愤	慨	近	复	希	图	久	占

（续表）

6697	0679	7815	1981	1960	1593	0455	7411	5642	4809
辽	吉	黑	丛	惠	帝	制	余	孽	组
4930	0298	0948	0110	0370	6686	5556	0948	7319	5101
织	伪	国	以	冀	遮	盖	国	联	耳
4158	7113	6180	6111	6094	1927	6311	0957	2483	1571
目	阴	谋	诡	诈	想	贵	团	早	已
3159	1885	0523	1585	0031	2170	0361	6670	0455	5932
洞	悉	务	希	主	持	公	道	制	裁
1730	2938	2411	0948	0086	4046 [3046]	3541 [2477]	0117	0160	2417
强	权	敝	国	人	民	无	任	佩	敬
6210	2974	7193	6671	6175	4850	7003	0626		
谨	此	电	达	诸	维	鉴	原		
3275	0589	5085	7122	4905	6593	2585	0794	2585	7403
湖	南	耒	阳	县	农	会	商	会	教
5148	2585	1696	4639 [4591]	2813	5120 [2750]	2814	1562	2585	0661
育	会	建	筑	楫[机]	械	业	工	会	叩
0013	0603								
世	印								

资料来源：日内瓦国联与联合国档案馆藏李顿调查团档案，卷宗号：S38。

281. 福建思明县农会等团体来电

来报纸　CP 266
Receiving From

交通部无线电台
Chinese Government Radio Service
无线电报
RADIOGRAM

原来号数　　　　　　　　　　　等级　　　　　字数
Original Radiogram NO. T8/12644/21　Class　F　Words　77
发报台　　　　　　　　　　　　日期　　　　　时刻
Station of Origin　ay　　　　　Date　31　　Time 13：00
附注
Remarks
电报挂号　　　　　　　　　收报地名
REGISTERED ADDRESS PLACE OF DESTINATION

0948	7139	6148	2686	0957	7003	2552	2480	0448	3938
国	联	调	查	团	鉴	暴	日	利	用
1136	1942	6511	7042	2398	1356	0298	6644	3046	1942
失	意	军	阀	政	客	伪	造	民	意
4809	4930	0264	8079	1709	0037	3341	3166	2398	1650
组	织	傀	儡	式	之	满	洲	政	府
2814	4842	2687	0554	0005	0578	5502			
业	经	东	北	三	千	万			
0681	5165	0694	6126	6153	2494	7003	1169	6060	0917
同	胞	否	认	请	明	鉴	奸	计	严
0056	0455	5932	4935	1696	1835	3494	4905	6593	2585
予	制	裁	福	建	思	明	县	农	会
2555	0677	0575	6763	6593	2585	4421	1417	0575	7403
暨	各	区	乡	农	会	禾	对	区	教
5148	2585	4421	1417	0575	0794	2585	5333		
育	会	禾	对	区	商	会	艳	Seal	

由　　　　　日期　　　　　交　　　　　日期
FROM　　　Date　　　　　TO　　　　Date
时刻　　　报务员签名　　时刻　　　报务员签名
Time　　　By　　　　　　Time　　　By

资料来源：日内瓦国联与联合国档案馆藏李顿调查团档案，卷宗号：S38。

282. 广州市商会来电

上海市政府抄电纸

上海市政府机要室　号码 241

广州发来　三月廿五日下午五时零五分发共□字

三月廿五日下午八时零分到□抄□译

上海吴市长转送国联调查团公鉴：

　　日本占我东三省，残我淞沪，破坏世界和平，违反国联条约，罪魁祸首，责任有属。贵团诸公远来调查，务乞根据事实，主持公道，勿为日人欺蒙，是所切盼。

广州市商会叩　有　印

资料来源：日内瓦国联与联合国档案馆藏李顿调查团档案，卷宗号：S38。

283. 国立武汉大学东省事件委员会来电

二一【年】三【月】二三【日】晨八时到

外交部驻沪办事处转国联调查委员团勋鉴：

　　贵团安抵敝国，敝校同人敬表欢迎。中日事件关于［系］国联威信及世界和平，贵团负有平和［和平］正义的神圣使命，乞根据正确的事实调查，对于中日事件的解决为合于公道的建议，中国国民为民族争生存，决志继续抵抗日本的暴行。但希望神圣庄严的国联公约与决议在维持平和［和平］上不致全无效力。

国立武汉大学东省事件委员会叩　养

资料来源：日内瓦国联与联合国档案馆藏李顿调查团档案，卷宗号：S38。

284. 重庆救国讨论会来电

C. P. 262 收重庆救国讨论会巧电

二十一年三月二十日正午十二点到

国际调查团委员诸公钧鉴：

日本凭恃武力侵掠我疆土，蹂躏我人民，掠取我政权，摧残我文化，种种暴行，世界上任何国家不能忍受。吾民酷爱和平，然决非屈伏〔服〕于武力，深信国联之威力，公约之尊严，足以制彼强暴。故自辽宁事变发生以来，历时六月，我政府迭向国联陈诉，国联亦一再限令日本撤兵，迄未接受履行，足见破坏和平，日本应负全责。抑有不能已于言者，值此军缩会议将开之际，东亚乃有此不幸事变发生，侵略者与被侵略者皆为国联签字之一国，若不拥护公约效力，即无以保障和平，恐缩减军备必致发生重大障碍。

兹幸诸公衔命远来，从事调查，吾民极表欢迎！惟是挟持正义，根据公约，出于有力之制裁，不特吾民蒙其福，世界和平实利赖之。

特电驰陈，统希亮察！

重庆救国讨论会叩　巧　印

资料来源：日内瓦国联与联合国档案馆藏李顿调查团档案，卷宗号：S38。

285. 江苏全省农会来电

上海市政府抄电纸

上海市政府机要室　号码154

镇江发来三月十七日下午三时四五分发

共一七二字三月十八日上午九时零分到　抄译

上海市政府吴市长译转国联调查团勋鉴：

侧闻贵团来华，举国同深欣忭！我国为素爱和平之民族，观于东北事件发生，我一再容忍，冀得国联公判。岂意暴日非但不遵国联决议，且复变本加厉，以武力破坏我全国商业中心之上海。我为谋民族生存，维持世界和平，不得已而抵抗。尚望贵团本和平之精神、公正之态度，调查处理一切；并转请国联予日本以有效之制裁,俾中日事件得一正当之解决,世界和平实利赖之。

江苏全省农会　筱　印

资料来源:日内瓦国联与联合国档案馆藏李顿调查团档案,卷宗号:S38。

286. 江苏全省教育会来电

上海市政府抄电纸

上海市政府机要室　号码 164

镇江发来三月十七日下午三时四五分发

共□字三月十八日上午十一时五十分到　抄译

上海市政府吴市长译转国联调查团勋鉴:

东亚和平与世界和平为强暴日本侵略主义破坏无余,日人心目中已不复有国联盟约、非战公约及九国公约之存在,故敢于去年九一八袭占我国领土之东三省;复于本年一月二十八日调其炮舰政策于世界市场之上海,我中华民族因忍无可忍而为自卫之抵抗。吾人深信:国际联盟必能站在正义公理与本身职务之立场上,切实裁制日本之暴行,以维国际之神圣盟约。否则,我中国[华]民族惟有取自卫手段,继续抵抗,决不屈服于暴力压迫之下。一切破坏世界和平、毁弃国际盟约之责任,均应由日本负之。

尚望贵团公正处理,以戢暴日之凶焰,而维世界之和平。

江苏全省教育会　筱　印

资料来源:日内瓦国联与联合国档案馆藏李顿调查团档案,卷宗号:S38。

287. 江苏全省商会来电

上海市政府抄电纸 C. P. 259

上海市政府机要室　号码 156

镇江发来三月十七日下午三时四十五分发

共□字三月十八日上午十时零分到　抄译

上海市政府吴市长译转国联调查团勋鉴:

自暴日侵凌以来,东北及淞沪一带同遭惨劫。我国为酷爱和平之民族,对主张正义、维持和平之国联素行拥护,对和平使者贵团来华已表极诚挚与欢欣之意。

尚希本公正严明之态度与精神调查一切,俾国联对中日事件寻一正确之策业[也],而对肆行侵略之日本迅即采取有效之制裁,以慰我前方为拥护和平而本此者之英魂,而戢破坏盟约肆行侵略者之凶焰,世界和平庶其有豸。

江苏全省商会　筱　印

资料来源:日内瓦国联与联合国档案馆藏李顿调查团档案,卷宗号:S38。

288. 湖北全省商会联合会来电

上海市政府抄电纸
上海市政府机要室　号码152
汉口发来三月十七日下午二时廿五分发
共□字三月十七日下午六时廿分到　抄译

上海市政府吴市长转国联调查团诸先生钧鉴:

查日本侵略敝国之野心,固不自今日始,九一八以后则其狰狞之面目乃完全暴露,不可复掩。其后,天津便衣队之捣乱以及上海空前惨剧之发生,数月来强暴胁迫之行为已不一而足,不惜违反国联盟约及各种公约,以破坏世界和平,绝灭人道公理。迹其用心,乃欲使中国屈辱于严酷条件之下,而一方面又明知横暴行为不容于世界正义公理,以故在国联会议及国际间对敝国任情污蔑,冀图淆惑观听。

今幸诸先生本主持正义、维护和平之旨,远道莅华,实地调查,一切真相不难透悉,诚妄之言自必不攻而破。敝会竭诚欢迎之余并表示欣感。自于敝国过去沈阳事件之容忍与最近上海事件之抵抗,乃为中华民族争生存及维持世界正义与公理,拥护国际盟约与国联决议之表示。此后,国联对日本侵略中国之暴行,如不能依据盟约与正义采有效之裁制,则中华民族惟有取自卫手段,继续抵抗,不为强权所屈服。

特电欢迎并陈梗概,敬希台察为荷。

湖北全省商会联合会叩　筱　印

资料来源:日内瓦国联与联合国档案馆藏李顿调查团档案,卷宗号:S38。

289. 河北省青县农会等团体来电

收文第一四一号

北平市政府转国联调查团诸位委员均[钧]鉴：

日本以强盗行迳[径]无端进兵，侵占我东北三省，我三千万同胞被沦为奴隶牛马，任其惨杀鱼肉，如入地狱。我国政府及人民始终信赖国联，始终以世界和平为重。于感受惨痛之余，必信由国联中能获得盟约所赋予之公理，而不信武力终能战胜公理，故在在隐忍，节节退让。不料，暴日封豕长蛇，得寸进尺，于本年一月二十八日，又复进窥淞沪，图占我长江流域各省，迫我为城下之盟，签订亡国条件。我政府及人民至此已忍无可忍，不得不为自卫之谋。日本凭其武器，肆意摧残沪上，一切繁华街市、文化机关尽成焦土。诸君于视察闸北、江湾各地之余所得印象，应亦抱无涯之戚也。诸君皆为世界伟大之领袖，故国联付诸君以调查之伟大使命；中国民众皆共庆得人，皆极表欢迎。中国所希望者，惟本案之事实，得有坦白确实之表示，与日本虚伪之宣言及捏造之事实，得有澈[彻]底之暴露而已。吾中国为与列强合作，谋世界之公理与和平之实现起见，任何牺牲均所不计。

谨电布臆，借表欢迎，幸祈垂察。

河北省青县农会(印)、县商会(印)
青县教育会(印)、青县妇女文化促进会(印)同叩　虞
中华民国二十一年□月□日

资料来源：日内瓦国联与联合国档案馆藏李顿调查团档案，卷宗号：S38。

290. 河北省密云县教育会等团体来电

北平北京饭店顾代表译转国联调查团诸公钧鉴：

暴日强占我东北三省，延至七月之久，世界各国政府及民众佥引为重大而加以注意，诚以此事件非世界局部问题，乃人类和平与否之大关键。诸友邦轸念和平，主持正义，特派选[选派]诸公来华调查真象[相]，以资和平席上之参考。诸公之出，有关于世界人类之和平，其责至重且巨。吾酷爱和平之中国民众，实掬诚表示万分欢迎。

惟望诸公以公正博大之精神,维护国联盟约之尊严及决议,实现对于日本之暴行及受日颐使之东北伪政府之现状,想诸公早经烛见,并望此行另集其确证,日本若一以强暴为怀而强造事实蒙蔽真象[相],使国联不得诘其阴谋,是则世界和平之蟊贼、人类之公敌,凡我中国民众为世界申公理,为人类争和平,当以铁血精神为我政府作后盾,不惜牺牲一切以与暴日作长期周旋。

愤于热诚,特此电陈,敬希亮察!

河北省密云县教育会(印)

农会(印)、妇女文化促进会叩　铣　印

资料来源:日内瓦国联与联合国档案馆藏李顿调查团档案,卷宗号:S38。

291. 河北省天津市商民救国会来电

吉林探投国联调查团莱[李]顿爵士及各代表钧鉴:

日本以强暴之行为攫我东三省土地,复利用便衣队两次扰乱天津,日人土肥原乘机挟清逊帝溥仪去大连而抵长春,诱使满清余孽、汉奸辈伪造民意,成立所谓"满洲国"之叛逆集团。观其内部之伪组织及各机关伪职员之分配,其权率皆操日人掌握,溥仪及一般伪官不过供其傀儡耳。证以最近黑省主席马占山破[揭]露日人阴谋之通电及贵团并敝国顾代表行抵辽、吉各地,无时无处不在日人严重监视侦察中;以堂堂国联调查之行动,尚须视日人之形色为转移,其跋扈倔强可见一班[斑]。查暴日垂涎我东三省已非一日,乃以暴行强占,恐为世界公理正谊[义]所不容,复不惜以成立"满洲国"为遮掩国际联盟之耳目,以遂其大陆政策之野心。倘任其肆行嚣张,不啻为虎添翼,将由大陆政策而进演及欧亚政策,养痈成患,贻害无穷,窃为世界和平抱杞忧也。贵团负有调查真实证据之使命,对于虚伪矫饰之诡行,当有明白之认识。近日,暴日在东三省开始移民垦拓,布置军事防御,建设作永久之侵占。复于贵团到达各地,雇佣流氓假造民意,作大规模之请愿,业经贵团洞烛真相。似此种种,均足为调查前途之障碍;惟盼贵团以坚决之态度、不挠之精神,完成调查使命,俾获暴日侵略全盘之证据,庶国联之威信得以保持,公理赖以伸张。

临电不胜企盼之至。

天津市商民救国会　佳　印

河北省天津市商民救国会(印)

发中华民国二十一年五月九日发

资料来源：日内瓦国联与联合国档案馆藏李顿调查团档案，卷宗号：S38。

292. 河北省邢台县教育局等团体来电

四月十九日

第一〇四号

北平顾代表转国联调查团诸公钧鉴：

诸公以敝国受暴日之欺凌，负国联之重托，秉大公之精神，做翔实之调查，远涉重洋，备受跋涉之苦，邢台三十万民众除欢迎与钦佩外更有最迫切之期望。

数月【以】来，日本不顾国际信义，蔑视国联公约，据我东北，侵我淞沪，暴兵所至，闾阎为墟，炮火连天，血肉满地，伤心惨目，莫此为甚。前于国联大会开会之际，日人威吓、挟持下之满洲傀儡政府竟告成立。在彼以为借保护傀儡政府之名，而得侵略我国土地之实。近复强辩宣传，无微不至，东北民众被胁迫作成之请愿书与夫贫困无知流氓集合游行之影片早已积极假造，一俟诸公莅临，借资掩饰，此种阴谋岂足掩尽天下耳目？敝县各团体代表三十万民众一致议决：头可断，颈可折，而东北傀儡政府绝不承认！

诸公为人类和平使者，伏望根据事实作正确之报告，使日本暴行昭著于世界，受正义公理之制裁，非独敝国之幸，抑亦世界之福也。

河北省邢台县教育局（印）、公安局（印）

建设局（印）、财务局（印）

自治筹办处（印）、救济院（印）

民众教育馆（印）、农会（印）

妇女生活改进会（印）、商会

筹备会（印）、教育会（印）、泥木工会（印）同叩

资料来源：日内瓦国联与联合国档案馆藏李顿调查团档案，卷宗号：S38。

293. 唐山市工农学商各团体及河北省滦县
矿业产业工会来电

四月十九日

第一〇二号

北平国联调查团顾代表译转国联调查团鉴：

贵团代表国联，负维持世界和平、伸张正谊[义]公道之使命来华；我国民众深信：此项神圣使命在贵团严明调查之下必能完成。

今贵团行将转赴东北，为日本侵略之主要目的地带之调查。本市民众有应请贵团特别注意者，即所谓"满洲国"傀儡组织是也。此种组织，皆日军强力制成，非登场傀儡自愿。观于曾躬与其事之马占山最近通电可为铁证；至若人民之庆贺伪国仪式，率从日俗，外人多存拍照，不难搜罗。各地义军风起云涌，群以声讨叛逆与抵抗暴日为不可分离之工作，此又傀儡组织出于日军操纵并重违民意之明证也。近以贵团将到东北，乃多方掩饰，各机关日人皆乔饰华装，各处日本式标语均行涂去，各学校经强迫教授之亲日课本，又强令暂易排日课本，各重要官署日人亦皆暂行避匿。似此种种作为，处心积虑，必欲假手伪组织，攫其认为生命线之我东北三省为己有而后己[已]。希望贵团以炯眼烛破奸谋，庶日人鬼蜮技[伎]俩暴露无余。至日人其他凶暴事实，当早经贵团调查明悉，不再赘述。

诸请鉴察为幸。

唐山市工农学商各团体同叩　巧

河北省滦县矿业产业工会（印）

资料来源：日内瓦国联与联合国档案馆藏李顿调查团档案，卷宗号：S38。

294. 张家口市商会暨四十六同业工会率全体商民来电

四月十九

第一〇一号

北平北京饭店国联调查团顾少川先生乞译转李顿爵士主席暨诸位委员钧鉴：

窃以去岁九月十八日以后，日本政府不顾国际信义，不用外交手续，顿派重兵占领东省,指使浪人扰乱津沽,终至转向东南,攻击申沪,以至举世震惊,咸以世界第二次大战,恐将因日本之蔑视国际信义而爆发也。

敝国政府为维持万一之和平计,始终处以最大之镇静与容忍,未加以相当之报复;而以此种重大事实诉诸国际联盟大会,请求公判,直至现在未渝初衷,良以国际联盟大会为全世界暨全人类维持和平、主持正义之神圣机关,一切国际间之任何纠纷,相信其必能化凶为吉,公平处置也。

不意日人不顾一切,于敝国政府声请国联公断开会之后,仍积极进行其武力侵略行动,并对于国联之屡次决议抗不遵行,且进而变本加厉,利用少数奸人借口民意从而主持一切,迫令进行组织傀儡政府,宣传世界,希图蒙蔽各国人士之视听。殊不知日人此种掩耳盗铃之伎俩,决不能以一手掩尽天下耳目。试观近日东三省各种机关莫不有[由]日人顾问指使一切,且其重要人员之行动亦莫不受其监视。而民众方面,则到处组织义勇军积极抵抗,奋斗不已,可概见一般[斑]矣。

贵团诸先生受国联大会之委托,不辞跋涉、远渡重洋,前来敝国调查真像[相]。敝国人民均认诸先生为全世界和平之救星,中华民国之福音,对于此行表示十二万分之欢迎、信仰与希望。兹特代表张垣全体商民敬向诸先生贡献其意见如下:

(一)东三省为中华民国之一部,并有三千万人民生息其间,故为保全其国土之完整与其同胞之生存计,任何外力侵害必誓死加以抵抗,且世世子孙决不能稍受任何国家民族之无理侵略。

(二)东北伪政府为日人指使少数奸人所组织,中华民国四万万民众誓不承认,如在最近期间不能和平解决,则全体人民必督促政府加以讨伐,设不幸第三者加以阻扰而引起国际战争,亦在所不惜。

总之,中华民族认为现在局势已至最严重之时机,为保持其国土、国权之完整暨全体人民之生存计,实已忍无可忍,故欲求世界之和平,端视乎日人之能否悔祸而已。

国际联盟大会全体会员之主持正义与诸先生之来华调查,敝国人民除表示其恳切欢迎之外,敬希本其职责、根据事实、详细调查实际情形,忠实报告国联大会,加以公平处置,则非特中华民族之幸,抑亦世界之幸也。

谨电奉闻,诸希亮察。

张家口市商会(印)
暨四十六同业工会率全体商民同叩　删　印

中华民国二十一年四月十五日

资料来源：日内瓦国联与联合国档案馆藏李顿调查团档案，卷宗号：S38。

295. 河北省政府主席王树常及天津市长周龙光来电

外交部电报科	来电第 32277
来报纸	中国电报局 　　本局号数
RECEIVING	JOURNAE. NO. 　2429

THE　CHINESE　TELEGRAPH　ADMINISTRATION

局

_____ OFFICE

由 From	C. MS24				附注 —REMARKS—	交 TO			
时刻 Time	14	点 H	20	分 M		时刻 Time		点 H	分 M
签名 By						签名 By			

原来号数 TELEGRAM NO.	Y13. 142. G252	等第 CLASS	SSS	字数 WORDS	65W
发报局 Office from	OL　PG	日期 Date　24	点 H　12	分 M　30	

1126	0074	6752		6567	0948	5114	6148	2686	0957	4426	7319	0130
外	交	部		转	国	联	调	查	团	秉[李]	顿	伯
3635	2555	0677	0957	0765	8113	7003		2686	0957	5887	1412	6665
爵	暨	各	团	员	勋	鉴		顷	闻	贵	团	行	将	过
3160	1714	7325	2468	7804	5267	3234	0120	4162	0341	3932	7193	6671	2417
津	引	领	旌	麾	至[之]	际	企	盼	先	生	电	达	敬
5903	2970	6601	3109	0554	4164	2398	1650	0031	1598	3769	2885	1603	1131
表	欢	迎	河	北	省	政	府	主	席	王	树	常	天
3160	1579	7022	0719	7893	0342	2417	0661
津	市	长	周	龙	光	敬	叩

资料来源：日内瓦国联与联合国档案馆藏李顿调查团档案，卷宗号：S38。

396. 河北省永年县农会等团体来电

收发第一三五号

国际联盟调查团钧鉴：

远渡重洋，调查暴迹，世界和平，实堪利赖！望风怀思，无任欢迎！惟是国联盟约，尊严神圣，通告决议，和平公允；然而，穷兵黩武之日本，欲图鲸吞蚕食，以故国联盟约几经破坏，通告议决置若罔闻，强权伸张，公理氓[泯]灭，使世界不至于鼎沸而不止。

今者贵团诸君过沪，转道东省，查勘侵略之事实，当能明察，不受日人之蒙蔽，和平幸福，于兹有望。但暴横之日本，狡诈异常，播弄是非之伎俩甚大。深望诸公主持公道，幸勿偏袒，审慎报告国联，揭破日人之阴谋；采断然手段，取有效措施，使破坏世界和平之日人不得辞其咎；强制执行决议，保全盟约威信，使暴日撤兵，赔偿中国一切损失，世界和平、人类幸福，皆系于此也。愿为贵团详陈之：

日本暴力之在我国，由威迫利诱造成之一切事实及协定，民众绝不承认！纵国联有所顾忌，而不予日本以正当制裁，或日人竟不服制裁，则我民众惟有以铁血精神为政府后盾，与暴日作长期最后之决斗也。我民众深信在今日世界文明进化之半途，强权与公理颉颃时代，公理当不能尽灭也。中日事件，决非中日两国问题，乃全世界之问题耳；倘或和平崩裂，则全世界将无一片干净土矣。愿为贵团详陈之：

九一八事变之始，我政府为遵重[守]盟约，希望国联和平解决，饬令东北驻军不与抵抗。讵料日人冥顽不悟，视国联盟约和决议为废纸；更乃变本加厉，攻陷我锦州，扰乱我天津，杀戮我人民，焚烧我房屋，奸淫掳掠，无所不至。中国之蒙此羞也，以大江之水不能洗，民众之受此辱也，罄南山之竹不足书；吾民众岂能一刻忘之乎？然而，穷凶极恶之日本，于此尤嫌不足，乃于一月二十八日夜，突忽大举攻击我上海，我政府于此已忍无可忍，我十九路军当出于正当自卫，激战月余，我军不忍使繁荣商业中心之上海，整个化为灰烬，于是全体退出。无理之日本，以为可以逼我城下之盟，殊不知我政府已具长期抵抗之决心，我民众势必卧薪尝胆以雪前耻也。此次日本利用公共租界作战事之根据，我军永未向该地进攻，以为条约所在，不当触犯，以此通知国联、英、美，而国联、英、美之警告，强悍之日本视若无睹，仍在公共租界作军事行动。日人每谓中国不尊重条约，于此可见：不尊重者究系日本。其顽强侵略中国，于此证明者一。

日本侵略中国之满蒙政策由来已久，其坚决之主张，为破坏我国之统一。如我北伐军之进抵济南，演成五三惨案也，威迫利诱，唆使汉奸组织东北叛逆团体也，死伤之多与损失之巨，古所稀闻，人所共知，勿待彰言者矣。俟济案解决之时，关于中国损害问题，其议定书内载明：由双方各任命同数委员，设立共同调查委员会，实地调查决定之。当与日使商定各派委员三人，我方派定人员名单已于是年六月通知日使，而日方迄未派定同数委员通知我国。十九年五月复经函催，亦置不复。日人每谓中国不尊重条约，于此可见：不尊重者究系日本，其蓄意侵略中国，于此证明者二。

日本在我东三省之行为，类似盗寇——彼之所欲者攫取而经营之，待我方与之交涉，则彼攫取者已非我有。如抚顺矿产，至今犹为中日悬案之一。日本之强暴行为，侵略我国造成之悬案，不胜枚举。今日文明世界有此暴行，实为人类之耻，其蓄意侵略中国，于此证明者三。

日本关于东三省之经济发展，扬言门户开放，实则为包办主义，外人不待[得]投资，华人亦不许投资也。投资权限几为日人所独占，如锦珲铁路美人之投资，即为日人所制止。日人动辄指华排外，实则日人在东省之排外甚我万倍也。夫我国之国民革命，其目的在求中国之自由平等。关于东省实业之开发，利用欧战后各国剩余之机器，以互惠之原则，欢迎外资，我总理于《建国方略》已详言之矣。近则日人以我东省为生命线说，以淆惑世界听闻；日本之在今日，居世界第二富国，何遽而出此言？况我东省实为我国生命线也。国联盟约明白规定：强国不得侵害弱国领土、主权。而日本之出兵东省、攻我上海，至此我国主权、领土损失良多，其蓄意侵略中国，于此证明者四。

夫我人民至抵制日货也，皆在日本侵略中国之后。如济南惨案后抵制日货运动，与今日之抵制日货运动，皆为人民之自动、不得已也。此尚有甚于日本大举进攻、占据中国之领土者乎？

总之，希望贵团诸君主持公道，促令国联取有效制裁，使日本撤兵，赔偿中国损失，维持世界和平，则世界幸甚！人类幸甚！

临电迫切奋激，不胜屏营待命之至！

永年县农会（印）

永年县国术支馆(印)

永年县保卫总团(印)

永年县建设局(印)

永年县公安局(印)

永年县乡村师范学校(印)

永年县教育会(印)

永年县第一完全小学校(印)

河北省第十三中学校(印)

永年县第一工厂(印)

永年县第一女子完全小学校(印)

永年县教育局(印)

永年县民众教育馆(印)

永年县财务局(印)

永年县商会(印)

同叩　东

资料来源:日内瓦国联与联合国档案馆藏李顿调查团档案,卷宗号:S38。

297. 成安教育局长温鹤姿等来电

收文第一七五号

北平市政府转国联调查团钧鉴:

溯自暴日占我东省倏已八月。其间,暴日之政策,对国联则诡辩蒙蔽;对中国则武力威迫。近复强据我淞沪领土,希图我政府结城下之盟,承认彼永久占领东省,其用心欲破坏世界和平,盖昭昭然也。

我中国为国联之会员国,并确信国联有保障世界和平之能力,故历次对日均持退让态度。我中国决非畏缩,盖我中国为酷爱和平之民族,而同时对国联之一切决议案均确切信守也。

兹者,贵团远涉重洋来华调查,是则负有解决中日问题之使命焉。吾人深知中日问题决非单纯的中日问题,而实含有严重之世界性,在①苟不去干涉,中

---

① 　编者按:原文如此,"在"为衍文。

日问题不能平手解决,则影响于东亚和平,以至于世界和平者,洵深切也。是则贵团犹负有维护世界和平之重责焉,在此点上,吾人谨向贵团诸公致无限之欢迎。

虽然,吾人之所望于贵团者,为维护国联盟约之尊严及决议之实现,决非希求对我偏袒也。暴日奸狡诡诈,利用东省汉奸组织傀儡政府,我政府早已将其内幕通告友邦。近者,东省民众斩木揭竿、起而革命者已达三四十万。是知东北伪国纯系暴日傀儡,决非代表民意之政府也。甚望贵团诸公不受暴日蒙蔽,致碍世界和平,吾人有厚望焉。且犹有告于诸公者,吾中国为爱好和平之民族,同时深切信赖国联之一切措施,盖以国联确能维护世界和平也。苟不幸而国联决议不能实现,则中国本维护和平之初衷,为中国民族之生存,维护世界之和平,固不惜以四万万头颅与彼破坏和平之暴日作一度光荣之血战也。

甚望诸公秉大公无私之精神,负维护和平之使命,使人类不再受战争之牺牲,则中国民族幸甚! 世界各民族幸甚!

临电不胜恳切之至。

教育局长温鹤姿(章)

财务局长史玉书(章)

建设局长张延芳(章)

公安局长郑占胜(章)

第一区区长霍伟彦

保卫团副总团长尹建勋(章)

县立高初级小学校长温恭(章)

县立高初级女学校长张青芝(章)

乡村师范主任王怀珍(章)

志成高初级小学校长王廷佐(章)

商会主席赵用廷(章)

教育会常务委员王尊荣(章)

农会干事长耿纯修(章)

度量衡检定所主任任明(章)

妇女职业协进会干事长张瑞华(押)

工会理事长王守身(章)

同叩　灰

资料来源:日内瓦国联与联合国档案馆藏李顿调查团档案,卷宗号:S38。

298. 河北省玉田县各机关各法团来电

收文第一七三号

国联调查团莱（李）顿爵士、克劳德将军、麦考易将军、希尼博士、马柯迪伯爵
钧鉴：

诸君为中国无端横被侵略，远涉重洋来此调查，缨冠披发，不忍坐视中日
之斗，婆心苦口，感召祥和。本县各界谨代表玉田县四十万人民，致无限之感
谢。惟各界对诸君致十万分之敬意外，尚具有极诚挚之信赖与希求，谨为诸君
分述如左：

一、诸君此行实为和平，奉国际联盟重大之使命来于远东，当诸君调查淞
沪时，对于暴日对我国无辜人民之惨杀，繁华街市民房之炸毁，文化机构之破
坏，当有极深刻之印象。请为极公平之报告，使国联据以为公正之裁处，以维
护盟约之尊严及决议之实现。

二、日本自九一八后，如封豕长蛇，荐食我国；又欲避免破坏和平与甘为戎
首之评［抨］击，曾为中国国民党排外种种阴谋，混淆诸君之视听。诸君明目达
听，当不致被彼蒙蔽。又，日本强占满洲后，复沿用亡朝鲜之手段，利用我国贼
团，组织傀儡政府，复伪造系三省人民之公意之宣传，诸君到该地调查时，自能
得其真像［相］。祈诸君公正详实之报告，使国联根据迭次决议，为有效之
措施。

三、自九一八后，凡因暴力威胁所造成之一切事实及协定，中国人民无论
如何不承认其有存在性。纵国联有所顾忌而不予日本以正当之制裁，中国人
民为争民族之生存与国家之人格，誓以铁血精神为政府后盾，与暴日作长期之
奋斗。此种奋斗不仅为中国之自卫，抑且为国联盟约及决议案之拥护者。祈
诸君予以正义有力之援助。

上述事实，诸君既经调查，当具明了之印象。诸君既负使命，调查此世界
重大纠纷之真像［相］，必能秉正义、为合理之解决。兹当诸君来平之便，本县
各界谨以玉田县四十万人民公共意旨贡献诸君之前，以供参酌。

敬祝诸君健康与使命之成功。

河北省玉田县各机关各法团叩　灰
玉田县教育局钤记

玉田县县教育会钤记

玉田县农会之钤记

玉田县民众教育馆钤记

玉田县公安局钤记

玉田县财务局钤记

资料来源：日内瓦国联与联合国档案馆藏李顿调查团档案，卷宗号：S38。

299. 河北徐水县农会等团体来电

收文第一三二号

北平市政府转国联调查团诸公鉴：

　　查日本于去岁九月间强占我东北各省，复于本年一月后蹂躏淞沪，强暴行为人所共知，姑不具述。顷悉诸公行将北来，由平津转向辽吉黑三省，调查以往及现在各种情事，我河北千百万民众无不具热烈以欢迎，若大旱之望云霓，幸有来苏之一日。想贵团不辞劳瘁，远涉重洋，当必有明确判断，一秉大公，不为偏袒，以抑强权之侵夺，以维国联之威信，而始终拥护和平。凡此，都依赖于一言九鼎、隆重庄严之使命。

　　惟是三月间，国联方在开会之时，在日人挟持下之满洲傀儡政府竟宣告成立，迫协百端，乃曰"取决民意"，此中谲谋，岂待辩解！闻近日且搜集民众被迫请愿之文书与集合游行之影片，俟诸公莅临，借作掩饰之具，稍有不察，易受其欺。深信诸公明足烛奸，绝不至为其所蒙蔽焉。倘经此一番调查，于报告国联开会决定任何办法后，日本仍不悔改，依旧恃强凌弱，我中国民众自当以无数之膏血头颅与之奋斗到底，断然不为之屈服也。

　　急迫之下，言多戆直，务祈曲原是幸！

徐水县农会、商会、教育会、第一区公所

第二区公所、第三区公所、第四区公所

第五区公所、财务局、建设局、教育局

乡村师范、第一高小学校、第二高小学校

第三高小学校、第四高小学校、第五高小学校

女子高小学校、妇女职业传习所、度量衡检定分所同叩　鱼

徐水县农会图记（印）

中华民国二十一年四月六日   由河北省徐水县发

资料来源：日内瓦国联与联合国档案馆藏李顿调查团档案，卷宗号：S38。

300. 中国河北省唐山开滦矿业产业工会来电

收文地一五三号

国联调查团诸位先生钧鉴：

顷悉诸君奉命来华，调查中日纠纷事件，敝会遂听之下，甚为怀[欢]忭，因诸君皆为世界知名之士，深信此来必能主张公道而为世界谋和平、为人类造幸福也。兹将暴日侵略我国、破坏和平之种种事实述之如下，尚祈采纳，转达国联，不胜幸甚。

查日本于去年乘我国灾祲匪变之际，继续以暴力侵占我东北后，中国因遵守国联会员国之义务，以此次重大事件取决于国联行政院之决议，而日本竟悍然违反。最近且以海陆空军轰炸上海，不仅破坏中国之领土主权，抑且破坏国联盟约。

敝会代表全体工友谨将吾人之志愿以奉告诸君：中国所谓之"国民革命"，是为求中华民族之自由平等与国际地位之平等，非为排外，实为中国国家民族生存上所必须之条件，中国曾将此等要求在巴黎和会及华盛顿会议恳切披露。以及中国国民党政府所组织中国革命军，由广东出发，统一全国之后，已将此种要求充分表现。中国不但没有排外意义，尤其对于各国所定条约亦无不尊重、维持，是所谓废除不平等条约及平等条约之订定，不但中国生存所需，亦为各国间所相同之利益。这次日本侵占淞沪，以公共租界为军队登陆及作战之根据地，此于中国防卫方面实为大不利之处。当日本军队背公共租界而向中国军队发炮射击之际，中国军队为尊重条约、维持公共租界之安全，致不肯还炮而蒙受重大之牺牲，由此可证明中国政府及人民之忍耐性，可想而知。至中国人民之排日运动，实为日本对于中国侵略行为所激成，如一九一五年日本强迫中国签订"二十一条"及一九二八年炮轰济南惨案，因此时时引起中国人民之抗日运动。至去岁九月十八日，日本侵略行为日益扩大，则中国人民对于日本之恶感又深一层。若欲消除排日的事实，唯一方法即在日本消除侵占行为，对于中国之领土主权加以尊重。所以，中国人民对东北最近所发现的伪独立政府，实认为日本以往灭朝鲜之同一手段进行侵占，因是，中国人民绝不能容忍！至于东北经济之发展与商务之发展，中国政府始终尊重九国公约，时时愿与各国友邦共同进行。诸君既受国联之重大使命，来华调查，敝会代表五万工人，谨将此项意见贡献以作参考，敬祝诸君为和平有所成就。

中国河北省唐山开滦矿业产业工会（印）叩　齐

中华民国二十一年四月八日发

四月八日下午四点三十分送邮

共计五页　共计七百九十八字

资料来源：日内瓦国联与联合国档案馆藏李顿调查团档案，卷宗号：S38。

301. 河北省沙河县农会等团体来电

收文第一七四号

万急！北平市政府转国联调查团诸公钧鉴：

去年暴日侵占我满洲，嗣复轰炸我淞沪，恃强权灭公理，惨酷行为世界各国共同见闻。诸公为中日两国排难解纷，远涉重洋，周流调查，全国民众极表欢迎；然所仰望于贵团者，绝非希求偏袒之意，原冀维护国联盟约尊严，并根据国联迭次议决案件为有效措施，勿受暴日之蒙蔽，举凡暴力威胁所造成之一切事实及协定，全国民众势难承认。惟望贵团主张公道，力持正义，将调查结果迅速报告国联行政院会议，裁夺施行，则全国民众不胜感激之至。

河北省沙河县农会（印）、教育会、

商会、妇女教育促进会同叩　真　印

中华民国二十一年四月十一日上午八点发　计□字

资料来源：日内瓦国联与联合国档案馆藏李顿调查团档案，卷宗号：S38。

302. 河北省威县商会来电

收文第一五四号

北平市政府转国联调查团公鉴：

日本以侵吞我国满洲政策，扶植东北伪国成立，以及淞沪演成之残[惨]剧，举国痛心，民众莫不奋勇勃发。顷闻国联调查团之来，为维持世界和平之先声，促进解决中日纠纷，深表欢迎。然吾人所希望于调查团者，为维护国联盟约之尊严及决议【之】实现,绝非希求对我偏袒;更望调查团勿为日本蒙蔽,应将日本所有暴行及利用贼团组织傀儡政府内幕迅速报告国联,根据迭次决议为有效措施,凡暴力威胁所造成之一切事实及协定,民众绝不承认!纵国联有所顾忌而不予日本以正当制裁,民众当【以】铁血精神为政府与暴日作长期斗争【之坚强后盾】。

披沥陈辞,幸祈垂察,特电奉闻。

河北省威县商会(印)叩 鱼

中华民国二十一年四月六日

资料来源:日内瓦国联与联合国档案馆藏李顿调查团档案,卷宗号:S38。

303. 滦县唐山纺织业产业工会等团体来电

收文第一三七号

国联调查委员会勋鉴:

我国人民素爱和平。自九一八事变,日本恃其武力之强暴,出兵占我东北三省,破坏我国领土之完整与法治独立,耗信传来,天人共怒!举凡世界各国,均甚代为惋惜。复于一月十七日,以四万精锐之兵力、无数飞机大炮集中火力,将我国重要区域闸北、南市等处焚毁无余,延及各国,大受损失,因而商业荟萃之上海变为瓦轹[砾]之场,其中损失数目不可计算,言之实属痛心!

诸贵调查委员及经目触实境,谅必有策救我贫弱之国家与哀哀[嗷嗷]待哺之国民者也。虽经我国外交据理交涉,又得各友邦之同情、努力调解,奈日本毫无诚意,至今尚无结果。兹闻贵团奉命国联,莅驾敝国,调查中日之纠纷,除十二分热烈之欢迎外,主张公道,请以大公无畏之精神公布于世界。我国民族人民心犹未死,决不屈服于暴日铁蹄之下,除有另电欢迎外,谨此电陈以上国联调查委员公鉴。

滦县唐山纺织业产业工会(印)

滦县唐山磁器业产业公会(印)

滦县唐山洋灰业产业公会(印)同启

四月七日

资料来源:日内瓦国联与联合国档案馆藏李顿调查团档案,卷宗号:S38。

304. 河北省深县农会等团体代表深县三十五万民众来电

收文第 100 号

万急！北平市政府转国联调查团钧鉴：

慨［盖］自暴日兴戎，东北骚然。贵团负国联之使命，为和平之救星，来莅斯邦，凡属敝国民众莫不鼓舞欢迎。

良以贵团定能澈［彻］察真像［相］而以实情报告国联，从此中日双方之曲直得以大白于世界，而蛮无人道者定当受公理正义之制裁也。惟是日本军阀确未脱其蛮野根性，倘国联所主持之正义公道竟不得伸，则敝国民众惟有以铁血头颅为卫护祖国领土、为拥护世界正义公道，虽任何牺牲，在所不恤！但若日本军阀能翻然改悟，交还我东北三省领土，赔偿我东省及沪战损失，则敝国民众非特无报复之念，且仍当本敦睦邦交之义，相与友好如初，共维东亚之和平。

惟望贵团一秉大公之心，不偏不阿，切实考察，勿为狡诈万端之日本所蒙蔽蛊惑，世界公义正道之得伸，实利赖之。

河北省深县农会（印）、教育会、工会、商会、学生会
谨代表深县三十五万民众同叩　支

资料来源：日内瓦国联与联合国档案馆藏李顿调查团档案，卷宗号：S38。

305. 河北省满城县各界民众来电

收文第一三九号

国际联盟调查团公鉴：

自强日寻衅以来，先入我辽宁，继侵我黑吉，占我土地，戮我人民。我政府守国联盟约，力主和平，不肯宣战。彼则愈演愈厉，扰我天津，攻我上海，飞机丛集，战舰云屯，摧毁我商埠中心，焚烧我文化重地。自知理屈，乃阳为撤兵，实际备战，直欲掩世界耳目，逞并吞野心，暴行淫威，有增无减。

今闻贵团莅华，我民众不胜盼祷，披肝沥胆，热烈欢迎！想贵团为全球普照明星，必能作中日公平调查，真是真非，难逃烛照；孰曲孰直，自有定评。须知我国民原非故示怯懦也，为尊重神圣国联盟约耳。彼若不顾公理，专恃器利兵坚，我国民非无心肝，安能久甘退让？！

临电神驰,诸希鉴察;瞻云念切,不尽欲言。

河北省满城县各界民众　鱼　叩

资料来源:日内瓦国联与联合国档案馆藏李顿调查团档案,卷宗号:S38。

306．南皮县农会等团体来电

北平市政府转国联调查团钧鉴:

慨[盖]自九一八,暴日以不正当方式对中国横施武力侵略以来,我国人士遭此不①不堪。虽痛愤万分,只求诉诸国联,而不与之对抗者,非慑其凶焰,实为极端护爱国际和平,保持中日友好,并确信国联为正义之保障,及国联绝不负中国信赖。乃日本不察,竟对中国到处攻袭,无时或已,而迄现在。

今幸贵团膺国际联盟之重托,跋涉重洋,为中日事件之真象[相]调查。我各机关、各团体欣逢【贵团】莅平之机,谨率全县民众致真挚之敬意,为诚恳之欢迎,深望贵团详查事实,主持公道,速请国际联盟对暴日非法行动,根据国联迭次决议,迅为有效制裁、有力措施,俾人间悲惨不致扩大,中日纠纷赖以减少。倘彼暴日执迷不悟而损及国联权威,则我中国全体民众宁为玉粹[碎]不为瓦全,誓以铁血为政府后盾,对暴日作长期奋斗,冀保障人类正义,贯澈[彻]国际和平。

临电迫切,不胜翘盼之至!

南皮县农会(印)、教育会、各区区公所同叩　遇

资料来源:日内瓦国联与联合国档案馆藏李顿调查团档案,卷宗号:S38。

307．河北获鹿县各机关团体来电

国联调查团均[钧]鉴:

重洋远渡,欢感交萦。诸公既秉庄严之使命,来为东亚和平、世界治安而努力,自必拥护正义,主持公道,举双方之真相转告国联,对中国固无需偏袒,对日本尤望防其蒙蔽,至为利用。

---

①　编者按:原文如此,"不"为衍文。

盖日自九一八强据关东之后,欲借亡韩手段,希图吞并满洲,遂利用贼团组织傀儡政府,然犹野心未餍,进扰津沽,志未得逞,转陷沪淞,军行所至,焚烧抢掠、惨杀不辜,无所不用其极。

我国为尊重国联威信,抵抗之外绝无丝毫进攻。刻下,日方于沪淞方面仍积极备战,关东方面正怂恿傀儡。国联能与[予]暴日以相当制裁,我全国民众固所跂[翘]企。倘万一不幸,日方不受国联驭制,我民众当以铁血精神为政府后盾,背城借一,誓与暴日长期奋斗也。

临电迫切,惶悚备至,冒[贸]然陈词,伏希洞鉴。

获鹿县各机关、各团体　铣　叩

资料来源:日内瓦国联与联合国档案馆藏李顿调查团档案,卷宗号:S38。

308. 新城县抗日救国会等团体来电

二十一年四月十九日
收文字第一〇八号

北平市政府转顾代表维钧译交国联调查团公鉴:

报载贵团来平,假道赴东北,吾人对之极表欢迎!诸君此行关系于世界之和平者至重且巨,而于调查实施之审慎周详,尤我全国民众所热望于诸君者。

夫日本之狡诈,世所公认,其颠倒是非之伎俩,尤足蒙蔽一般之耳目。观夫东北三省,事实上已不啻为日本之领土,而日本利用我国贼团组织傀儡政府,对外声言谓为中国民意,其居心狡赖,显而易见。诸君时代英俊,必不为日本所蒙蔽,则以调查所得之真实情况报告国联,俾为有效措施,乃为诸君之正当办法也。

致[至]于国联偏袒中国,则非吾人所希望,如国联有所顾忌,不予日本以正当制裁,则吾人誓以铁血精神,与暴日作长期奋斗。国联无能,吾人犹可自救,非尽待他人之救援也。

临电神驰,希为谅察。

新城县抗日救国会(印)
义勇军委员会(印)、商会(印)、农会(印)叩　筱
中华民国□年□月□日

资料来源:日内瓦国联与联合国档案馆藏李顿调查团档案,卷宗号:S38。

309. 河北省巨鹿县农会等团体来电

收文第一七七号

国联调查团大鉴：

我国不幸，横被暴日侵凌，吞噬我东省，扰乱我津埠，轰击我淞沪。我国尊重九国盟约及非战公约，除正当自卫外，始终听国联理事会之仲裁。今已数月矣，将来如不得正义制裁，我全国人士势必以赤血白铁与暴日周旋，任何牺牲又奚能惜！

贵团远道来华，实地调查，为将来主张公道制裁暴力张本。我河北人士，实具十万分之欢迎与感激！但日本阴狠狡诈，诡计百出，近且唆使我国叛徒熙洽、张景惠等组织伪政府，改易我正朔，破坏我统一，以亡韩之故智作蒙蔽之阴谋，对于惨无人道之痕迹努力消灭，羌无故实之澜［谰］语到处宣传。

贵团明见万里，谅不至为所欺蒙。伏祈以无偏无党之精神，作正义公道之主持，一以拥护盟约之尊严，一以敦促决议之实现，世界和平实利赖之。

含泪上陈，不尽欲言。

河北省巨鹿县农会（印）
商会、教育会、妇女教育促进会
财务局、教育局、建设局同叩　佳　印

资料来源：日内瓦国联与联合国档案馆藏李顿调查团档案，卷宗号：S38。

310. 中华民国河北省各县教育会等团体来电

交通部无线电台

中国电报局　　外交部电报科

原来号数　3/83　　等第　S　　　字数 219

发报局　xha　　　　　　　　日期 26 时刻 12 点 30 分

1120	0074	6752	6230	6567	0948	5114	6148	2686	0957
外	交	部	译	转	国	联	调	查	团

（续表）

7003	2480	2609	0110	2552	0500	0187	3970	0022	0948
鉴	日	本	以	暴	力	侵	略	中	国
2639	0554	0677	0966	2236	5064	0022	0948	5887	2398
东	北	各	地	推	翻	中	国	行	政
2894	7070	5178	6131	1421	2422	0008	5328	0433	1311
机	关	胁	诱	少	数	不	良	分	子
0169	3634	7236	3127	4809	4930	0017	0506	3302	0308
使	为	非	法	组	织	并	劫	溥	仪
1432	0264	8085	2398	1650	0037	0298	5120	7325	5918
就	傀	儡	政	府	之	伪	职	领	袖
7173	1466	5478	0086	5079	1395	2938	0463	1346	0356
虽	属	华	人	而	实	权	则	完	全
2347	6175	2580〔2480〕	2609	7357	0795	6171	6231	0037	2087
操	诸	曹〔日〕	本	顾	问	谘	议	之	手
6398	6086	2480	2609	2398	1650	1417	2974	4467	7236
足	证	日	本	政	府	对	此	种	非
3127	4809	4930	1395	0031	0520	0366	0057	5659	0956
法	组	织	实	主	动	其	事	藉〔借〕	图
3216	0052	0013	3954	5121	5113	6002	0691	0164	2600
潸	乱	世	界	听	闻	袭	吞	并	朝
7639	0037	2399	2535	2480	2609	2019	6298	4275	1095
鲜	之	故	智	日	本	应	负	破	坏
0022	0948	7325	0960	0644	5887	2398	1346	2419	0037
中	国	领	土	及	行	政	完	整	之
6307	0117	4362	6311	0957	0031	2170	2973	5030	4850
责	任	祈	贵	团	主	持	正	义	维
6233	0013	3054	0735	1627	3541	0117	4162	4411	0022
护	世	界	和	平	无	任	盼	祷	中

（续表）

5478	3046	0948	3109	0554	4164	1987	7189	4905	6717
华	民	国	河	北	省	庆	云	县	邢
0669	4905	4583	0360	0577	0360	4905	2403	5148	2585
台	县	等	八	十	八	县	教	育	会
3109	0554	4164	4318	4905	2976	3237	4905	4583	0003
河	北	省	磁	县	武	清	县	等	七
0577	0001	4905	6593	2585	3109	0554	4164	3237	5373
十	一	县	农	会	河	北	省	清	苑
4905	3497	4905	4583	0005	0577	0001	4905	0003	0577
县	滦	县	等	三	十	一	县	七	十
0046	1562	2585	3109	0554	4164	0794	2585	5114	0678
九	工	会	河	北	省	商	会	联	合
2585	4693	0271	2585	0681	0661	1392			
会	筹	备	会	同	叩	寝			

资料来源：日内瓦国联与联合国档案馆藏李顿调查团档案，卷宗号：S38。

311. 西安县商务会会长陈子敬来信

国际联盟调查委员会公鉴：

诸位委员因为东北被日本占了，涉水跋山、不远千万里来调查详情，我现在五心着地的敬礼，感谢诸位美意。恐怕诸位来到的时候被奸狡的日本欺骗，所以我才提要报告几件事情，完全对天发誓的立场来说几句良心话，望诸位委员注意这几点，千万勿被蒙蔽了：

1. 日本企图【占据】东北，以得大陆根据地，乃固定计划，有相当步骤，决非意外之事。华军破坏南满路事件，乃日本之捏造。

2. 东北被日本占后，主权失所，政令不行，社会秩序紊乱，民不聊生，农村经济破产。

3. 现在之"满洲国"乃日本翼下之卵，所有之官吏非为强权逼迫者即为金钱贿买者，所有之政令完全受日本管辖而支配。

4.各机关均设有日本顾问,密而不宣,更不上各册,非其内人不得知。此种顾问,均日本之发政令者,中国人均为副位。

5.朝鲜之亲日派用日本为护身符,在乡下强行耕种,无人敢阻。其坐火车均为半价,乃日本之间接移民政策。

6.用金钱贿买中华之无赖份[分]子,任便装扮,照一些反宣传的像[相]片。日本之用意太奸狡了,无微不至。

总之,现在之东北,一切情形均非东北之民意,东北之民意完全被其强奸了。诸位委员先生一定会明白这种情形,请你们要本乎实在根据,说一点公道话,"强权是公理",这话绝对不对的。东北三千万中华民众就静待你们来救济呢!

敬祝公安!

西安县商务会会长陈子敬启左箕①

三月三十一号

日内瓦国联与联合国档案馆藏李顿调查团档案,卷宗号:S39。

312. 西安县农务会会长常健之、周佐华代表三十万西安农民来信

国际联盟调查委员会公鉴:

敬启者:

日本占领我中国东北的野心,原从明治遗策,故时来东北经略,炸死故张大元帅、强占万宝山等事举不盛[胜]计。今竟于去岁出兵,占领沈阳及辽宁全省、黑龙江、吉林,我东北全部被日军占领。于今岁三月间,强迫官吏组织"满洲国",假托民意,实权日本人操纵,故所有各官厅均设日本顾问,以之主理,灭亡东北,置国际公法于不顾。

民等本中华国民,东北本中华领土,故不揣冒昧,敢尽布事实,请诸国委员详细调查,尽实公布之,以唤起世界之同情。中国幸甚!东北幸甚!

公安!

西安县农务会会长　常健之(指印)

---

① 编者按:用左手手指印的指纹。

周佐华(指印)代表西安农民三十万

四月三号

日内瓦国联与联合国档案馆藏李顿调查团档案,卷宗号:S39。

313. 西安县教育会长王振东代表五万民众来信

国际联盟调查委员会公鉴:

敬启者:

日本自明治维新后,无时不施行其大陆政策。东去不得,南下又不成功,故乃专心图吞东北。观甲午战役,若非俄德法从中斡旋,则东北早成日本之领土矣。日俄战役后,日本既侵入东北南部,更埋有吞并全部之野心。观民国十七年,先张大元帅被日本刺死,可明证一切。

总之,日本希图东北已非一朝一夕,实为其固有之计划,更有一定之步骤。如民国二十年间,首有朝鲜惨杀华侨案,继有万宝山案件,更有铁路交涉等项。凡此千波万浪,无一非日人用其阴毒之手腕造成之。吾中华因内乱方殷,一忍再忍,日本终未得逞其雄心,最后则捏造中华军队破坏其南满路为理由,乃占领沈阳,继续侵入各外县。其后更南攻锦州,北下黑龙江,东北之领土完全被其占领。

更以利禄贿买一般卖国汉奸,又用武力强迫东北官吏,组织非牛非马之"满洲国",东北之民意亦被其强奸矣。主权失所,政令不行,四乡野村,贼寇蜂起,民不聊生,散于四方。农村经【济】破产,到处呻吟。诸委员苟目睹惨状,亦不能不洒几点同情泪也。此种结果,推其原因,咎由谁负?民国二十一年九月十八号以前,何以无此情形?其日本之咎,有眼皆见。现在各机关中均设日本顾问,则密而不宣,"满洲国"之一切行为,均可用双簧比之。日本为发语言者,宣统等傀儡不过听令表示耳。

总之,东北为中华领土,居民为中华之民,"满洲国"之建设实非东北民众之本意,盖此为日本亡韩人之第一步也。所粘之标语乃日本之标语,所行之政策乃日本之政策,东北民众之真面目,日本其果能永为蒙罩乎?

请诸委员体乎是意,为一公论,则东北幸甚!中国幸甚!

西安县教育会长王振东代表五万民众敬呈

资料来源:日内瓦国联与联合国档案馆藏李顿调查团档案,卷宗号:S39。

索　引

图书在版编目(CIP)数据

关内团体与民众呈文 / 孙洪军,郭昭昭,郝宝平编.
— 南京:南京大学出版社,2019.12
(李顿调查团档案文献集 / 张生主编)
ISBN 978 - 7 - 305 - 08651 - 9

Ⅰ. ①关… Ⅱ. ①孙… ②郭… ③郝… Ⅲ. ①中国
历史—史料—民国 Ⅳ. ①K258.06

中国版本图书馆 CIP 数据核字(2019)第 227738 号

项目统筹　杨金荣
装帧设计　清　早
印制监督　郭　欣

出版发行　南京大学出版社
社　　址　南京市汉口路 22 号　　　　邮　编　210093
出 版 人　金鑫荣
丛 书 名　李顿调查团档案文献集
丛书主编　张　生
书　　名　关内团体与民众呈文
编　者　孙洪军　郭昭昭　郝宝平
责任编辑　田　甜

照　　排　南京南琳图文制作有限公司
印　　刷　南京爱德印刷有限公司
开　　本　718×1000　1/16　印张 22.5　字数 368 千
版　　次　2019 年 12 月第 1 版　2019 年 12 月第 1 次印刷
ISBN 978 - 7 - 305 - 08651 - 9
定　　价　120.00 元

网址:http://www.njupco.com
官方微博:http://weibo.com/njupco
官方微信号:njupress
销售咨询热线:(025)83594756

ISBN 978-7-305-08651-9

9 787305 086519 >

定价:120.00元